ABSTECHER
Seiten 72–85
Kartenteil, Karten 1–8
ALFAMA
Seiten 30–39
Kartenteil, Karte 8
BAIXA
ALFAMA
BAIRRO ALTO
UND ESTRELA
BAIRRO ALTO
UND ESTRELA
Seiten 48–59
Kartenteil, Karten 4 und 7
BAIXA
Seiten 40–47
Kartenteil, Karte 7

VIS à VIS

LISSABON

OLI

VIS à VIS

LISSABON

Hauptautor: SUSIE BOULTON

DK

DORLING KINDERSLEY

EIN DORLING KINDERSLEY BUCH

TEXTE
Clive Gilbert, Peter Gilbert, Sarah McAlister,
Norman Renouf, Joe Staines, Martin Symington, Tomas Tranæus

KARTOGRAFIE
Neil Cook, Maria Donnelly (Colourmap Scanning Ltd)
David Murphy, Phil Rose Jennifer Skelley,
Leanne Wright (Lovell Johns Ltd)

FOTOGRAFIE
Linda Whitwam, Peter Wilson

ILLUSTRATIONEN
Isidoro González-Adalid Cabezas/Acanto Arquitectura y Urbanismo S.L.,
Paul Guest, Claire Littlejohn, John Woodcock, Martin Woodward

REDAKTION UND GESTALTUNG
Dorling Kindersley Ltd.

•

Titel der englischen Originalausgabe:
Eyewitness Travel Guide Lisbon
Zuerst erschienen 1997 in Großbritannien
bei Dorling Kindersley Ltd.

•

Für die deutsche Ausgabe:

Aktualisierte Neuauflage 2003

ÜBERSETZUNG Dr. Eva Dempewolf, Petra Dubilski,
Werner Geischberger, Ulrike Hollmann, Christian Quatmann
und Monika Gerwin
REDAKTIONSLEITUNG Dr. Jörg Theilacker, Dorling Kindersley Verlag
REDAKTION CLP • Carlo Lauer & Partner, Aschheim
Verlagsbureau • Sonja Schäfers, München
SATZ UND PRODUKTION Dorling Kindersley Verlag, München
LITHOGRAFIE Colourscan, Singapur
DRUCK L. Rex Printing Co. Ltd., Hongkong, China

ISBN 3-928044-32-X

3 4 5 6 06 05 04 03

Für Hinweise, Verbesserungsvorschläge und Korrekturen
ist der Verlag dankbar. Bitte richten Sie Ihr Schreiben an:

Dorling Kindersley Verlag GmbH
Gautinger Straße 6
D-82319 Starnberg

◁ **Das Castelo de São Jorge bei Nacht**

INHALT

Manuelinischer Kreuzgang des Mosteiro dos Jerónimos

LISSABON STELLT SICH VOR

Festlich geschmückte Statue des heiligen Antonius

Blick vom Elevador de Santa Justa über die Baixa auf die Kathedrale

Führer durch die Stadtteile

Häuser im alten Maurenviertel Alfama

Porco à alentejana, ein beliebtes Gericht in Lissabon

Zu Gast in Lissabon

Palácio da Pena, Sintra

Grund-informationen

Padrão dos Descobrimentos, Belém

WIE BENUTZE ICH DIESES BUCH?

DIESER REISEFÜHRER soll Ihren Besuch in Lissabon zu einem Erlebnis machen, das durch keinerlei Probleme getrübt wird. Der Abschnitt *Lissabon stellt sich vor* porträtiert die Stadt und stellt historische Zusammenhänge dar. Jedes der fünf Kapitel über die Stadtviertel, plus die *Umgebung von Lissabon,* beschreiben Sehenswürdigkeiten in Text und Bild. Hotels und Restaurants sowie weitere Unterhaltungsmöglichkeiten finden Sie im Kapitel *Zu Gast in Lissabon.* Die *Grundinformationen* geben praktische Tips zu Anreise, Telefonieren, Verkehr und zu einem sicheren Aufenthalt.

LISSABON
Die Stadt wurde in fünf Gebiete unterteilt. Jedes Kapitel beginnt mit einer Auflistung der Hauptsehenswürdigkeiten. Diese sind mit Nummern versehen, die Sie auf den Stadtteil- und Detailkarten und in gleicher Reihenfolge auch im Text wiederfinden.

1 Stadtteilkarte
Die im Kapitel vorgestellten Sehenswürdigkeiten sind durchnumeriert und lassen sich so im Text und auch im Kartenteil (S. 164 ff) *leicht finden.*

Eine Orientierungskarte zeigt die Lage des Stadtteils, in dem man sich befindet.

Jedes Gebiet ist mit einer bestimmten Farbe markiert (siehe vordere Umschlagklappe).

Sehenswürdigkeiten auf einen Blick führt das Wichtigste auf: Kirchen, Museen und Galerien, historische Gebäude und Parkanlagen.

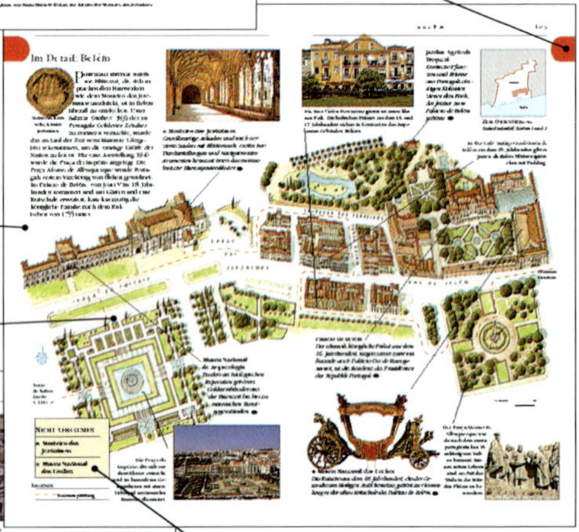

2 Detailkarte
Aus der Vogelperspektive wird das Zentrum eines Stadtteils gezeigt.

Die Routenempfehlung ist in Rot gekennzeichnet.

Sterne bezeichnen herausragende Sehenswürdigkeiten, die man nicht versäumen sollte.

3 Detaillierte Informationen
Alle Sehenswürdigkeiten Lissabons sind einzeln beschrieben – mit Adressen und praktischen Informationen. Die dabei verwendeten Symbole finden Sie auf der hinteren Umschlagklappe erklärt.

1 Einführung in die Umgebung Lissabons

Das Kapitel Umgebung von Lissabon *hat eine eigene Einführung, in der Landschaft, Charakter und Attraktionen der Region um Lissabon beschrieben werden. Um welche Gegend es sich hier handelt, zeigt die Karte auf Seite 89. Seebäder und Tierwelt sind ebenso dargestellt wie prächtige Paläste und historische Städte.*

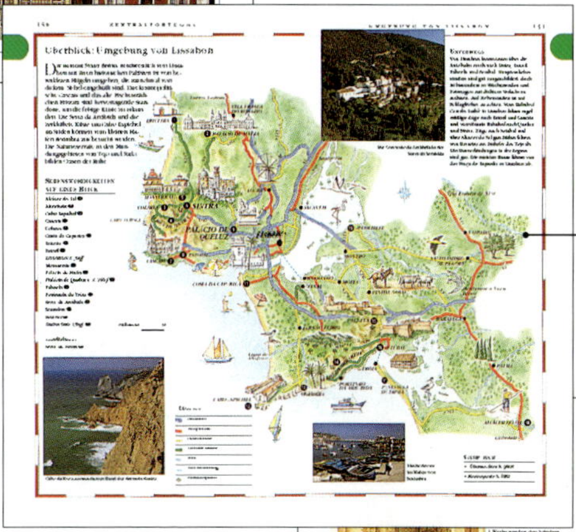

2 Regionalkarte

Sie zeigt das Straßennetz und eine illustrierte Übersicht der Region. Alle Sehenswürdigkeiten sind numeriert. Die Karte gibt auch hilfreiche Tips zur Erkundung der Region.

Das Kapitel *Umgebung von Lissabon* ist grün markiert.

3 Detaillierte Informationen

Alle wichtigen Orte sind einzeln beschrieben. Die Reihenfolge entspricht der Numerierung auf der Regionalkarte. Zu jedem Ort gibt es detaillierte Informationen über die wichtigsten Sehenswürdigkeiten.

Kästen beleuchten Wissenswertes.

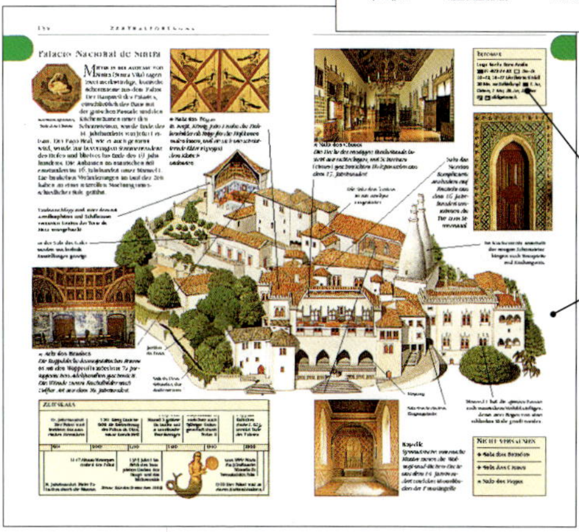

Die Infobox enthält Informationen, die für einen Besuch wichtig sind.

4 Hauptsehenswürdigkeiten

Ihnen sind zwei oder mehr Seiten gewidmet. Historische Gebäude werden perspektivisch dargestellt; bei Museen und Galerien erleichtern farbkodierte Grundrisse die Orientierung.

LISSABON STELLT SICH VOR

Lissabon auf der Karte

Lissabon, die Hauptstadt Portugals, liegt im Südwesten des Landes an der Atlantikküste. Die Stadt ist rund dreihundert Kilometer von der Algarve im Süden und etwa vierhundert Kilometer vom Minho im Norden entfernt. Lissabon ist das politische, wirtschaftliche und kulturelle Zentrum des Landes und liegt an den steilen Hängen am Nordufer des Tejo. Der Großraum Lissabon umfaßt etwa tausend Quadratkilometer und hat 3,3 Millionen Einwohner. Lissabon wird als touristische Destination immer beliebter, denn durch die Nähe der Stadt zur Küste lassen sich hier Sightseeing und Badeurlaub ideal verbinden.

Luftaufnahme von Lissabon mit Blick auf den Tejo

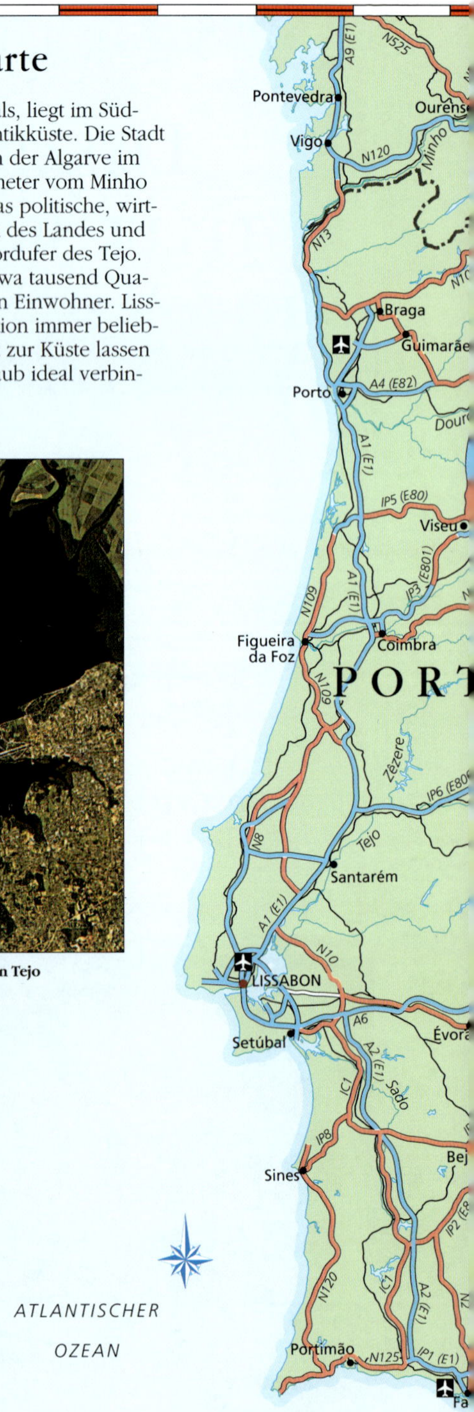

0 Kilometer 100

Legende

- Flughafent
- Hafen
- Autobahn
- Hauptstraße
- Nebenstraße
- Eisenbahnlinie
- Landesgrenze

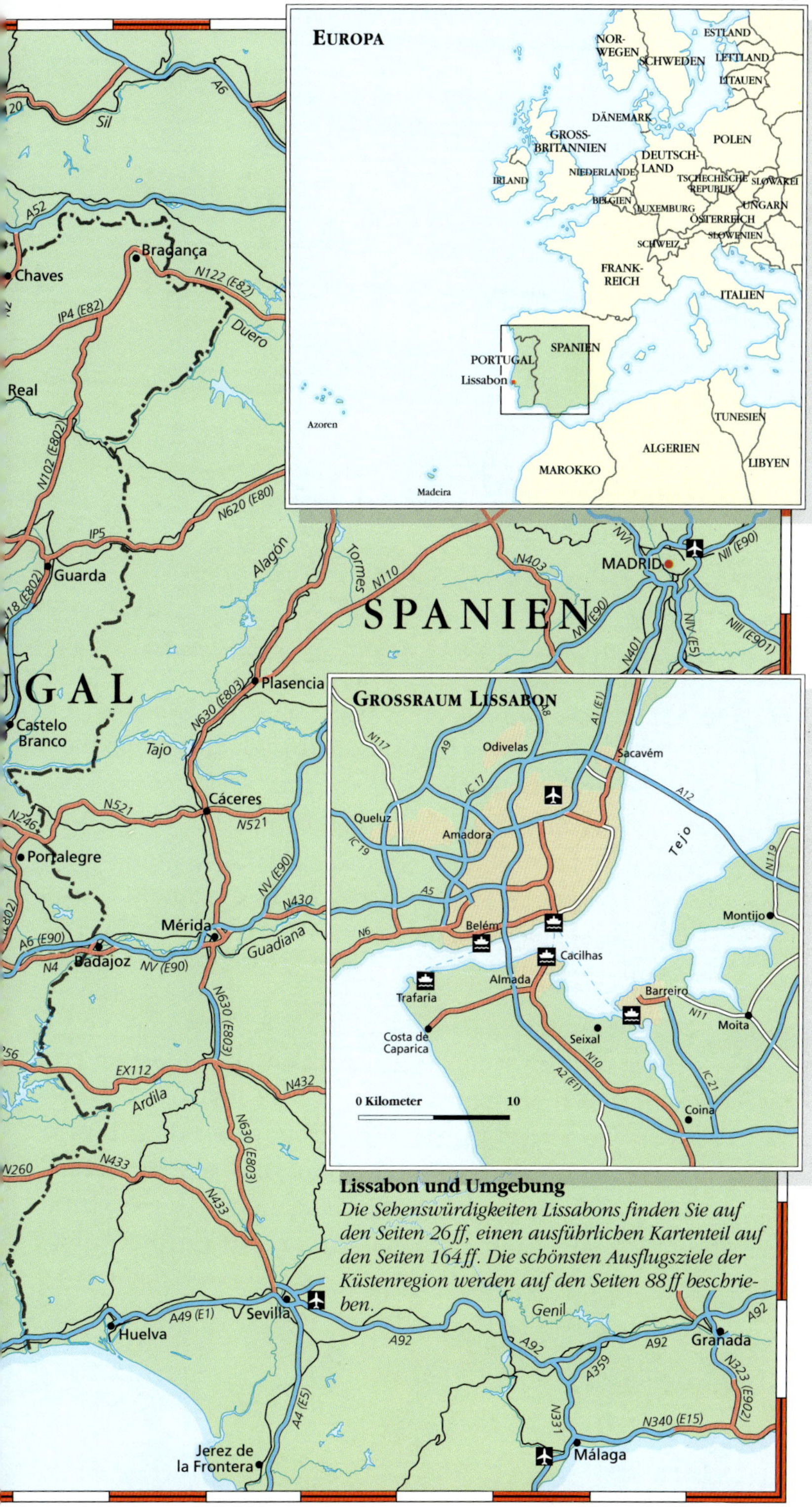

Lissabon und Umgebung

Die Sehenswürdigkeiten Lissabons finden Sie auf den Seiten 26 ff, einen ausführlichen Kartenteil auf den Seiten 164 ff. Die schönsten Ausflugsziele der Küstenregion werden auf den Seiten 88 ff beschrieben.

Prollogo dereçido ao serenissimo e muyto pode
roso princepe elRey dom manuell nosso senhor sobre
as bidas e excellentes feitos dos Reis de portugall
seus antecessores hordenados e escriptos per seu
mandado per duarte galluam fidallguo de sua
casa do seu cõsselho noquall falla do grande lou
uor da presente materia que he o proprio e bdadei
ro louuor desses mesmos Reys de portugall:-

Muito deuem serenissimo senhor trabalhar os homẽes por
em sua uida obrarem uirtudes por que mereçã a dẽs no ou
tro mũdo e neste leixarem de seu tempo memoria. Nam soo
mẽte que uiuesam o que as animallias tem per Jguall
com nosco. Mas que bem e louuadamẽte biuquam que he propio do
homem. O quall teemdo uida em dias breue com a uirtude a faz

DIE GESCHICHTE LISSABONS

IM LAUF DER JAHRHUNDERTE *hat Lissabon Blüte und Niedergang erlebt. Am berühmtesten ist die Stadt für ihre maritimen Erfolge, besonders die Entdeckungsreisen Vasco da Gamas, der als erster auf dem Seeweg Indien erreichte. Heute gilt Lissabon als eines der größten europäischen Handelszentren.*

Der Legende zufolge soll der griechische Held Odysseus Lissabon auf dem Heimweg von Troja nach Itháka gegründet haben. Um 1200 v. Chr. etablierten die Phönizier an der Stelle der heutigen Stadt einen Handelsposten. Seit 205 v. Chr. war die Stadt am Tejo in römischer Hand, Julius Caesar hielt 60 v. Chr. als Statthalter Einzug.

Hl. Vinzenz

Als das Römische Reich zusammenbrach, erschienen »barbarische« Stämme aus Nordeuropa. Auf die Alanen, die die Stadt 409 eroberten, folgten die Sweben, die ihrerseits von den Westgoten vertrieben wurden. Da die germanischen Stämme mit städtischen Strukturen nicht vertraut waren, setzte bald der Niedergang Lissabons ein. 711 überrannten islamische Eindringlinge aus Nordafrika, die Mauren, die Iberische Halbinsel und hielten die Stadt fast 450 Jahre besetzt. Deren kulturelles Erbe kann man bis heute in Gestalt des Castelo de São Jorge und in den Straßen des Viertels Alfama besichtigen.

Der erste portugiesische König, Afonso Henriques, vertrieb die Mauren 1147 aus Lissabon. Unterstützt wurde er vom englischen Kreuzritter Gilbert of Hastings, der zum ersten Bischof Lissabons aufstieg. Bald wurde unterhalb der Burg eine neue Kathedrale errichtet, und man brachte die sterblichen Überreste des portugiesischen Nationalheiligen Vinzenz dorthin. Seine Stadtrechte erhielt Lissabon zwar schon Anfang des 13. Jahrhunderts, wurde aber erst 1256 unter Afonso III Hauptstadt.

Portugiesische Seekarte des Nordatlantik (um 1550)

◁ **Seite aus der *Chronik des Dom Afonso Henriques* mit einer Darstellung Lissabons im 16. Jahrhundert**

Die Regentschaft König Dinis'

Unter König Dinis, dem Sohn Afonsos III, stieg der Hof in Lissabon zu einem kulturellen Zentrum auf, und 1290 wurde die Universität der Stadt gegründet. Dinis erweiterte die Stadt, ließ die heutige Baixa anlegen, und Lissabon blühte auf, als jetzt der Handel mit dem übrigen Europa immer stärker zunahm.

Statue Manuels I und des hl. Hieronymus im Mosteiro dos Jerónimos

Obwohl Lissabon im 14. Jahrhundert von der Pest heimgesucht wurde, dehnte sich die Stadt immer weiter nach Westen aus. Nachdem Enrique II von Kastilien die Stadt 1373 geplündert hatte, ließ Fernando I zum Schutz der 40 000 Bürger und zwecks Erweiterung der Stadt neue Festungsanlagen errichten. Als Fernando ohne Erben starb, erhob sein illegitimer Halbbruder João von Avis Anspruch auf den Thron und besiegte 1385 Juan von Kastilien.

Musiker am Hof König Dinis'

Die Entdeckungsreisen

Immer neue Pestausbrüche destabilisierten die Wirtschaft und führten wegen Getreideknappheit zu Aufständen in Lissabon. Der Wohlstand hielt erst wieder im Zeitalter der Entdeckungen Einzug *(siehe S. 18f)*, als Vasco da Gama, der sich 1497 in Belém einschiffte, den Seeweg nach Indien entdeckte. Der durch den Gewürzhandel angehäufte Reichtum ließ Lissabon zum wichtigsten europäischen Handelsplatz aufsteigen. Zum Dank für den neugewonnenen Wohlstand ließ Manuel I die Torre de Belém *(siehe S. 70)* und das Mosteiro dos Jerónimos *(siehe S. 66f)* in Belém errichten. Der dekorative – nach dem König als manuelinisch bezeichnete – spätgotische Stil der beiden Bauwerke bezeugt durch die exotische und nautische Themenwahl der detailliert gearbeiteten Skulpturen an den beiden Monumenten den Aufstieg Portugals zur Seemacht.

Für die Stadtgeschichte des 16. Jahrhunderts bedeutsam war auch die Anlage des Terreiro do Paço (heute Praça do Comércio), des neuen Platzes am Tejo, und die Gründung des Bairro Alto, wo sich die nach Lissabon strömenden Kaufleute niederließen. Zu dieser Zeit etablierte auch die von der katholischen Kirche forcierte Inquisition ihren Terror. Auf dem Terreiro do Paço fanden regelmäßig Massenprozesse und -hinrichtungen statt.

Spanische Herrschaft

Der junge König Sebastião fiel 1578 in der Schlacht von Alcácer-Quibir bei dem Versuch, Marokko zu erobern. Da es keinen Thronerben gab, besetzte Spanien das Land. Felipe II von Spanien weigerte sich, Lissabon zur Hauptstadt seines Reiches zu machen, und beauftragte einen Vizekönig mit der Regierung Portugals. 1640 wurden die Spanier vertrieben, und der Herzog von Bragança bestieg als João IV den Thron.

Als 1697 in Brasilien Gold entdeckt wurde, erlebte Lissabon eine neue Phase der Prosperität. 1706 veranlaßte

Schlacht von Alcácer-Quibir in Marokko (8000 Männer wurden getötet, 15 000 gefangengenommen)

João V eine bauliche Umgestaltung der Stadt. Damals wurde der Águas-Livres-Aquädukt *(siehe S. 84)* erbaut, der die Stadt mit Wasser aus dem Alcântara-Tal versorgte, jedoch schon einige Jahre später dem Erdbeben zum Opfer fiel, das Lissabon 1755 zerstörte *(siehe S. 20f)*.

Das im 19. Jahrhundert fertiggestellte Águas-Livres-Aquädukt

Pombals Vision

Den Wiederaufbau der Stadt leitete der Marquês de Pombal, der Erste Minister Josés I. Das neue Lissabon wurde an einer Nord-Süd-Achse ausgerichtet – mit einem Gitter von Straßen, dessen Zentrum bis heute die Baixa bildet. Pombals Nachfolger setzten diese Baupolitik nicht fort. Als die königliche Familie 1807 vor der Napoleonischen Armee nach Brasilien floh,

Der Marquês de Pombal vor dem neuen Lissabon

war Rio de Janeiro vorübergehend Hauptstadt, und Lissabon erlebte eine Zeit des Niedergangs.

Wiederaufstieg

In der zweiten Hälfte des 19. Jahrhunderts kam es zu einer wirtschaftlichen Erholung, und auch die Industrialisierung des Landes setzte ein. 1908 wurde der König ermordet und zwei Jahre später die Monarchie gestürzt. Unter der faschistischen Diktatur (ab 1926) wurde dann die Modernisierung Lissabons auf Kosten des übrigen Landes vorangetrieben.

Soldaten während der »Nelkenrevolution« (1974), die der Diktatur ein Ende setzte

1966 stellte man die Brücke über den Tejo fertig. Das Ponte Salazar getaufte Bauwerk wurde zur Erinnerung an die friedliche Revolution von 1974, die der Diktatur ein Ende setzte, in Ponte 25 de Abril umbenannt.

Lissabon heute

Die ersten Jahre nach der Revolution waren eine Zeit der allgemeinen Begeisterung und des politischen Chaos. Als Portugal 1986 der Europäischen Gemeinschaft beitrat, ließen sich immer mehr ausländische Unternehmen in Lissabon nieder. Unter dem sozialdemokratischen Premierminister Aníbal Cavaco Silva erholte sich die Wirtschaft. Selbst das Feuer, das 1988 im Viertel Chiado wütete, konnte den Optimismus nicht dämpfen. Mit dem Wiederaufbau der historischen Gebäude wurde Álvaro Siza Vieira, der berühmteste portugiesische Architekt, beauftragt. Seither hat Lissabon international an Renommee gewonnen und war 1994 Kulturhauptstadt Europas. 1998 richtete die Stadt zur Erinnerung an ihre maritime Tradition eine dem Thema »Ozean« gewidmete Weltausstellung aus. Heute ist Lissabon eine kosmopolitische Stadt, in der viele Menschen aus den vormaligen afrikanischen und asiatischen Kolonien eine neue Heimat gefunden haben.

Portugals Herrscher

Afonso Henriques liess sich 1139 zum ersten König Portugals ausrufen. Mit Joãos I Sieg über Kastilien fiel die Herrschaft 1385 an das Haus Avis, das während des Goldenen Zeitalters der portugiesischen Entdeckungen an der Macht blieb. In Ermangelung eines direkten Thronerben fiel die portugiesische Krone 1580 für 60 Jahre an Spanien, bis der Herzog von Bragança während eines erfolgreichen Aufstands zum neuen König João IV gewählt wurde. 1910 ging die Monarchie in eine Republik über, deren erste 16 Jahre jedoch nicht weniger als 40 Regierungen sahen und die 1926 in eine Diktatur mündete. Erst 1974 brachte die »Nelkenrevolution« die Demokratie zurück.

1481–95 João II

1438–81 Afonso V

1211–23 Afonso II

1185–1211 Sancho I

1248–79 Afonso III

1279–1325 Dinis

1100	1200	1300	1400	1500
HAUS BURGUND			AVIS	
1100	1200	1300	1400	1500

1325–57 Afonso IV

1357–67 Pedro I

1223–48 Sancho II

1367–83 Fernando I

1139–85 Afonso Henriques (Afonso I)

1433–38 Duarte

1521– João III

1385–1433 João I

1495–1521 Manuel I

1557–78 Sebastião

1828–53 Maria II

1932–68 António Oliveira de Salazar (Premierpräsident)

1621–40 Felipe III (Felipe IV von Spanien)

1640–56 João IV

1656–83 Afonso VI

1683–1706 Pedro II (Regent ab 1668)

1750–77 José I

1816–26 João VI (Regent ab 1792)

1853–61 Pedro V

1861–89 Luís I

1976–78 u. 1983–85 Mário Soares (Premierminister)

1600	1700	1800	1900
HABSBURG / BRAGANÇA			REPUBLIK
1600	1700	1800	1900

1598–1621 Felipe II (Felipe III von Spanien)

1580–98 Felipe I (Felipe II von Spanien)

1578–80 Henrique

1777–1816 Maria I und Pedro III

1985–95 Aníbal Cavaco Silva (Premierminister)

1995–2001 António Guterres (Premierminister)

seit 2002 José Manuel Durao Barroso (Premierminister)

1908–10 Manuel II

1706–50 João V

1826–28 Pedro IV

1889–1908 Carlos I

Portugiesische *padrão*

Das Zeitalter der Entdeckungen

PORTUGALS GOLDENES ZEITALTER begann 1415 mit der Einnahme der marokkanischen Stadt Ceuta. Es folgten Entdeckungsfahrten entlang der afrikanischen Westküste. Gold und der Handel mit afrikanischen Sklaven brachten große Reichtümer, den echten Durchbruch erlebte die portugiesische Expansion jedoch 1498, als Vasco da Gama *(siehe S. 68)* den Seeweg nach Indien fand. Bald kontrollierte Portugal den gesamten Indischen Ozean und damit den Gewürzhandel. Und Pedro Álvares Cabrals »Entdeckung« Brasiliens machte Portugal zur weltgrößten Handelsmacht neben Spanien.

Armillarsphäre
Dieser Himmelsglobus (die zum Teil beweglichen Ringe stellen die Haupthimmelskreise dar) diente Seefahrern zur Positionsbestimmung.

Magalhães (um 1480–1521)
Im Auftrag der Spanier leitete der Portugiese Fernão de Magalhães 1519–22 die erste Erdumsegelung. Er starb vor Beendigung der Reise auf den Philippinen.

Anbetung der Könige
Das kurz nach Cabrals Rückkehr aus Brasilien (1500) für die Kathedrale von Viseu gemalte Altarbild wird Grão Vasco (1475–1540) zugeschrieben. König Balthasar ist als Tupi-Indianer dargestellt.

Elfenbeinernes Salzfäßchen (Afrika)
Diese Elfenbeinschnitzerei (16. Jh.) stellt portugiesische Krieger dar, die eine Erdkugel und ein Schiff tragen. Ein Seemann lugt aus dem Krähennest.

Japanischer Wandschirm (um 1600)
Dieser Wandschirm zeigt die Entladung einer Nau. Von 1575 bis zu ihrer Vertreibung 1638 beherrschten Portugiesen auch den Handel zwischen China und Japan.

Der Infant Henrique

Obwohl er selbst nicht zur See fuhr, begründete Henrique (1394–1460) – auch als »Heinrich der Seefahrer« bekannt –, der dritte Sohn Joãos I, die Entdeckungs- und Eroberungsfahrten, die João II und Manuel I später verstärkt vorantreiben sollten. Als Hochmeister des Christusordens finanzierte er Expeditionen entlang der Westküste Afrikas. Bei seinem Tod besaß er das Handelsmonopol für sämtliche Gebiete südlich von Kap Bojador. Angeblich hat er in Sagres oder Lagos eine Seefahrerschule gegründet.

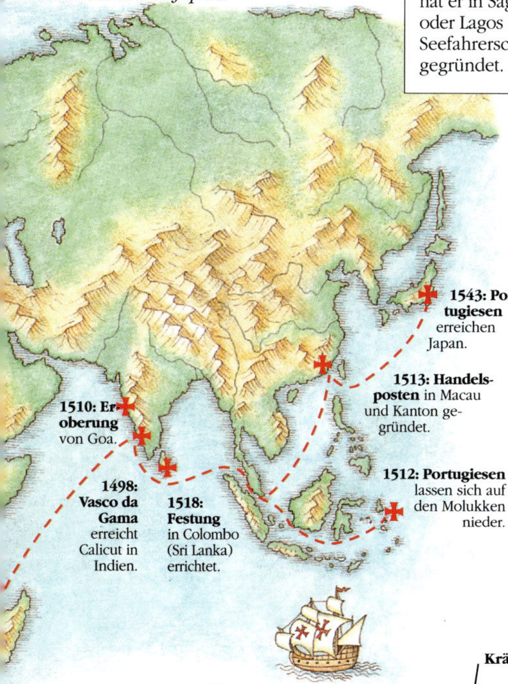

Legende

- - - Entdeckungsfahrten

Der Gewürzhandel
Kostbare Gewürze aus dem Fernen Osten brachten Reichtümer. 1528 kaufte Portugal Spanien die begehrten Molukken ab.

Portugiesische Entdeckungen

Die systematische Suche nach dem Seeweg nach Indien, der zugleich das Monopol auf den Gewürzhandel bedeutete, begann schon 1482 mit der ersten Fahrt von Diogo Cão, der bei jedem Landgang ein *padrão* (Steinkreuz) aufstellte.

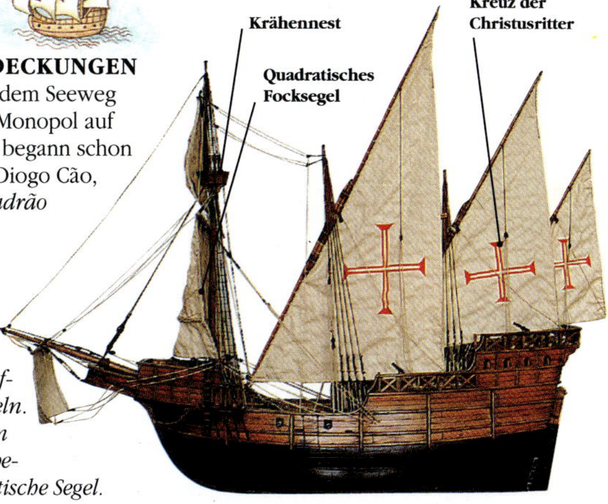

Karavelle
Die ersten portugiesischen Seefahrer, die der afrikanischen Küste folgten, hatten Schiffe mit dreieckigen Segeln. Für die späteren Reisen über das offene Meer bevorzugte man quadratische Segel.

Das Erdbeben von 1755

Von Überlebenden gestiftetes Votivkachelbild

DIE ERSTE ERSCHÜTTERUNG des verheerenden Bebens war am 1. November gegen 9.30 Uhr zu spüren. Wenige Minuten später folgte ein zweiter, weitaus heftigerer Erdstoß, der mehr als die Hälfte der Stadt in Trümmer legte. Obwohl das Epizentrum in der Algarve lag, war Lissabon als dichtbesiedeltes Gebiet am meisten betroffen. Über 20 Kirchen stürzten ein und begruben unzählige Gläubige, die sich zum Allerheiligengottesdienst versammelt hatten. Nach einem dritten Beben brach Feuer aus, das rasch um sich griff. Eine Stunde später rollten Flutwellen an. Ganz Portugal litt unter den Auswirkungen, und allein in Lissabon kamen mehr als 15 000 Menschen ums Leben.

***Dieses Gemälde** eines unbekannten Meisters von der Ankunft eines päpstlichen Gesandten bei Hofe 1693 zeigt, wie der Terreiro do Paço vor dem Erdbeben ausgesehen hat.*

Die meisten Gebäude, die die Erdstöße überlebt hatten, fielen den Flammen zum Opfer.

Der Paço da Ribeira (Königspalast) wurde von dem Beben und der nachfolgenden Flutwelle völlig zerstört.

Wie Nußschalen wurden hoffnungslos überladene Schiffe zertrümmert, auf die sich die Bevölkerung vor dem Feuer zu retten suchte.

***Die königliche Familie** hielt sich in ihrem Schloß in Belém auf, das weit weniger betroffen war als Lissabon, und überlebte das Beben unversehrt. Hier inspiziert der König die verwüstete Stadt.*

***Dieser Ausschnitt** ist einem Votivbild für Nossa Senhora da Estrela entnommen, das ein dankbarer Vater der Muttergottes weihte, weil sie das Leben seiner Tochter verschont hatte. Das Mädchen konnte nach dem Beben lebendig aus den Trümmern geborgen werden.*

DER WIEDERAUFBAU LISSABONS

Marquês de Pombal (1699–1782)

Kaum war das Beben vorüber, entwarf Sebastião José de Carvalho e Melo, Erster Minister Josés I und späterer Marquês de Pombal, eine neue Stadt. Während viele lamentierten, schlug in Pombal der Pragmatiker durch: »Begrabt die Toten, und gebt den Lebenden zu essen.« Er stellte die Ordnung wieder her und begann umgehend, sein Vorhaben in die Tat umzusetzen. Seine Bewältigung der Krise brachte ihm unbeschränkte politische Macht ein.

Reaktionen auf die Katastrophe

Voltaire

Das Erdbeben beeinflußte das europäische Denken. In allen großen Zeitungen erschienen Augenzeugenberichte, häufig von in Lissabon ansässigen Ausländern. Es entbrannte eine Debatte darüber, ob das Beben als Naturkatastrophe oder göttlicher Racheakt anzusehen sei. Lissabon war eine blühende Stadt gewesen, berühmt für ihren Reichtum, aber auch ihre Inquisition und Götzendienerei. Viele Prediger stellten das Beben als Bestrafung hin und sagten weitere Katastrophen voraus. Voltaire schrieb sogar ein Gedicht darüber, in dem er seinem Glauben Nachdruck verlieh, daß das Böse allgegenwärtig und der Mensch schwach und zu einem unglücklichen Erdendasein verdammt sei.

Die alten Festungsmauern hielten den Erschütterungen nicht stand.

Zu Allerheiligen entzündete Altarkerzen setzten die Stadt in Brand. Das Feuer wütete sieben Tage und Nächte.

Einige der vornehmsten Häuser Lissabons wurden zerstört – mit ihnen Gold, Juwelen, unersetzbare Möbel, Bücher und Gemälde.

Gegen 11 Uhr brandeten Flutwellen gegen den Terreiro do Paço. Die Alcântara-Docks fingen das Schlimmste ab.

Kirchen, Wohnhäuser *und öffentliche Gebäude waren betroffen. Die königliche Oper, hier in Ruinen, war erst im März desselben Jahres eröffnet worden.*

Zeitgenössische Darstellung des Bebens

Dieser Stich (1775) eines unbekannten deutschen Meisters vermittelt einen Eindruck vom Ausmaß der Katastrophe. Viele, die sich vor dem Feuer zum Tejo flüchteten, wurden von heranbrandenden Wogen verschlungen. Personen- und Sachschäden waren immens.

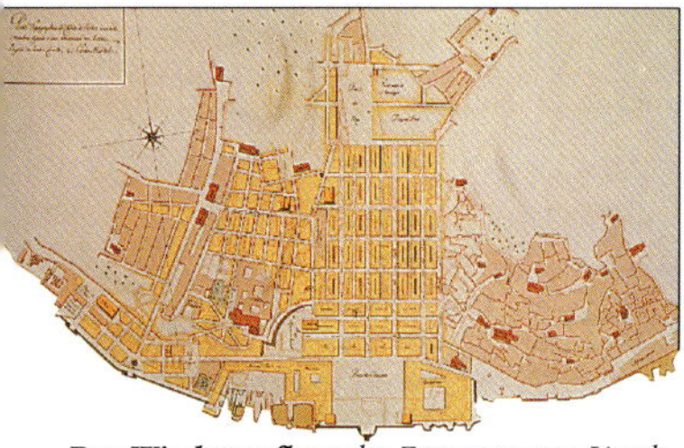

Der Wiederaufbau *des Zentrums von Lissabon ging mit unglaublichem Tempo vonstatten. Schon Ende November legte Pombal einen für die damalige Zeit revolutionären, streng geometrischen Plan vor. Die neuen Gebäude sind gelb markiert.*

Im heutigen Lissabon *erinnert vieles an das Erdbeben. Pombals rasterförmige Straßenführung ist auf diesem Luftbild der Baixa* (siehe S. 40ff) *deutlich erkennbar. Die Bauarbeiten zogen sich jahrzehntelang hin, und der Triumphbogen an der Rua Augusta wurde sogar erst 1873, über ein Jahrhundert später, vollendet.*

Das Jahr in Lissabon

Im Sommer, wenn in Lissabon der größte Besucherandrang herrscht, ist der Veranstaltungskalender zwar am prallsten gefüllt – so bilden etwa die Festas dos Santos Populares im Juni einen Höhepunkt –, doch die Küstenregion hat den Besuchern auch im Frühjahr und im Herbst einiges zu bieten. Im Spätwinter lockt der farbenprächtige Karneval zahlreiche Gäste nach Lissabon. Weitere Ereignisse im Jahreszyklus sind Musikfestivals, Sportveranstaltungen und die religiösen *festas*, die von den Portugiesen feierlich begangen werden.

Frühjahr

Bei Frühlingsbeginn füllen sich die Lissabonner Kaffeehaus- und Restaurantterrassen wieder mit Menschen. Zahlreiche Ereignisse, etwa Konzerte und Märkte, finden bei wärmerem Wetter wieder im Freien statt. An schönen Wochenenden unternehmen viele der Einheimischen Tagesausflüge zu den Badeorten Cascais und Estoril, um sich dort am Meer zu vergnügen.

João Moura, einer der besten Stierkämpfer *(cavaleiros)* Portugals

März

Festa da Primavera *(25. März)*. Bei diesem Festival im Centro Cultural de Belém finden Musik-, Theater- und Tanzaufführungen statt, darunter viele Open-Air-Veranstaltungen. Rock- und Popmusik wird ebenso dargeboten wie klassische Musik.

Procissão dos Terceiros Franciscanos *(4. So vor Ostern)*. Start der farbenprächtigen Prozession durch Mafra *(siehe S. 92)* ist der Konvent. Die rituellen Gewänder wurden der Kirche im 18. Jahrhundert von João V geschenkt.

Offizielle Militärparade in Lissabon anläßlich des Jahrestages der Revolution

April

Lissabonner Halbmarathon *(1. Apr)*. Dieser Lauf ist eine der bekanntesten Sportveranstaltungen der Stadt. Dabei überqueren die Läufer aus aller Herren Länder auch den Ponte 25 de Abril *(siehe S. 74)*.

Festa dos Merendeiros *(7. Apr)*. Traditioneller Feiertag samt Prozession in Santo Isidoro nahe Mafra *(siehe S. 92)*. Während der Zeremonie werden das Brot und die Felder in der Hoffnung auf eine reiche Ernte gesegnet.

Estoril Open Tennisturnier *(Anfang Apr)*. Die besten internationalen Spieler kämpfen auf den Jamor Tennis Courts um den Sieg.

Jahrestag der Revolution *(25. Apr)*. An diesem Tag – auch bekannt unter dem Namen Dia da Revoluçao – wird alljährlich der »Nelkenrevolution« gedacht, die 1974 der 48jährigen Diktatur ein Ende bereitete *(siehe S. 15)*. Zum Gedenken findet auf der Praça do Império eine von politischen Reden umrahmte Militärparade statt. Die Gewerkschaften organisieren überall in der Stadt Feiern.

Beginn der Stierkampfsaison *(Apr–Sep)*. Die Arena auf dem Campo Pequeno ist Schauplatz dieses traditionellen »Sports«. Allerdings wird die Arena zur Zeit erneuert und voraussichtlich erst 2003 wiedereröffnet. Stierkämpfe finden jedoch auch in Cascais *(siehe S.106)* und Montijo statt.

Moda Lisboa *(Apr)*. Diese alle zwei Jahre stattfindende Modenschau lockt Designer aus der ganzen Welt nach Lissabon.

Mai

Dia do Trabalhador *(1. Mai)*. Am Tag der Arbeit organisieren die Gewerkschaften Demonstrationen und politische Reden.

Encontros Gulbenkian de Música Contemporanea *(21. Mai–1. Juni)*. Hier treffen sich weniger bekannte Musiker und Komponisten zu Debatten und Aufführungen.

Feira do Livro *(Mai–Juni)*. Eines der literarischen Hauptereignisse in Lissabon. Auf dieser Buchmesse kann man günstig antiquarische und signierte Titel erwerben. Veranstaltungsort ist der riesige Parque Eduardo VII *(siehe S. 75)*.

Feira do Mar *(Mai–Juni)*. Bei diesem Festival in Sesimbra *(siehe S. 106)* werden lokale Künstler und kulinarische Spezialitäten vorgestellt.

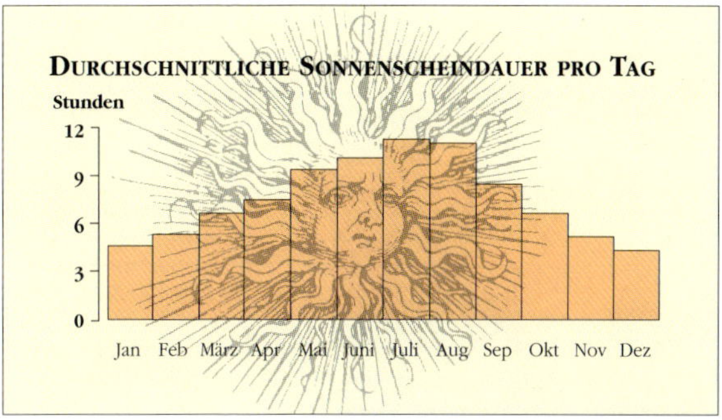

Sonnenscheindauer
Obwohl sich die Sonne in Lissabon zu allen Jahreszeiten blicken läßt, sind die Tage während der Sommermonate besonders heiß und sonnig. Deshalb sollte man die Haut sowohl bei Spaziergängen in Lissabon als auch beim Baden an den Stränden von Estoril oder Cascais vor der Sonne schützen.

SOMMER

IM SOMMER herrscht in Lissabon Hochsaison, besonders im August, wenn viele Lissabonner in den Badeorten, vor allem in Costa da Caparica und Cascais, Ferien machen.

JUNI

Festas da Cidade *(im ganzen Juni).* In dieser Veranstaltungsreihe, die Rockkonzerte ebenso wie Freiluftkino zu bieten hat, feiert sich die Stadt Lissabon selbst. Die Straßen erstrahlen in einer Festbeleuchtung.
Internationales Filmfestival von Troia *(im ganzen Juni).* Dieses kleine Festival in Setúbal, südlich von Lissabon, konzentriert sich auf Länder mit weniger als 21 Spielfilmproduktionen pro Jahr.
Santo António *(12./13. Juni).* Wichtiger Feiertag zu Ehren des Schutzheiligen der Stadt. Er markiert den Beginn der Festas dos Santos Populares (Festtage der Volksheiligen).

Das Fest des heiligen Antonius, ein bedeutender Feiertag in Lissabon

Der Strand von Estoril, eine der zahlreichen Buchten an der Küste im Umkreis Lissabons

São João *(23./24. Juni).* Ein ähnlicher Feiertag wie jener des heiligen Antonius, der im Rahmen der Festas dos Santos Populares begangen wird.
Arraial Gay e Lésbico *(Ende Juni).* Bis zu einer Woche lang finden in einem Park oder auf einem Platz der Stadt Veranstaltungen und Feste statt.
Festival de Música de Sintra *(15. Juni–16. Juli).* Eine Veranstaltungsreihe mit klassischer Musik in den Parks und Palästen von Sintra und Queluz *(siehe S. 96ff).*
São Pedro *(25. Juni–1. Juli).* Die letzten Tage der Festas dos Santos Populares. In Montijo am Südufer des Tejo werden Fischerboote gesegnet.

JULI

Festival International de Teatro (FIT) *(Anfang–Mitte Juli).* Dieses Festival findet an verschiedenen Orten in Lissabon statt und ist eines der wichtigsten Ereignisse in der Theaterszene Portugals.
Internationale Handwerksmesse (FIA) *(Anfang Juli).* Schauplatz der Kunst- und Handwerksausstellung ist der Parque de Nações.
Jazzfestival von Estoril *(Anfang Juli).* Einwöchiges Festival, Jazzkonzerte in und um Lissabon.
Feira de Artesanato *(Juli–Aug).* Schauplatz dieser Messe ist Estoril *(siehe S. 102f).* Aufgeführt werden traditionelle Tänze und Volksmusik.
Feira dos Alhos *(3. So im Juli).* Auf diesem jährlich veranstalteten Markt neben dem Konvent von Mafra *(siehe S. 92)* werden Kunsthandwerk und Nahrungsmittel angeboten.
Feira Grande de São Pedro *(31. Juli).* Markt in Sintra *(siehe S. 96ff):* Kunsthandwerk, Antiquitäten und Lebensmittel.
Festival de Música dos Capuchos *(Juli–Aug).* Im Convento dos Capuchos, am Südufer des Tejo.
Verão Em Sesimbra *(Juli–Sep).* Entertainmentfestival in Sesimbra *(siehe S. 106).*

AUGUST

Jazz em Agosto *(Anfang Aug).* In den Gärten des Calouste-Gulbenkian-Kulturzentrums finden Jazzkonzerte statt.
Noites de Bailado em Seteais *(an allen Wochenenden im Aug).* Ballettaufführungen in den Gärten des Palácio de Seteais nahe Sintra *(siehe S. 96f).*
Romaria de São Mamede *(14.–22. Aug).* Bauern führen ihre Tiere um die Kapelle von Janas, nördlich von Colares *(siehe S. 93),* und lassen sie segnen. Hier soll sich früher ein der römischen Göttin Diana, der Schutzherrin der Jagd und der Tiere, gewidmeter Tempel befunden haben.

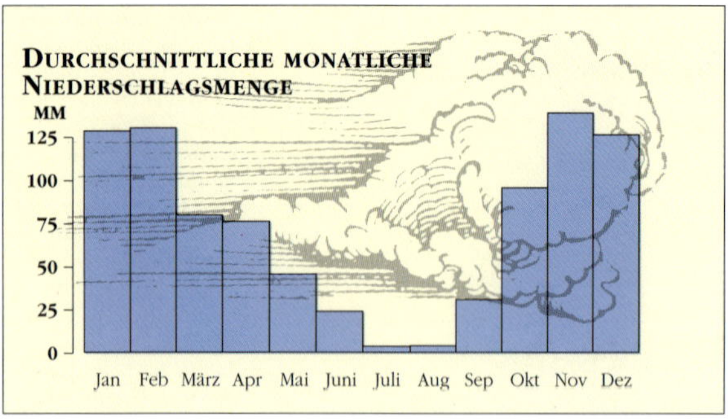

Niederschläge
Besonders in den Wintermonaten steigen die Niederschläge in Lissabon stark an, nehmen jedoch bis zum – fast regenlosen – Hochsommer deutlich ab. Im Herbst ist es zwar noch warm, doch die Zahl der Regentage nimmt zu und erreicht im November ihren Höhepunkt.

HERBST

IN VIELERLEI HINSICHT ist dies die beste Zeit für Ausflüge und Besichtigungstouren. Die übermäßige Hitze des Sommers ist vorbei, aber das Wetter ist noch angenehm warm. Besonders schön ist die Landschaft um Sintra, wenn die Blätter sich verfärben.

SEPTEMBER

Avante! *(1. Wochenende im Sep).* Diese fröhliche *festa* in Seixal, südlich des Tejo, bietet nationale und internationale Musikaufführungen, Ausstellungen und kulturelle Veranstaltungen.
Nossa Senhora da Luz *(2. Wochenende im Sep).* Diese religiöse *festa* wird zu Ehren Unserer Lieben Frau vom Licht in Sampaio bei Sesimbra *(siehe S. 106)* begangen.
Festa das Vindimas *(Anfang Sep).* Am Fuße der mittelalterlichen Burg von Palmela *(siehe S. 106)* werden inmitten eines traditionellen Volksfestes mitsamt Feuerwerk, Käse- und Weinprobe die ersten reifen Trauben der Saison gesegnet.
Nossa Senhora do Cabo Espichel *(letzter So im Sep).* Die Fischer ehren die Jungfrau Maria mit einer Prozession zur Kapelle des Cabo Espichel *(siehe S. 103).*
Feira da Luz *(im ganzen Sep).* Die Veranstaltung im Stadtteil Carnide widmet sich dem Kunsthandwerk, insbesondere der Töpferei.
Festa de Senhora da Consolação *(im ganzen Sep).* Das Festival in Assafora, einem Stadtteil von Sintra *(siehe S. 96f)* bietet zu Ehren der Nationalheiligen von Portugal Feste, Musikveranstaltungen und große Essen.
Encontros ACARTE *(Sep).* Das von der Gulbenkian-Stiftung durchgeführte ganzjährige Programm kommt jungen Künstlern zugute. Die Ausstellung findet immer im September statt. »Acarte« ist ein Akronym aus *animação, creatividade, arte* und *educação.*

Die Segnung der Weinernte bei der Festa das Vindimas in Palmela

OKTOBER

Dia da República *(5. Okt).* Alljährlich wird in Lissabon mit einer Militärparade der Revolution gedacht, die 1910 die Monarchie stürzte *(siehe S. 15).*
Estoril Open Golfturnier *(Ende Okt).* Großes Golfturnier in Estoril *(siehe S. 102f).*

Eine alte Dame legt an Allerheiligen auf einem Friedhof in Lissabon Blumen auf ein Grab

NOVEMBER

Allerheiligen *(1. Nov).* Wichtiger Feiertag im religiösen Kalender Portugals. Viele Familien zünden auf den Friedhöfen überall im Land zur Ehren ihrer verstorbenen Angehörigen Kerzen an und legen Blumen auf die Gräber.
Feira de Todos os Santos *(1. Nov).* Dieser Markt findet an Allerheiligen in Azureira nahe Mafra *(siehe S. 92)* statt. Nüsse und getrocknete Früchte sind das Hauptangebot.
Zirkus *(Ende Nov–Anfang Jan).* In der Vorweihnachtszeit treffen viele Zirkusunternehmen in Lissabon ein. Veranstaltungsorte und -termine nennt Ihnen das Fremdenverkehrsbüro.
Lissabon Marathon *(Ende Nov).* Während des Laufes finden in der Stadt Feste statt.

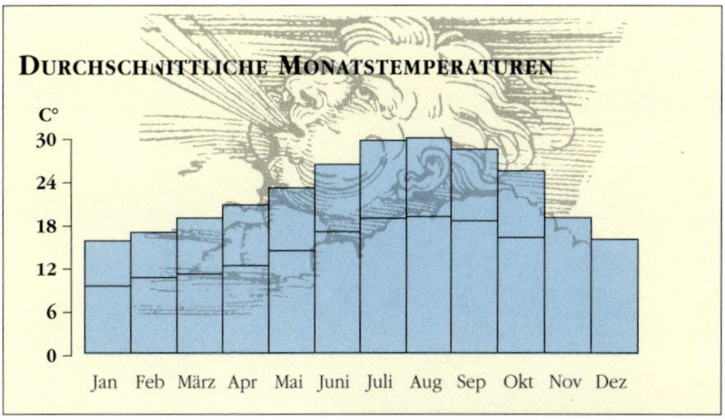

Temperaturen
In Lissabon ist es nur selten sehr kalt. Man findet dort selbst in den Wintermonaten ein angenehm mildes Klima. Im Hochsommer allerdings gibt es sehr heiße und bisweilen schwüle Tage. In dieser Jahreszeit ist das Leben in der Stadt sehr ruhig.

WINTER

Wer ein mildes, sonniges Klima sucht und der winterlichen Kälte entfliehen möchte, wird sich zu dieser Jahreszeit in Lissabon wohl fühlen. Das Nachtleben bietet bis in die frühen Morgenstunden Unterhaltung. Weihnachten ist in Portugal ein hoher Feiertag, an dem die Familien sich versammeln und ausgiebig tafeln.

Farbenprächtige Umzüge beim alljährlichen Karneval in Lissabon

DEZEMBER

Festa de Imaculada Conceição *(8. Dez).* Das Fest der Unbefleckten Empfängnis ist in ganz Portugal ein Feiertag. Mit Festgottesdiensten und unterschiedlichen Veranstaltungen feiern die Bewohner von Lissabon diesen Tag.
Weihnachten *(24./25. Dez).* Kirchen und Geschäfte sind mit Krippen und weihnachtlichem Dekor geschmückt. Höhepunkt ist der Heiligabend, an dem die Familien sich versammeln und die Mitternachtsmesse besuchen. Anschließend essen die Leute zu Hause *bacalhau* (gesalzenen und getrockneten Kabeljau) und *sonhos* (frittierte und mit Kürbis oder Orangen aromatisierte Küchlein).
Nossa Senhora da Conceição *(26. Dez).* Traditionelle Prozession zu Ehren Unserer Lieben Frau der Unbefleckten Empfängnis, der Schutzheiligen von Alfarim nahe Sesimbra *(siehe S. 106).*

Der Festtagskuchen *bolo rei*

JANUAR

Neujahr *(31. Dez–1. Jan).* In Lissabon wird zur Begrüßung des neuen Jahres auf der Praça do Comércio ein spektakuläres Feuerwerk aufgeführt.
Heilige Drei Könige *(6. Jan).* Der an diesem Tag verzehrte traditionelle Kuchen heißt *bolo rei* (Königskuchen), ein glücksbringender Fruchtkuchen mit einer Bohne darin. Wer in seinem Stück die Bohne findet, muß den nächsten Kuchen besorgen. *Bolo rei* wird auch in der Weihnachtszeit gebacken.
Opernsaison *(Jan–Nov).* Jetzt beginnt am Teatro Nacional de São Carlos *(siehe S. 53)* die Opernsaison.

FEBRUAR

Karneval *(wechselndes Datum).* Wird in Portugal mit Kostümen und Festwagen begangen. Einen besonders farbenprächtigen Umzug gibt es in Sesimbra *(siehe S. 106).*

Procissão do Senhor dos Passos da Graça *(2. So der Fastenzeit).* Die Figur Christi wird von der Igreja da Graça *(siehe S. 37)* aus durch die Straßen des Lissabonner Viertels Graça getragen. Die Prozession hat ihren Ursprung im 16. Jahrhundert.

FEIERTAGE

Neujahr (1. Jan)
Karneval (Feb)
Karfreitag (März oder Apr)
Dia 25 de Abril, *Jahrestag der Revolution von 1974* (25. Apr)
Dia do Trabalhador, *Tag der Arbeit* (1. Mai)
Fronleichnam (6. Juni)
Nationalfeiertag (10. Juni)
Mariä Himmelfahrt (15. Aug)
Dia da República *Tag der Republik* (5. Okt)
Allerheiligen (1. Nov)
Dia da Restauração, *Tag der Befreiung von Spanien 1640* (1. Dez)
Unbefleckte Empfängnis (8. Dez)
Weihnachten (25. Dez)

VIRTVTIBVS
MAIORVM

Führer durch die Stadtteile

Lissabon im Überblick

PORTUGALS HAUPTSTADT liegt am Nordufer der binnenmeerartig verbreiterten Tejo-Mündung, 17 Kilometer vom Atlantik entfernt. In Lissabon selbst leben nur rund 550 000 Menschen, im Großraum jedoch weit über eine Million. Der Stadtkern, die Baixa, wurde 1755 von einem verheerenden Beben *(siehe S. 20f)* dem Erdboden gleichgemacht und ist mitsamt der geometrischen Straßenführung nahezu reines 18. Jahrhundert. Auf den umliegenden Hügeln der Alfama und des Bairro Alto freilich versetzen einen schmale, gewundene Gäßchen viel weiter zurück. Seit dem Bau der Ponte 25 de Abril in den 60er Jahren konnte sich Lissabon bis auf die Outra Banda (»das andere Ufer«) ausdehnen. Die Docks der einst bedeutenden Hafenstadt wurden mittlerweile verlegt, doch in Belém halten diverse Denkmäler die Erinnerung an die Seefahrertradition der einstigen Welthandelsmetropole wach.

Das Museu Nacional de Arte Antiga *besitzt Gemälde und Skulpturen, darunter flämisch inspirierte portugiesische Kunstwerke wie Jorge Afonsos* Christus erscheint der Muttergottes (siehe S. 56f).

Das Mosteiro dos Jerónimos *ist ein prachtvoller Bau aus dem 16. Jahrhundert, den Manuel I in dem nach ihm benannten, typisch portugiesischen Stil errichten ließ. Das ungeheuer ornamentenreiche Südportal, 1516 von João de Castilho entworfen, zählt zu den grandiosesten Beispielen der Manuelinik* (siehe S. 66f).

Die Torre de Belém, *Symbol portugiesischer Triumphe auf den Weltmeeren, begrüßte die aus dem Orient oder der Neuen Welt heimkehrenden Seefahrer* (siehe S. 70).

◁ **Blick vom Tejo auf die Praça do Comércio mit der Statue Josés I in der Mitte**

***Der schmiedeeiserne Elevador de Santa Justa**, Anfang des 20. Jahrhunderts erbaut, verbindet die Baixa mit dem Largo do Carmo* (siehe S. 46).

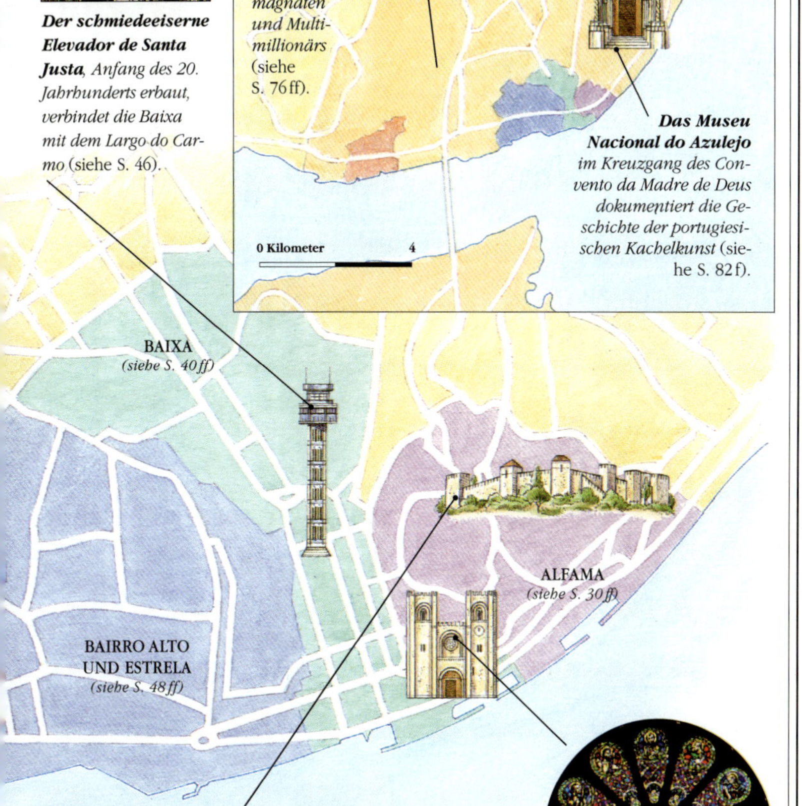

***Das Museu Calouste Gulbenkian** präsentiert Kunstwerke aus der erlesenen Sammlung des armenischen Ölmagnaten und Multimillionärs* (siehe S. 76ff).

***Das Museu Nacional do Azulejo** im Kreuzgang des Convento da Madre de Deus dokumentiert die Geschichte der portugiesischen Kachelkunst* (siehe S. 82f).

***Das Castelo do São Jorge**, einst Maurenburg und Residenz der portugiesischen Könige, wurde in den 30er Jahren der Öffentlichkeit zugänglich gemacht. Von den Zinnen bietet sich ein prachtvoller Blick (siehe S. 38f).*

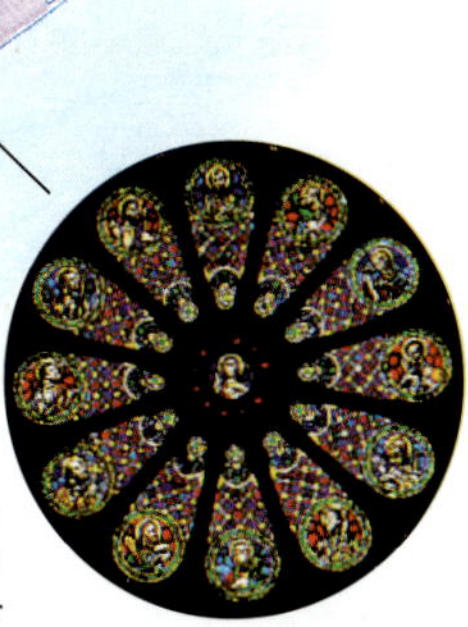

***Lissabons aufwendig restaurierte Kathedrale** ist ein wuchtiger romanischer Bau und bekannt für ihre wunderschöne Fensterrosette. In der Schatzkammer* (siehe S. 36) *findet man prächtiges Silber und Kirchengewänder.*

Alfama

Man kann sich kaum noch vorstellen, daß dieses schlichte Wohnviertel einst die gefragteste Gegend Lissabons darstellte. Den Mauren war das Gassengewirr um die Burg eine Stadt für sich. Der Niedergang begann im Mittelalter, als die wohlhabenden Bewohner aus Angst vor Erdbeben weiter westlich zogen und nur die Armen im Viertel blieben. Die Gebäude überstanden das Erdbeben von 1755 *(siehe S. 20f)*, und noch heute ist, obwohl keine maurischen Bauwerke mehr existieren, ein Hauch von Kasbah zu spüren. Fassaden, an denen Wäsche trocknet, säumen die steilen Straßen und Treppen. Die heruntergekommensten Ecken werden nun saniert, doch der Alltag dreht sich noch immer um kleine Tante-Emma-Läden und düstere Tavernen. Oberhalb der Alfama thront das Castelo de São Jorge. Der natürliche Aussichtspunkt, bis zum 16. Jahrhundert Festung und Königspalast, ist heute ein beliebter Treffpunkt; die restaurierten Wallanlagen bieten eine großartige Aussicht.

Portugals Wappen in der Kathedrale

Westlich der Alfama erheben sich die stolzen Doppeltürme der Kathedrale. Richtung Nordosten beherrschen Santa Engrácia und São Vicente de Fora die Skyline.

Sehenswürdigkeiten auf einen Blick

Museen und Galerien
Museu de Artes Decorativas 2
Museu Militar 6

Historische Bauwerke
Casa dos Bicos 7
Castelo de São Jorge S.38f 10

Kirchen
Santo António à Sé 9
Santa Engrácia 5
São Vicente de Fora 3
Kathedrale 8

Aussichtspunkte
Miradouro da Graça 11
Miradouro de Santa Luzia 1

Märkte
Flohmarkt 4

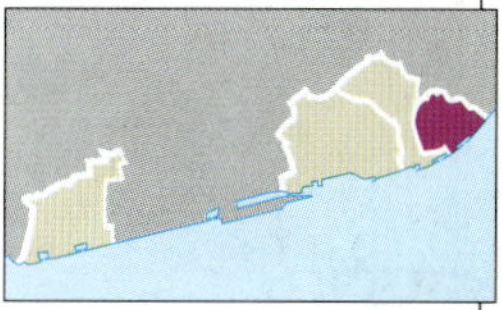

Anfahrt
Von der Baixa rattern die Straßenbahnen 12 und 28 die engen Straßen zur Alfama hinauf. Der Bus 37 fährt von der Burg um diese herum zum Rossio. Entlang der Avenida Dom Infante Henrique fahren viele Busse ostwärts zum Bahnhof Santa Apolónia und westwärts nach Belém.

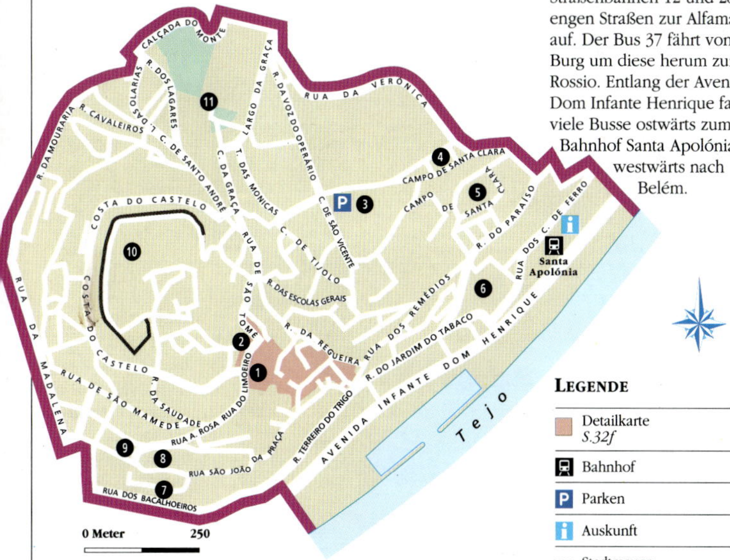

Legende
Detailkarte *S.32f*
Bahnhof
Parken
Auskunft
Stadtmauer

◁ **Schmiedeeiserne Balkone an einem Haus in der Rua dos Bacalhoeiros, neben der Casa dos Bicos**

Im Detail: Alfama

Die Alfama, zu jeder Tageszeit faszinierend, erwacht erst richtig zum Leben, wenn am frühen Abend die Einheimischen in die kleinen Tavernen drängen. In dem Viertel leben zahlreiche afrikanische Immigranten, und so hört man Musik aus Moçambique und von den Kapverdischen Inseln. Wegen der steilen Straßen und Treppen ist es am bequemsten, einen Rundgang oben zu beginnen und langsam herabzugehen. Auf dem Weg kann man malerische Ecken und marode Kirchen entdecken, und man hat einen Panoramablick von den schattigen Aussichtspunkten wie dem Miradouro de Santa Luzia.

Von den Cafétischen am Largo das Portas do Sol überblickt man die Alfama bis zur Tejo-Mündung. Die Portas do Sol waren einst der Eingang zur Altstadt.

Die Südwand der Kirche Santa Luzia wird von blau-weißen *azulejos* geschmückt.

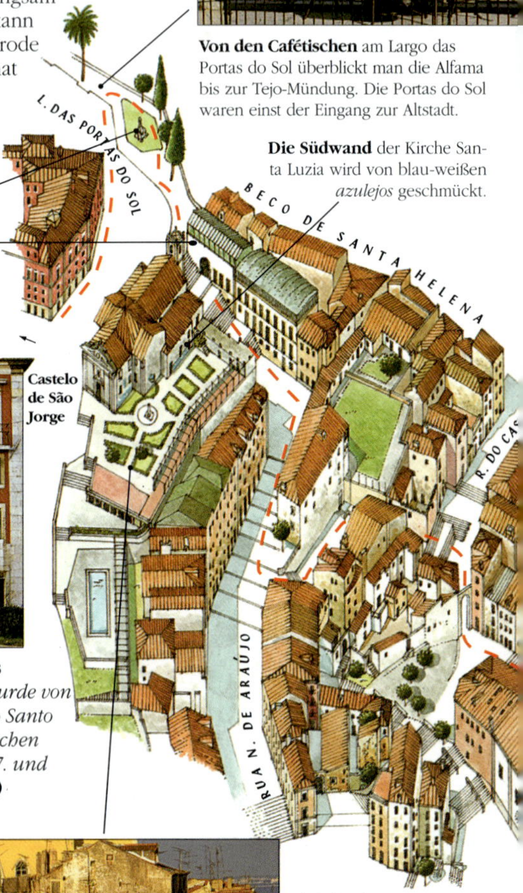

Statue des hl. Vinzenz

Am Largo das Portas do Sol gibt es auf einem umgebauten Dach eine Aussichtsterrasse, und zwar auf der Ostseite der Kirche Santa Luzia.

Castelo de São Jorge

★ Museu de Artes Decorativas
Der Palácio Azurara (17. Jh.) wurde von dem Bankier Ricardo do Espírito Santo Silva als Museum mit portugiesischen Möbeln und Kunstwerken des 17. und 18. Jahrhunderts eingerichtet. ❷

Legende

– – – Routenempfehlung

0 Meter 25

Nicht versäumen

★ **Miradouro de Santa Luzia**

★ **Museu de Artes Decorativas**

★ Miradouro de Santa Luzia
Der Blick von der mit Bougainvilleen überwucherten Terrasse reicht über die Dächer der Alfama bis zum Tejo – ein wunderbarer Ort, um sich von einem Spaziergang durch die steilen Straßen auszuruhen. ❶

Der Beco dos Cruzes ist eine der vielen steilen, gepflasterten Gassen *(becos)*, die sich durch die Alfama schlängeln. Die Bewohner hängen zwischen den eng zusammenstehenden Häusern oft Wäsche auf.

ZUR ORIENTIERUNG
Siehe Kartenteil, Karte 8

In der Rua de São Pedro findet morgens ein Fischmarkt statt, auf dem die *varinas* den Fang anbieten, darunter *peixe espada* (Schwertfisch).

Der Largo do Chafariz de Dentro erhielt seinen Namen nach dem Brunnen *(chafariz)* aus dem 17. Jahrhundert, der ursprünglich innerhalb *(dentro)* der Stadtmauer lag.

Die Kirche Nossa Senhora dos Remédios wurde nach dem Erdbeben von 1755 *(siehe S. 20f)* wiederaufgebaut. Nur das manuelinische Portal blieb vom Original übrig.

São Miguel baute man nach dem Erdbeben wieder auf. Einige ältere Teile wurden integriert, wie die Decke aus brasilianischem Jacaranda-Holz.

Im Labyrinth der Gassen sind beliebte Restaurants versteckt, deren Tische oft im Freien stehen. Das Lautasco *(siehe S. 128)* in der Beco do Azinhal bietet hervorragende Küche.

Das Kachelbild stellt die Praça do Comércio vor dem Erdbeben dar

Miradouro de Santa Luzia ❶

Rua do Limoeiro. **Karte** 8 D4. 🚋 *28.*

Die Terrasse an der Kirche Santa Luzia bietet einen überwältigenden Blick auf die Alfama und den Tejo. Charakteristische Wahrzeichen sind die Kuppel von Santa Engrácia, die Kirche Santo Estêvão und die zwei weißen Türme von São Miguel. Unter der Pergola spielen Männer Karten, und Touristen genießen die Aussicht. Die Südwand von Santa Luzia zieren zwei moderne Kachelbilder: Eines zeigt die Praça do Comércio vor der Zerstörung durch das Erdbeben, das andere den Angriff der Christen auf das Castelo de São Jorge *(siehe S. 38f)* im Jahr 1147.

Museu de Artes Decorativas ❷

Largo das Portas do Sol 2. **Karte** 8 D3. *21-888 19 91 o. 881 46 00.* 🚌 *37.* 🚋 *12, 28.* *So–Fr 10–17 Uhr.* *1. Jan, Ostern, 1. Mai, 25. Dez.*

Das Museum, auch bekannt als Stiftung von Ricardo do Espírito Santo Silva, wurde 1953 gegründet, um das Kunstgewerbe der Öffentlichkeit nahezubringen. Die Stiftung wurde nach einem Bankier benannt, der den Palácio Azurara aus dem 17. Jahrhundert 1947 für seine Sammlung von Möbeln, Textilien, Silber- und Keramikarbeiten kaufte. Zu den Antiquitäten aus dem 17. und 18. Jahrhundert gehören viele Stücke aus Edelholz, wie ein Spieltisch aus Rosenholz aus dem 18. Jahrhundert. Bemerkenswert sind auch das Silber und das chinesische Porzellan sowie die Arraiolos-Teppiche *(siehe S. 301)*. In den Räumlichkeiten gibt es ebenfalls originalen Deckenschmuck und *azulejos.*

Chinesischer Besteckkasten (18. Jh.), Museu de Artes Decorativas

Im Nachbargebäude kann man Künstler beobachten, die die Techniken der Kunsttischlerei, Vergoldung, Buchbinderei und andere traditionelle Fertigkeiten pflegen. Des weiteren werden Sonderausstellungen, Vorträge und Konzerte im Palast angeboten.

Steinerne Frauenfigur, die am Grab von Carlos I in São Vicente de Fora betet

São Vicente de Fora ❸

Largo de São Vicente. **Karte** 8 E3. *21-882 44 00.* 🚌 *12.* 🚋 *28.* *Di–Fr 9–18 Uhr, Sa 9–19 Uhr, So 9–12.30 Uhr u. 15–17 Uhr* *Kreuzgang.*

Der heilige Vinzenz wurde 1173 zum Schutzpatron Lissabons erklärt, nachdem seine Reliquien von der Algarve in diese Kirche außerhalb *(fora)* der Stadtmauer gebracht worden waren. Die Fassade, vom italienischen Architekten Filippo Terzi in gebrochenem Weiß entworfen und 1627 vollendet, ist nüchtern und symmetrisch gestaltet. Zwei Türme flankieren das Portal, über dem Statuen von Vinzenz, Augustinus und Sebastian thronen. Blickfang im Inneren ist der barocke Baldachin von Machado de Castro über dem Altar, den lebensgroße Holzstatuen flankieren. Das angrenzende ehemalige Augustinerkloster enthält eine Zisterne (16. Jh.) und Reste des einstigen Kreuzgangs, doch sehenswert sind vor allem die *azulejos* aus dem 18. Jahrhundert. Kachelbilder in der Eingangshalle zeigen lebendige, wenn auch historisch nicht ganz korrekte Szenen des Angriffs von Afonso Henriques auf Lissabon und Santarém. Die Kacheln im Kreuzgang stellen die Fabeln La Fontaines dar.

Ein Durchgang führt hinter der Kirche in das Refektorium, das seit 1885 als Pantheon der Braganças dient. Dort ruhen fast alle Könige und Königinnen, von João IV, der 1656 gestorben ist, bis Manuel II, dem letzten König Portugals. Nur Maria I und Pedro IV sind dort nicht beigesetzt. Eine steinerne Trauernde kniet vor dem Grab von Carlos I und seinem Sohn Luís Felipe, die 1908 auf der Praça do Comércio ermordet wurden.

Flohmarkt ❹

Campo de Santa Clara. **Karte** 8 F2.
12. 28. Di, Sa 7.30–13 Uhr.

DEN FLOHMARKT, seit über einem Jahrhundert auf diesem Platz am Rand der Alfama, überragen Bäume und Dächer. Der wachsende Ruhm hat dazu geführt, daß man unter all dem Trödel kaum noch ein Schnäppchen findet. Bei einigen Händlern entdeckt man jedoch hübsche schmiedeeiserne Arbeiten, Drucke und Kacheln sowie Second-hand-Kleidung. An einigen Ständen mit Figuren, Masken und Schmuck erkennt man die Einflüsse der afrikanischen Kolonien. Fisch, Gemüse und Kräuter werden auf dem Marktplatz nebenan verkauft.

Trödel auf dem Flohmarkt

Santa Engrácia ❺

Campo de Santa Clara. **Karte** 8 F2.
21-885 48 20. 12. 28.
Di–So 10–17 Uhr. Feiertage.

DIE HOHE KUPPEL der Kirche Santa Engrácia, eines der Wahrzeichen Lissabons, ragt im Osten der Stadt empor. Die ursprüngliche Kirche stürzte 1681 ein. Mit der Grundsteinlegung der neuen Barockkirche begann 1682 die 284 Jahre lange Baugeschichte, deren ungewöhnliche Dauer zu einer portugiesischen Redewendung führte, der zufolge eine »Santa-Engrácia-Arbeit« niemals fertig werde. Die Kirche wurde erst 1966 vollendet.

Im Inneren schaffen der farbige Marmorfußboden und die riesige Kuppel einen Hauch von Größe. Das Nationalpantheon beherbergt die Gräber der Helden Portugals, wie Vasco da Gama *(siehe S. 68)* und Afonso de Albuquerque, Vizekönig von Indien (1502–15), zur Linken sowie dem Infanten Henrique *(siehe S. 19)* und Luís Vaz de Camões *(siehe S. 23)* zur Rechten. Auf Anfrage kann man mit dem Lift zur Kuppel fahren.

Museu Militar ❻

Largo do Museu da Artilharia.
Karte 8 D3. *21-884 25 69. 9, 12, 25, 28, 35, 39, 46. 28. Di–So 10–17 Uhr. Feiertage.*

DAS MILITÄRMUSEUM, passenderweise neben Kanonengießerei und Waffendepot aus dem 16. Jahrhundert gelegen, bietet eine umfassende Ausstellung von Waffen, Uniformen und historischen Dokumenten. Der Rundgang beginnt im Vasco-da-Gama-Saal mit der Sammlung alter Kanonen und Wandbilder, die die Entdeckung des Seewegs nach Indien darstellen. Die Salas de Grande Guerra im ersten Stock sind dem Ersten Weltkrieg gewidmet, weitere Räume der Entwicklung der Waffen, von Feuersteinspitzen über Speere bis zu Gewehren. Im Innenhof erzählt ein Kachelbild die Geschichte Portugals von der Reconquista bis zum Ersten Weltkrieg. Die Artillerieabteilung stellt den Waggon aus, der den Triumphbogen zur Rua Augusta *(siehe S. 47)* transportierte.

Kuppel und bunte Marmorauskleidung von Santa Engrácia

Casa dos Bicos ❼

Rua dos Bacalhoeiros. **Karte** 8 D4.
21-881 09 00. 9, 28, 46, 59. 18, 25. Mo–Fr 9.30–17.30 Uhr (nur Erdgeschoß). Feiertage.

DAS AUFFALLENDE HAUS, das brillantförmige Steine *(bicos)* verkleiden, wurde 1523 für Brás de Albuquerque gebaut, den illegitimen Sohn von Afonso, Vizekönig von Indien und Eroberer von Goa und Malakka. Die Fassade entspricht einem Stil, der im Mittelmeerraum im 16. Jahrhundert populär war. Die vom Erdbeben 1755 zerstörten oberen Stockwerke wurden erst in den 80er Jahren nach alten Ansichten Lissabons auf Kachelbildern und Stichen restauriert. Zuvor diente das Gebäude als Fischsalzerei (Rua dos Bacalhoeiros heißt »Straße der Kabeljaufischer«). Die unteren Stockwerke werden für Sonderausstellungen genutzt.

Die merkwürdig facettierte Casa dos Bicos und angrenzende Bauwerke

Fassade der Kathedrale

Kathedrale ❽

Largo da Sé. **Karte** 8 D4. *21-886 67 52.* *37.* *12, 28.* *Di–Sa 9–19 Uhr (Kreuzgang und Schatzkammer 10–17 Uhr); So, Mo u. Feiertage 9–17 Uhr.* *Kreuzgang und Schatzkammer.*

DREI JAHRE nachdem er Lissabon den Mauren entrissen hatte, baute Afonso Henriques 1150 für den ersten Bischof Lissabons, den englischen Kreuzfahrer Gilbert of Hastings, an der Stelle der alten Moschee eine Kathedrale. *Sé* ist die Kurzform von Sedes Episcopalis, Bischofssitz. Die Kathedrale wurde nach Zerstörungen durch drei Erdstöße im 14. Jahrhundert und durch das Erdbeben von 1755 jahrhundertelang restauriert und bietet ein buntes Stilgemisch. Die Fassade mit den beiden zinnenbewehrten Türmen und der prächtigen Fensterrosette weist romanischen Charakter auf. Das düstere Innere ist schlicht und zeigt kaum etwas von dem verschwenderischen Dekor, das König João V ihr Anfang des 18. Jahrhunderts verordnete. Die Arkade hinter dem romanischen Schiff birgt neun gotische Kapellen. Die Capela de Santo Ildefonso enthält die Sarkophage (14. Jh.) des Lopo Fernandes Pacheco, Waffengenosse von König Afonso IV, und seiner Frau Maria Vilalobos. Der bärtige Edelmann mit dem Schwert und seine Frau mit einem Gebetbuch sind auf der Grabplatte zu sehen. Im angrenzenden Altarraum befinden sich die Grabstätten von Afonso IV und seiner Frau Beatriz.

Grab des Edelmanns Lopo Fernandes Pacheco aus dem 14. Jahrhundert

Detail der barocken Krippenszene von Joaquim Machado de Castro

Der gotische **Kreuzgang** hinter der dritten Kapelle in der Arkade weist anmutige Doppelbogen mit zierlich gemeißelten Kapitellen auf. Eine Kapelle ziert ein schmiedeeisernes Gitter aus dem 13. Jahrhundert. Ausgrabungen im Kreuzgang legten unter anderem römische Relikte frei.

Die Franziskanerkapelle links vom Kathedraleneingang birgt das Taufbecken, in dem der Heilige 1195 getauft wurde. Ein Kachelbild zeigt den heiligen Antonius, der zu den Fischen predigt. In der angrenzenden Kapelle befindet sich eine barocke Krippenszene aus Kork, Holz und Terrakotta von Machado de Castro (1766).

In der **Schatzkammer**, rechts hinter dem Eingang oberhalb der Treppe, ist eine Sammlung von Silberschmuck, Plastiken, Kirchenroben, illustrierten Manuskripten und Reliquien des heiligen Vinzenz zu besichtigen, die 1173 vom Cabo de São Vicente nach Lissabon gebracht wurden. Die Legende erzählt, daß zwei heilige Raben das Boot mit den Reliquien bewachten. Daher wurden die Vögel zu Symbolen für die Befreiung Lissabons und sind im Stadtwappen verewigt. Die Nachkommen der beiden Raben lebten im Kreuzgang der Kathedrale; der letzte starb 1978.

DER HEILIGE ANTONIUS (UM 1195–1231)

Zum Kummer der Lissabonner ist ihr liebster Heiliger als Antonius von Padua bekannt, obwohl er in Lissabon geboren wurde und aufwuchs. Lediglich seine letzten Monate verbrachte er im italienischen Padua. Beeindruckt von den Mönchen in Coimbra, wo er studierte, trat Antonius 1220 dem Franziskanerorden bei. Er war ein gelehrter und leidenschaftlicher Prediger, bekannt für seine Barmherzigkeit und seine Fähigkeit, Ketzer zu bekehren. Zahlreiche Darstellungen zeigen ihn, wie er das Jesuskind auf einem Buch trägt oder zu den Fischen predigt. Der heilige Antonius gilt außerdem als Schutzheiliger für verlorene Dinge.

Papst Pius XI. ernannte ihn im Jahre 1934 zum Schutzheiligen von Portugal. Seinen 800. Geburtstag feierte 1995 die ganze Stadt mit großem Aufwand.

Santo António à Sé ❾

Largo de Santo António à Sé, *24.* **Karte** 7 C4. *21-886 91 45.* *37.* *12, 28.* *tägl. 8–19.30 Uhr.* *Feiertage.*
Museu Antoniano *21-886 04 47.* *Di–So 10–13, 14–18 Uhr.*

DIE KLEINE KIRCHE Santo António steht angeblich auf dem Grund des Geburtshauses des heiligen Antonius. Die Krypta, über die gekachelte Sakristei auf der linken Seite zu erreichen, ist das einzige, was das Erdbeben von 1755 übrigließ. Die neue Kirche entstand ab 1757 unter Mateus Vicente, dem Architekten der Basílica da Estrela *(siehe S. 55)*, teilweise finanziert durch Spenden, die Kinder unter dem Ruf »einen Groschen für den heiligen Antonius« sammelten. Noch heute liegen Escudos auf dem Boden der winzigen Kapelle in der Krypta und zieren fromme Botschaften der Gläubigen die Wände.

Die Fassade verbindet die wellenartigen Barockbogen mit den klassizistischen ionischen Säulen auf beiden Seiten des Hauptportals. Auf dem Weg hinab zur Krypta erinnert ein Kachelbild an den Besuch von Papst Johannes Paul II. im Jahr 1982. 1995 wurde die Kirche zum 800. Geburtstag des Heiligen renoviert. Brautleute legen aus Tradition an ihrem Hochzeitstag Blumen für den heiligen Antonius nieder, der Frischvermählten Glück bringen soll.

Das kleine **Museu Antoniano** birgt Artefakte, die in Bezug zum heiligen Antonius stehen, sowie goldenen und silbernen Kirchenschmuck. Das hübscheste Exponat ist das Kachelbild aus dem 17. Jahrhundert, das den heiligen Antonius zeigt, der zu den Fischen predigt.

Blick vom Castelo de São Jorge auf Miradouro und Igreja da Graça

Castelo de São Jorge ❿

Siehe S. 38 f.

Ein Kachelbild zeigt Papst Johannes Paul II. in der Kirche Santo António à Sé

Miradouro da Graça ⓫

Karte 8 D2. *37.* *12, 28.*

DAS ARBEITERVIERTEL Graça entstand Ende des 19. Jahrhunderts. Heute wird es hauptsächlich wegen seiner Aussicht vom *miradouro* besucht. Das Panorama der Häuserdächer und Wolkenkratzer ist weniger spektakulär als das vom Schloß, doch ist der Ort ein beliebter Abendtreffpunkt, wenn man unter Pinien an den Cafétischen sitzen kann. Das Augustinerkloster hinter dem Miradouro da Graça wurde 1271 gegründet und nach dem Erdbeben wiederaufgebaut. Das einst blühende Anwesen dient heute als Kaserne, doch die Kirche, die Igreja da Graça, kann besichtigt werden. Im rechten Querschiff befindet sich der *Senhor dos Passos,* eine Darstellung Christi auf dem Kreuzweg nach Golgatha. Die Figur in purpurfarbenen Kleidern wird am zweiten Fastensonntag in einer Prozession durch Graça getragen. Die *azulejos* am Altar (17. Jh.) imitieren den Brokatstoff, der diesen normalerweise verhüllt.

Castelo de São Jorge ⑩

Steinkopf des Martim Moniz

NACHDEM KÖNIG AFONSO HENRIQUES 1147 die Mauren aus Lissabon vertrieben hatte, gestaltete er deren Zitadelle auf dem Hügel zur Residenz der portugiesischen Könige um. 1511 errichtete Manuel I auf der heutigen Praça do Comércio einen großzügigeren Palast. Die Burg wurde daraufhin als Theater, als Gefängnis oder als Waffendepot genutzt. Beim Erdbeben von 1755 beschädigt, ließ sie Salazar 1938 restaurieren, einschließlich »mittelalterlicher« Mauer und neuer Gärten. Somit ist sie zwar nicht mehr authentisch, doch die engen Straßen des Viertels Santa Cruz innerhalb der Mauern bieten reizvolle Wege und die schönste Aussicht Lissabons.

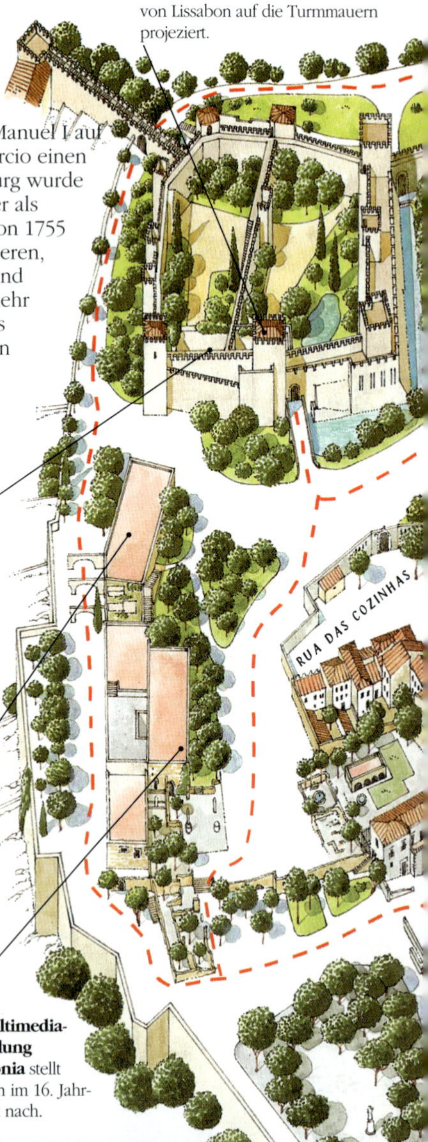

Am Torre de Ulisses werden Bilder von Lissabon auf die Turmmauern projeziert.

★ Burgmauern
Besucher können die Türme besteigen und die rekonstruierte Brustwehr der Mauern begehen.

Restaurant Casa do Leão
Das Lokal in der ehemaligen königlichen Residenz kann für Abendessen und Gruppen gebucht werden (siehe S. 128).

Die Multimedia-ausstellung Olisipónia stellt Lissabon im 16. Jahrhundert nach.

★ Aussichtsterrasse
Der große, schattige Platz bietet großartige Blicke auf Lissabon und den Tejo. Unter den Bäumen spielen Männer Backgammon und Karten.

LEGENDE

– – – Routenempfehlung

Die Porta der Martim Monzis ist nach dem Ritter benannt, der 1147 das Tor für die Soldaten von Afonso Henriques offenhielt. Seine Büste befindet sich in einer Nische am Tor.

Die Porta de Santo André führt zum Largo Rodrigues de Freitas.

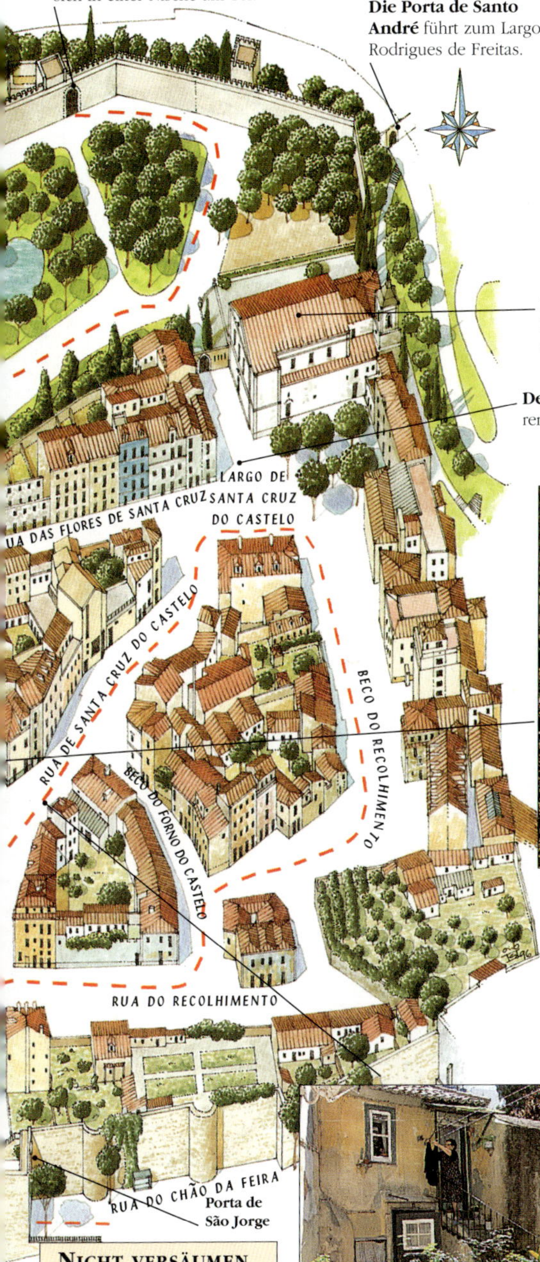

INFOBOX

Porta de S. Jorge, Rua do Chão da Feira. **Karte** 8 D3. 21-887 72 44 37 12, 28. *Apr–Sep: tägl. 9–21 Uhr; Okt–März: tägl. 9–18 Uhr.* **Torre de Ulisses.** *Apr–Sep 10–14 Uhr (bei klarem Wetter), Show: jede halbe Stunde, max. 15 Personen.* *1. Mai* **Olisipónia.** *Apr–Sep: tägl. 9–21 Uhr, Okt–März: tägl. 9–18 Uhr.* *1. Jan, 1. Mai, Weihnachten.*

In der Kirche aus dem 12. Jahrhundert befindet sich eine Statue des heiligen Georg (17. Jh.).

Der Platz Santa Cruz ist von elegant renovierten Gebäuden umgeben.

Santa Cruz
Die schmalen, gepflasterten Straßen des kleinen Viertels sind innerhalb der Schloßmauern dicht bebaut.

0 Meter 50

Rua de Santa Cruz do Castelo
Bröckelnde Fassaden, Blumentöpfe und Wäscheleinen zwischen Fenstersimsen kennzeichnen die hübschen Straßen südlich des Castelo de São Jorge.

NICHT VERSÄUMEN

★ **Aussichtsterrasse**

★ **Burgmauern**

VIRTVTIBVS
MAIORVM.
VT. SIT. OMNIBVS. DOCVMENTO. P. P. D.

BAIXA

Detail an der Statue von José I an der Praça do Comércio

Aus den Ruinen Lissabons, 1755 vom Erdbeben zerstört *(siehe S. 20f)*, schuf der Marquês de Pombal ein völlig neues Zentrum. Zwischen der repräsentativen Praça do Comércio am Tejo und dem geschäftigen Hauptplatz Rossio entstanden Straßenzüge im Schachbrettmuster. Die gleichförmigen, klassizistischen Gebäude wurden nach den jeweiligen Ladeninhabern und Handwerkern benannt. Noch heute bildet die Baixa (Unterstadt) mit ihren Banken, Büros und Läden das Geschäftszentrum der Stadt. Die Cafés, Restaurants und Theater am Rossio sind ein beliebter Treffpunkt. Die geometrische Anlage blieb bis heute unverändert, doch die meisten Gebäude legten die Gleichförmigkeit des 18. Jahrhunderts ab. Die Straßen, besonders die Rua Augusta, sind tagsüber lebhaft, abends ist es hier jedoch angenehm und ruhig.

SEHENSWÜRDIGKEITEN AUF EINEN BLICK

Museen und Galerien

Museu da Sociedade de Geografia ❹

Kirchen

Nossa Senhora da Conceição Velha ❾

Parks

Jardim Botânico ❶

Aufzüge

Elevador de Santa Justa ❼

Historische Straßen und Plätze

Avenida da Liberdade ❷
Praça da Figueira ❻
Praça do Comércio ❿
Praça dos Restauradores ❸
Rossio ❺
Rua Augusta ❽

ANFAHRT

Das Viertel wird von vielen Bussen aus allen Richtungen und dem zentralen Bahnhof am Rossio gut bedient. Am Bahnhof Rossio halten Züge aus Sintra und dem Westen. Am Terreiro do Paço legen die Fähren von Cacilhas und Barreiro an.

LEGENDE

- Detailkarte *S. 42f*
- U-Bahn-Station
- Bahnhof
- Standseilbahn
- Fähranlegestelle
- Parken
- Auskunft

◁ **Der Triumphbogen an der Praça do Comércio**

Im Detail: Baixa

Kachelbild an der Fassade der Tabacaria Monaco

DIE BAIXA mit den Hauptplätzen Rossio und Praça da Figueira ist der geschäftigste Teil der Stadt. Das nach dem Erdbeben von 1755 *(siehe S. 20f)* wiederaufgebaute Viertel war eines der ersten Beispiele von Stadtplanung in Europa. Heute säumen klassizistische Gebäude, Geschäfte und Büros die Straßen. Am besten läßt sich die Atmosphäre in einem Straßencafé genießen. Zum Bummeln eignet sich vor allem die Fußgängerzone der Rua das Portas de Santo Antão mit Restaurants, die lebende Hummer in Aquarien präsentieren.

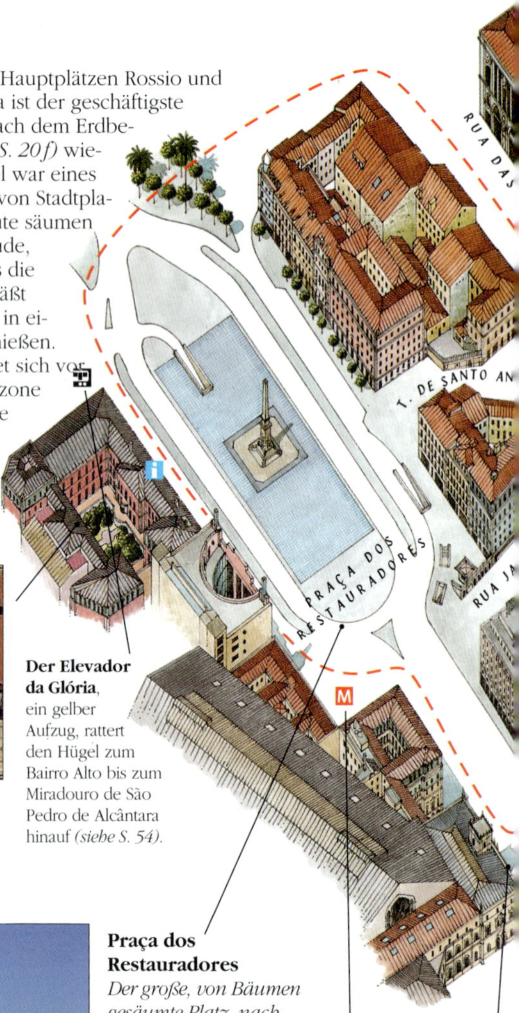

Der Elevador da Glória, ein gelber Aufzug, rattert den Hügel zum Bairro Alto bis zum Miradouro de São Pedro de Alcântara hinauf *(siehe S. 54)*.

Im Palácio Foz, einem prächtigen Palast aus dem 18. Jahrhundert vom italienischen Architekten Francesco Fabri, befindet sich heute das Fremdenverkehrsbüro.

Praça dos Restauradores

Der große, von Bäumen gesäumte Platz, nach den Männern benannt, die im Restaurationskrieg fielen, ist eine belebte Straße mit Straßencafés auf dem gemusterten Pflaster. ❸

Restauradores

Den Rossio-Bahnhof entwarf José Luís Monteiro Ende des 19. Jahrhunderts im neomanuelinischen St[il] mit zwei maurischen Hufeisenbogen.

LEGENDE

– – – Routenempfehlung

NICHT VERSÄUMEN

★ **Rossio**

Museu da Sociedade de Geografia
Diese Sammlung von Kunstgegenständen aus Portugals einstigen Kolonien ist wegen Renovierung zur Zeit geschloßen. ❹

ZUR ORIENTIERUNG
Siehe Kartenteil, Karte 7

Die Rua das Portas de Santo Antão erinnert an ein Tor aus dem 15. Jahrhundert. Heute locken hier viele Fischrestaurants.

Die Casa do Alentejo mit ihrem gediegenen Ambiente und dem neomaurischen Patio wurde 1919 restauriert und ist heute ein Restaurant *(siehe S. 129)*

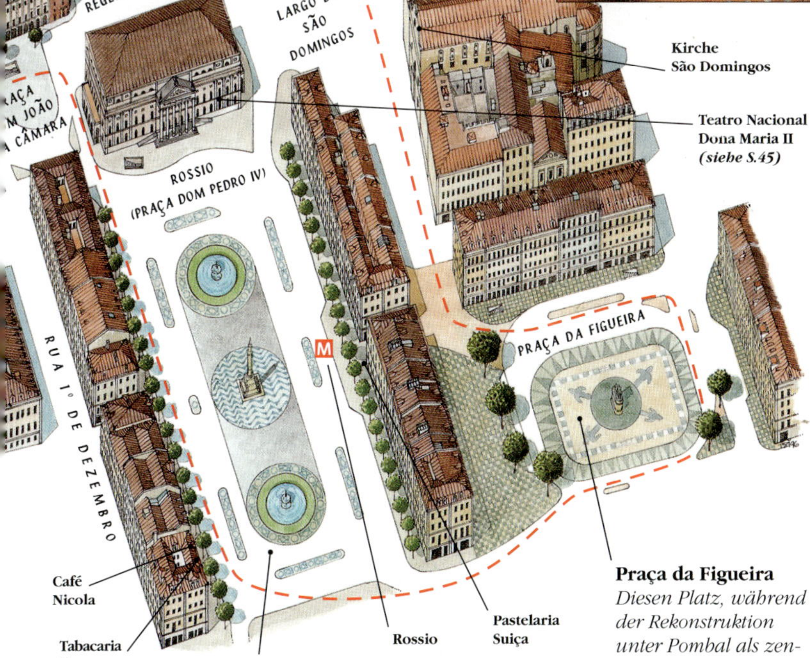

Kirche São Domingos

Teatro Nacional Dona Maria II *(siehe S.45)*

Café Nicola

Tabacaria Monaco

Rossio

Pastelaria Suiça

0 Meter 50

★ Rossio
Der gepflasterte Platz ist mit seinen Cafés, pastelarias *und dem Nationaltheater an der Nordseite ein beliebter Treffpunkt.* ❺

Praça da Figueira
Diesen Platz, während der Rekonstruktion unter Pombal als zentraler Marktplatz geplant, dominiert eine moderne Statue von João I. ❻

Schattiger Teich mit Brücke im Jardim Botânico

Jardim Botânico ❶

Rua da Escola Politécnica 58. **Karte** 4 F1. *21-392 18 00.* *15, 58, 100.* *Avenida.* **Gärten** *Mo–Fr 9–18 Uhr (Apr–Sep 20 Uhr), Sa, So 10–18 Uhr (Apr–Sep 20 Uhr).* *1. Jan, 25. Dez.* **Museu de História Natural** *nur für Ausstellungen.* **Museu da Ciência** *21-392 18* *Mo–Fr 10–13, 14–17 Uhr, Sa 15–18 Uhr.* *Feiertage.*

Zwei Museen und vier Hektar Parkland machen diesen Komplex aus, der zur Universität gehört. Die botanischen Gärten, die sich vom Haupteingang Richtung Rua da Alegria erstrecken, wirken etwas vernachlässigt. Dennoch lohnt sich ein Spaziergang zwischen exotischen Bäumen und auf schattigen Wegen, die zum zweiten Eingang hinabführen. Die beiden Ebenen verbindet eine großartige Palmenallee.

Das **Museu de História Natural** (Naturkundemuseum) öffnet nur zu Sonderausstellungen, die in der ganzen Stadt bekanntgegeben werden. Das **Museu da Ciência** (Wissenschaftsmuseum) mit seinen Exponaten wissenschaftlichen Basiswissens eignet sich besonders für Schulkinder.

Avenida da Liberdade ❷

Karte 7 A2. *2, 9, 36 u. viele andere Linien.* *Restauradores, Avenida.*

Nach dem Erdbeben von 1755 *(siehe S. 20f)* ließ der Marquês de Pombal den Passeio Público (öffentliche Promenade) in dem Gebiet errichten, den heute der untere Teil der Avenida da Liberdade und die Praça dos Restauradores bedecken. Trotz seines Namens war der Park nur der Oberschicht Lissabons vorbehalten, Mauern und Tore sollten die unteren Klassen ausschließen. Als 1821 die Liberalen an die Macht kamen, wurden Avenue und Platz für alle zugänglich gemacht.

Der heutige Boulevard wurde 1879–82 im Stil der Pariser Champs-Elysées ausgebaut. Die breite, baumbestandene Straße mit dem Denkmal für die Gefallenen des Ersten Weltkriegs wurde zum Kernstück von Umzügen, Festen und Demonstrationen. Mit seinen Brunnen und Straßencafés umgibt den Boulevard zwar noch ein Hauch Eleganz, doch zum Bummeln eignet er sich kaum. Die einst prachtvolle, 90 Meter breite Allee durchschneiden sieben verkehrsreiche Straßen zwischen Praça dos Restauradores und Praça Marquês de Pombal im Norden. Einige der originalen Bauwerke sind erhalten, so das klassizistische Kino Tivoli (Nr. 188) und die Casa Lambertini mit ihrem farbenprächtigen Mosaikschmuck (Nr. 166). Viele der Jugendstilfassaden mußten jedoch leider neueren weichen, hinter denen nun Büros, Hotels und Einkaufszentren residieren.

Ehrenmal aus dem 19. Jahrhundert auf der Praça dos Restauradores

Praça dos Restauradores ❸

Karte 7 A2. *2, 9, 36, 46 u. viele andere Linien.* *Restauradores.*

Der Platz mit seinem hochaufragenden Obelisken von 1886 erinnert an die Befreiung Portugals von Spanien im Jahr 1640. Die Bronzefiguren am Sockel stellen Viktoria mit Palme und Krone sowie die Freiheit dar. Die Namen und Daten auf dem Obelisken bezeichnen Schlachten des Unabhängigkeitskriegs.

Den Palácio Foz an der Westseite mit dem Fremdenverkehrsbüro, von Francesco Savario Fabri 1755–77 für den Marquês de Castelo-Melhor erbaut, erhielt seinen Namen nach dem Marquês de Foz, der dort im 19. Jahrhundert lebte. Das Hotel Avenida Palace *(siehe S. 115)* an der Südwestseite des Platzes wurde von José Luís Monteiro (1849–1942) entworfen, dem Architekten des Rossio-Bahnhofs *(siehe S. 42)*.

Detail des Denkmals für die Toten des Ersten Weltkriegs in der Avenida da Liberdade

Museu da Sociedade de Geografia ❹

Rua das Portas de Santo Antão 100. **Karte** 7 A2. *21-342 54 01.* *9, 80, 90.* *Restauradores.* *bis 2004.* *obligatorisch.*

Das Museum im Haus der Geographischen Gesellschaft birgt eine einzigartige Sammlung mit Exponaten aus Portugals ehemaligen Kolonien. Dazu gehören Beschneidungsmasken aus Guinea-Bissau, Musikinstrumente, Schlangenspeere, Nackenstützen aus Angola zum Schutz von Frisuren und der originale Padrão, die Steinsäule, die die Portugiesen 1482 zum Zeichen ihrer Herrschaft über Angola errichteten. Viele Stücke befinden sich in der Sala Portugal, die auch für Konferenzen genutzt wird.

Rossio ❺

Karte 6 B3. *2, 36, 44, 45 u. viele andere Linien.* *Rossio.*

Der grosse Platz, eigentlich Praça Dom Pedro IV, war sechs Jahrhunderte lang das Nervenzentrum Lissabons und Schauplatz von Stierkämpfen, Festen, Militärparaden und schaurigen Ketzerverbrennungen *(siehe S. 14)*. Heute finden bestenfalls noch politische Kundgebungen statt, und in den pombalinischen Gebäuden, oben von rostigen Reklameschildern entstellt, haben sich Souvenirläden, Juweliere oder Cafés niedergelassen. Die vier weiblichen Figuren zu Füßen der Statue von Pedro IV, dem ersten Herrscher des unabhängigen Brasilien, in der Mitte des Platzes, sind Allegorien der Gerechtigkeit, Weisheit, Stärke und Mäßigung, Tugenden, die eigenartigerweise Pedro nachgesagt wurden.

Teatro Nacional Dona Maria II am Rossio bei Nacht

Mitte des 19. Jahrhunderts wurde der Platz mit einem wellenförmigen Mosaik gepflastert, was ihm den Spitznamen »Schlingerplatz« verlieh. Die grau-weißen Steinquadermuster wurden dort erstmals verwendet, nur wenige von ihnen sind noch erhalten. Das Teatro Nacional Dona Maria II, nach der Tochter Pedros benannt, befindet sich an der Nordseite des Platzes. Es wurde in den 40er Jahren des 19. Jahrhunderts vom italienischen Architekten Fortunato Lodi erbaut. Das Innere wurde 1964 durch einen Brand zerstört und in den 70er Jahren wieder aufgebaut. Die Figur über dem Ziergiebel stellt den Gründer des portugiesischen Theaters, Gil Vicente (1465–1536), dar.

Das Café Nicola an der Westseite war ein beliebter Literatentreff, unter ihnen der Dichter Manuel Barbosa du Bocage (1765–1805).

Praça da Figueira ❻

Karte 6 B3. *14, 43, 59, 60 u. viele andere Linien.* *15.* *Rossio.*

Vor dem schweren Erdbeben von1755 *(siehe S. 20f)* befand sich an dieser Stelle das Hospital de Todos-os-Santos. Beim Wiederaufbau Pombals wurde der Platz als zentraler Marktplatz konzipiert. 1885 entstand hier eine Markthalle, die in den 50er Jahren aber wieder abgerissen wurde. Heute sind in den vierstöckigen Gebäuden Hotels, Läden und Cafés untergebracht, ein Markt existiert nicht mehr. Das auffälligste Merkmal sind vermutlich die Taubenschwärme, die sich auf dem Sockel der bronzenen Reiterstatue Joãos I von Leopoldo de Almeida aus dem Jahr 1971 niederlassen.

Bronzestatue des Königs João I an der Praça da Figueira

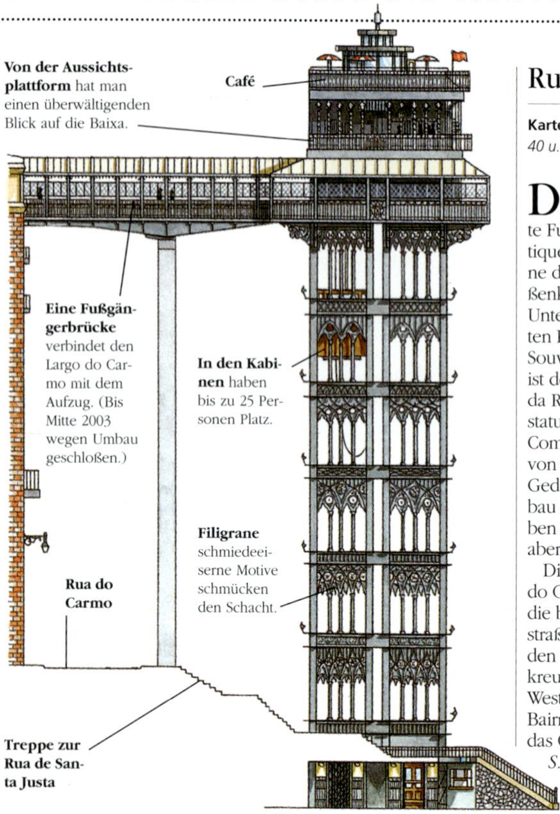

Elevador de Santa Justa ❼

Rua de Santa Justa u. Largo do Carmo. **Karte** 7 B3. *21-342 79 44.* *Mo–Sa 8.30–21.30 Uhr, So 9–21.30 Uhr.*

Der neogotische Aufzug (Anfang 20. Jh.), auch Elevador do Carmo genannt und eines der ungewöhnlichsten Bauwerke der Baixa, wurde um die Jahrhundertwende von Raoul Mesnier du Ponsard, einem Schüler Gustave Eiffels, errichtet. Der filigrane, schmiedeeiserne Aufzug ist eine für die Baixa eher ausgefallene Attraktion. Die Kasse befindet sich auf der Treppe zur Rua do Carmo an der Rückseite des Turms.

Zwei holzverkleidete und messinggeschmückte Kabinen transportieren die Passagiere auf- und abwärts, die Fußgängerbrücke zum 32 Meter höher gelegenen Largo do Carmo im Bairro Alto ist jedoch derzeit wegen Umbau geschloßen.

Die Spitze des Turms samt Café ist über eine enge Wendeltreppe zu erreichen. Von dort oben hat man eine großartige Aussicht auf den Rossio, das Schachbrettmuster der Baixa, die Burg, den Fluß und die Ruine der Carmo-Kirche. Das Feuer, das den Bezirk Chiado 1988 heimsuchte *(siehe S. 52)*, konnte kurz vor Erreichen des Aufzugs gelöscht werden.

Café auf der obersten Plattform des Elevador de Santa Justa

Rua Augusta ❽

Karte 7 B4. *Rossio.* *2, 14, 36, 40 u. viele andere Linien.*

Die Rua Augusta, eine schicke, mosaikgepflasterte Fußgängerzone mit Boutiquen und Straßencafés, ist eine der Touristenmeilen. Straßenkünstler sorgen für Unterhaltung, und Händler bieten Lotterielose, Bücher und Souvenirs an. Hauptaugenmerk ist der Triumphbogen, der Arco da Rua Augusta, der die Reiterstatue Josés I auf der Praça do Comércio umrahmt. Sie wurde von Santos de Carvalho zum Gedenken an den Wiederaufbau der Stadt nach dem Erdbeben *(siehe S. 20f)* entworfen, aber erst 1873 vollendet.

Die Rua da Prata und die Rua do Ouro oder Rua Áurea sind die beiden anderen Hauptstraßen der Baixa. Beide werden von kleineren Straßen gekreuzt, von denen man nach Westen einen Blick auf den Bairro Alto und nach Osten auf das Castelo de São Jorge *(siehe S. 38f)* erhaschen kann. Etliche Straßennamen leiten sich von den ansässigen Geschäften her, wie Juweliere in der Rua da Prata und Rua do Ouro, Schuhmacher in der Rua dos Sapateiros und Banken in der Rua do Comércio.

Eine Überraschung sind Überreste der römischen Bäder inmitten der Banco Comercial Português in der Rua dos Correeiros. Durch das Schaufenster auf der Rückseite der Bank sind die Ruinen und Mosaiken zu sehen. Nach vorheriger Anmeldung unter der Nummer 21-321 10 00 können Sie aber auch das Museum von innen besichtigen.

Käufer und Passanten in der verkehrsberuhigten Rua Augusta

Nossa Senhora da Conceição Velha ❾

Rua da Alfândega. **Karte** 7 C4. ☎ 21-887 02 02. 🚌 *9, 46, 90.* 🚋 *18.* ◯ *Mo–Fr 8–18 Uhr, So (nur Gottesdienste).* ● *Aug.*

DAS KUNSTVOLLE manuelinische Portal der Kirche blieb nach dem Erdbeben von 1755 als einziger Teil der ursprünglichen Kirche Nossa Senhora da Misericórdia aus dem 16. Jahrhundert erhalten. Engel, Tiergestalten, Blumen, Armillarsphären und das Kreuz des Christusordens schmücken den Eingang. Im Giebelfeld breitet die Jungfrau Maria ihren Mantel schützend über Gestalten jener Zeit, wie Papst Leo X., Manuel I und dessen Schwester Königin Leonor, die Witwe Joãos II. Leonor hatte die ursprüngliche Misericórdia-Kirche an der Stelle einer früheren Synagoge gegründet.

Detail des Portals der Conceição Velha

Der Genuß des Portals ist leider durch den Verkehr auf der Rua da Alfândega und die parkenden Autos vor der Kirche getrübt. Das düstere Innere weist eine ungewöhnliche Stuckdecke auf; in der zweiten Kapelle rechts befindet sich eine Statue Unserer Lieben Frau von Restelo, die aus der Belém-Kapelle stammt, in der die Seefahrer vor ihren Reisen gen Osten beteten.

Praça do Comércio ❿

Karte 7 C5. 🚌 *2, 14, 40, 46 u. viele andere Linien.* 🚋 *15, 18.*

AUF DEM GROSSEN PLATZ, von den Einheimischen gewöhnlich »Terreiro do Paço« (Schloßplatz) genannt, befand sich 400 Jahre lang der Königspalast. Manuel I verlegte 1511 die Residenz vom Castelo de São Jorge an diesen angenehmeren Ort am Fluß. Der erste Palast wurde beim Erdbeben von 1755 mitsamt der Bibliothek mit 70 000 Büchern zerstört. Der Platz wurde dann zum Glanzpunkt des Wiederaufbaus unter Pombal. Der neue Palast umfaßt geräumige, arkadengesäumte Gebäude, die drei Seiten des Platzes einnehmen. Nach der Revolution von 1910 *(siehe S. 15)* wurden sie als Regierungsbüros genutzt und republikanisch-rosa gestrichen. Mittlerweile sind sie wieder königlich-gelb.

Die mit zwei Türmen geschmückte Südseite öffnet sich zum Tejo. Sie stellte schon immer den schönsten Zugang in die Stadt dar, gekrönte Häupter und Botschafter kamen hier an und stiegen die Marmorstufen hinauf. Mit der Fähre von Cacilhas am Südufer kann man diese edle Ankunft nachvollziehen, auch wenn das Erlebnis durch die verkehrsreiche Avenida Infante Dom Henrique, die am Ufer entlang führt, getrübt ist. In der Mitte der Praça do Comércio befindet sich die Reiterstatue von König José I, die Machado de Castro, der führende portugiesische Bildhauer des 18. Jahrhunderts, 1775 schuf. Das bronzene Pferd, das Schlangen zertritt, verlieh dem Platz bei englischen Reisenden und Kaufleuten seinen dritten Namen, »Black Horse Square«, auch wenn das Pferd mittlerweile von einer grünen Patina überzogen ist.

Schattige Arkaden an der Nordseite der Praça do Comércio

Der Triumphbogen an der Nordseite des Platzes führt zur Rua Augusta und bildet das Tor zur Baixa. Seit Januar 2001 gibt es im Nordwesten des Platzes ein Informationsbüro für Touristen, das Lisboa Welcome Center. Dort findet man auch eine Galerie, Restaurants und Läden. An der gegenüberliegenden Ecke des Platzes befindet sich Lissabons ältestes Café, das Martinho da Arcada.

Am 1. Februar 1908 wurden auf diesem Platz König Carlos und sein Sohn Luís Felipe ermordet. 1974 fand hier der erste Aufstand der »Nelkenrevolution« statt, die das Caetano-Regime schließlich stürzte *(siehe S. 15)*. Lange Zeit wurde die Praça do Comércio als Parkplatz genutzt, doch heute sie wieder von Straßencafés und Verkaufsständen belebt.

Die Statue auf der Praça do Comércio stellt König José I dar

Bairro Alto und Estrela

Der Bairro Alto, im 16. Jahrhundert im Schachbrettmuster auf einem Hügel angelegt, ist der malerischste Stadtteil Lissabons. Einst ließen sich hier reiche Bürger nieder, die aus der verrufenen Alfama wegzogen. Doch im 19. Jahrhundert verfiel auch dieses Viertel. Heute befinden sich hier kleine Handwerksläden und preiswerte Restaurants.

Kachelbild am Largo Rafael Bordalo Pinheiro, Bairro Alto

Ganz anders stellt sich das elegante Geschäftsviertel Chiado dar – hier kaufen wohlhabende Lissabonner ein. Das Viertel Estrela im Nordwesten konzentriert sich um die gewaltige Basilika und die öffentlichen Gärten. Im Südwesten liegt das Viertel Lapa aus dem 18. Jahrhundert mit seinen Botschaftsgebäuden und großen, eleganten Residenzen.

Sehenswürdigkeiten auf einen Blick

Museen und Galerien

Museu do Chiado 5
Museu Nacional de Arte Antiga pp56–9 11
Museu da Marioneta 6

Kirchen

Basílica da Estrela 13
Igreja do Carmo 2
São Roque 1

Historische Gebäude und Viertel

Chiado 3
Palácio de São Bento 10
Solar do Vinho do Porto 7
Teatro Nacional de São Carlos 4

Gärten und Aussichtspunkte

Jardim da Estrela 12
Miradouro de São Pedro de Alcântara 8
Praça do Príncipe Real 9

Anfahrt

Die Gegend ist von der Praça dos Restauradores mit dem Elevador da Glória oder von der Baixa mit dem Elevador de Santa Justa zu erreichen. Der Aufstieg zu Fuß ist steil, aber reizvoll. Am Largo do Chiado gibt es eine U-Bahn-Station. Die Straßenbahn 28 fährt auf ihrem Weg nach Graça und Estrela durch den Bairro Alto.

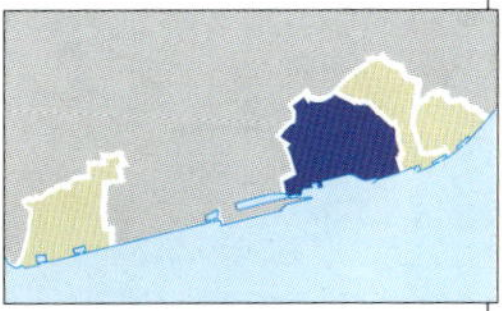

Legende

- Detailkarte Bairro Alto und Chiado *S. 50 f*
- U-Bahn-Station
- Bahnhof
- Standseilbahn
- Fähranlegestelle
- Parken
- Eisenbahnlinie

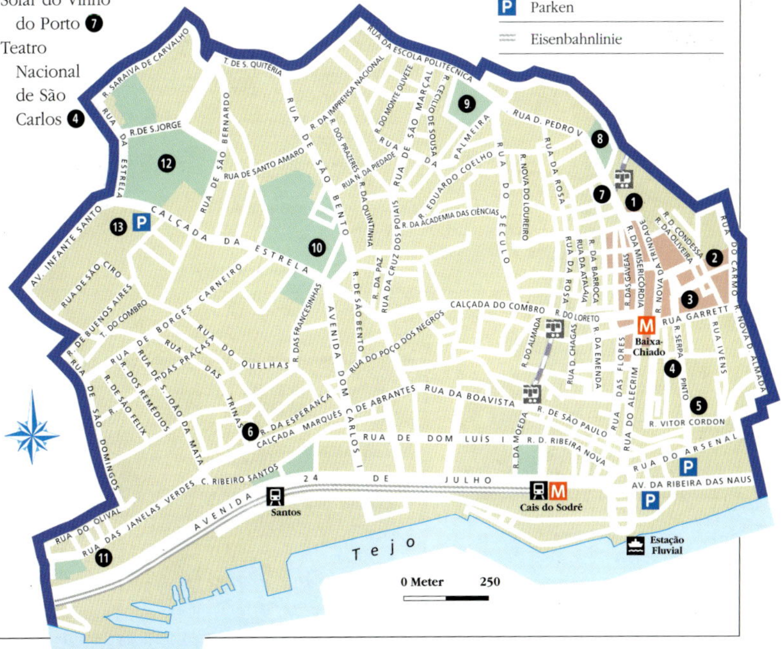

◁ **Jugendstildekoration im Café A Brasileira im Chiado, einst beliebt bei Autoren und Intellektuellen**

Im Detail: Bairro Alto und Chiado

Barocker Engel, Igreja do Carmo

Der Bairro Alto (Oberstadt) ist mit seinen gepflasterten Straßen, die an den Carmo und den Chiado angrenzen, seinen zerfallenden Häusern und winzigen Läden ein malerisches Viertel. In den letzten Jahren konnte das traditionelle Künstlerviertel seinen wegen Prostitution und Glücksspiel schlechten Ruf ablegen und wandelte sich zur Wohngegend. Wegen der vielen Bars und *casas de fado (siehe S. 142f)* erfreut es sich auch nachts großer Beliebtheit. Dagegen ist der Chiado, ein Viertel, das sich von der Praça Luís de Camões bis zur Rua do Carmo erstreckt, voller eleganter Läden und altmodischer Cafés. Seit 1988 viele Gebäude durch ein Feuer zerstört wurden *(siehe S. 52)*, wird dort kräftig saniert.

Einst ein Tummelplatz *für Autoren und Intellektuelle, ist der Chiado heute ein elegantes Einkaufsviertel. Das Café A Brasileira am Largo do Chiado schmücken vergoldete Spiegel.*

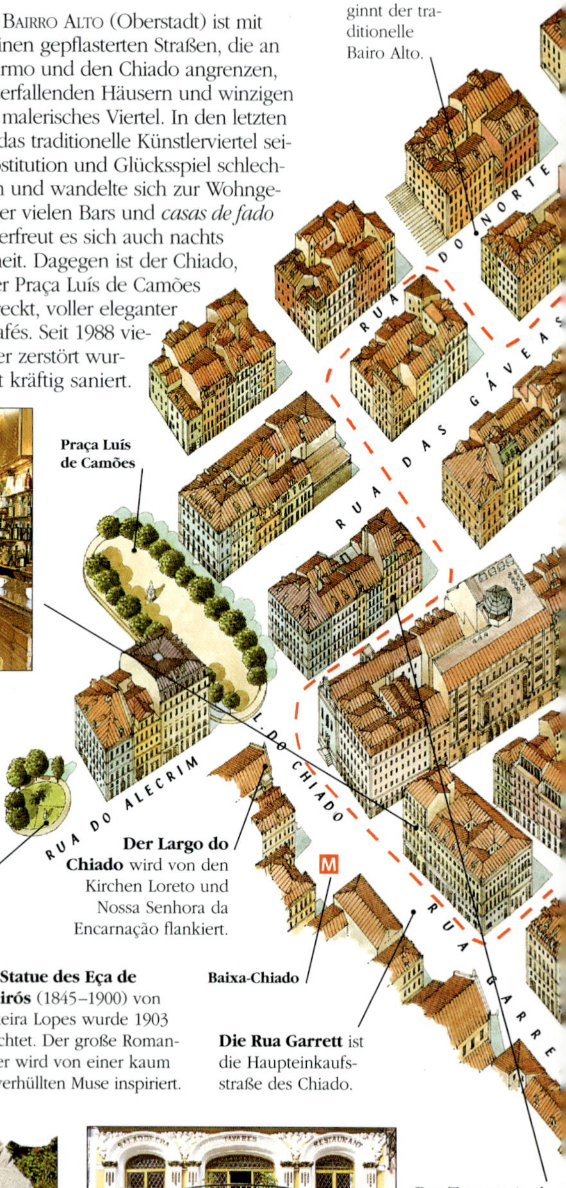

In der Rua do Norte beginnt der traditionelle Bairo Alto.

Praça Luís de Camões

Der Largo do Chiado wird von den Kirchen Loreto und Nossa Senhora da Encarnação flankiert.

Baixa-Chiado

Die Rua Garrett ist die Haupteinkaufsstraße des Chiado.

Die Statue des Eça de Queirós (1845–1900) von Teixeira Lopes wurde 1903 errichtet. Der große Romancier wird von einer kaum verhüllten Muse inspiriert.

0 Meter 50

Legende

– – – Routenempfehlung

Das Tavares in der Rua da Misericórdia Nr. 37 eröffnete 1784 als Café. Heute ist es ein elegantes Restaurant *(siehe S. 129)*, das Anfang des 20. Jahrhunderts mit Spiegeln und Stuck ausgestattet wurde.

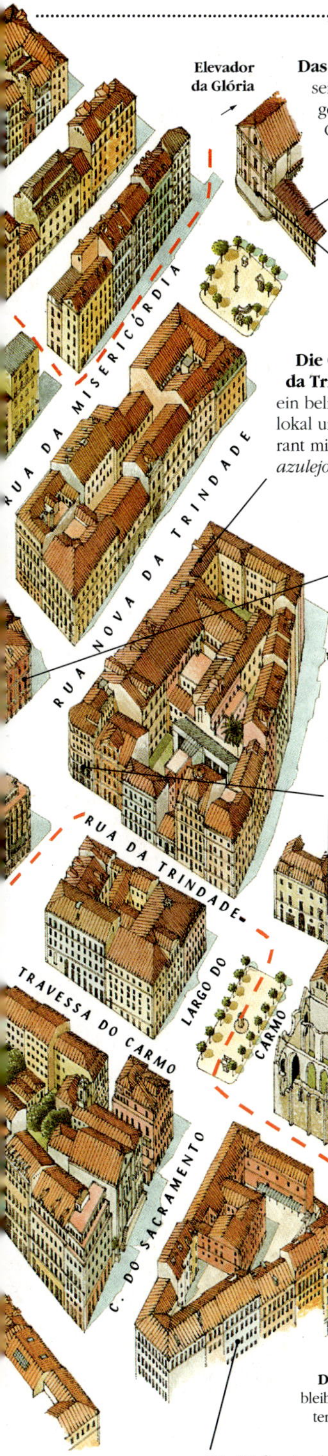

Elevador da Glória

Das Museu de Arte Sacra mit seinen religiösen Kunstgegenständen erläutert die Geschichte der Schätze in der angrenzenden Kirche São Roque.

ZUR ORIENTIERUNG
Siehe Kartenteil, Karte 7

Die Cervejaria da Trindade ist ein beliebtes Bierlokal und Restaurant mit schönen *azulejos.*

★ São Roque
Mosaiken und Halbedelsteine schmücken die barocke Capela de São João Baptista in der Kirche São Roque (16. Jh.). ❶

Teatro da Trindade

Der Kachelschmuck an dem Haus aus dem Jahr 1864 am Largo Rafael Bordalo Pinheiro stellt Allegorien der Wissenschaft, Landwirtschaft, Industrie und des Handels dar.

★ Igreja do Carmo
Das anmutige Bogengerippe der Karmeliterkirche, einst das größte Gotteshaus Lissabons, erinnert an das Erdbeben von 1755. Der Altarraum und das Hauptschiff bergen ein archäologisches Museum. ❷

Der Elevador de Santa Justa bleibt wegen Renovierungsarbeiten bis Mitte 2003 geschlossen.

Die Läden in der Rua do Carmo wurden nach der Feuersbrunst von 1988 *(siehe S. 52)* komplett saniert.

NICHT VERSÄUMEN

- ★ São Roque
- ★ Igreja do Carmo

Blick von der Baixa auf die Ruine der Igreja do Carmo (14. Jh.)

São Roque ❶

Largo Trindade Coelho. **Karte** 7 A3. *21-323 53 83.* *58, 100 u. Glória Lift.* *Mo–Fr 8.30–17 Uhr, Sa u. So 9.30–17 Uhr (Feiertage 13 Uhr).* **Museu de Arte Sacra** *21-323 53 81* *Di–So 10–17 Uhr.* *Feiertage.*

Die schmucklose Fassade der Kirche São Roque täuscht über das üppige Innere hinweg. Sie wurde Ende des 16. Jahrhunderts von den damals mächtigen Jesuiten errichtet. 1742 entwarfen die italienischen Architekten Luigi Vanvitelli und Nicola Salvi im Auftrag von João V die Capela de São João Baptista (die letzte links). Sie wurde in Rom gebaut und mit Lapislazuli, Achat, Alabaster, Amethyst, Marmor, Gold, Silber und Mosaiken ausgeschmückt. Nachdem der Papst sie gesegnet hatte, wurde sie auseinandergenommen und auf drei Schiffen nach Lissabon gebracht. Die Schätze der Kapelle sind im **Museu de Arte Sacra** ausgestellt.

Kachel in der Capela de São Roque

Zu den schönsten der zahlreichen Kachelbilder in der Kirche gehören jene in der Kapelle aus dem 16. Jahrhundert (dritte rechts), die dem heiligen Rochus, dem Beschützer vor der Pest, gewidmet ist. Bemerkenswert sind weiterhin die Szenen aus der Apokalypse an der Decke und in der Sakristei mit ihrer Kasettendecke und ihren Tafelbildern, die das Leben des heiligen Franz Xaver, eines Missionars aus dem 16. Jahrhundert, illustrieren.

Igreja do Carmo ❷

Largo do Carmo. **Karte** 7 B3. *21-346 04 73.* *28 u. Elevador de Santa Justa.* *Mai–Sep Di–So 10–18 Uhr; Okt–Apr Di–So 10–13, 14–17 Uhr.* *1. Jan, Ostern, 1. Mai, Weihnachten.*

Die Ruine der gotischen Karmeliterkirche auf einem Hang oberhalb der Baixa erinnert an die Zerstörungen des Erdbebens von 1755: Da damals gerade ein Gottesdienst gefeiert wurde, wurden die Besucher von den Trümmermassen der einstürzenden Kirche begraben. Die Kirche, vom Feldherrn Nuno Álvares Pereira, der dem Karmeliterorden beitrat, Ende des 14. Jahrhunderts erbaut, war einst die größte Lissabons.

Heute beherbergen das Hauptschiff und der Altarraum, dessen Dach den Erdstoß überstand, ein **archäologisches Museum** mit einer kleinen Sammlung von Sarkophagen, Statuen, Keramiken und Mosaiken. Unter anderem gibt es dort die Reste eines westgotischen Pfeilers und ein römisches Grabmal mit Reliefs der Musen. Auch Funde aus Mexiko und Südamerika, darunter einige alte Mumien, sind zu bewundern.

Außerhalb der Ruine befindet sich auf dem Largo do Carmo der Chafariz do Carmo, ein mit vier Delphinen geschmückter Brunnen aus dem 18. Jahrhundert von Ângelo Belasco.

Chiado ❸

Karte 7 A4. *58.* *28.* *Chiado.*

Mutmassungen über den Ursprung des Namens »Chiado«, der seit 1567 benutzt wird, gibt es viele. Eine beruft sich auf das Kreischen *(chiar)* der Karren, die sich den steilen Hang hochquälten. Eine zweite bezieht sich auf den Spitznamen des Dichters António Ribeiro, »O Chiado«. Dieses Viertel wird

Das Chiado-Feuer

Am 25. August 1988 begann in einem Laden in der Rua do Carmo ein verheerendes Feuer. Löschwagen konnten die Fußgängerzone nicht erreichen, und so breitete sich das Feuer in die Rua Garrett aus. Neben Geschäften und Büros wurden viele bedeutende Gebäude aus dem 18. Jahrhundert zerstört, am schlimmsten in der Rua do Carmo. Der portugiesische Architekt, Álvaro Siza Vieira, leitete das mittlerweile abgeschlossene Wiederaufbauprojekt, wobei viele originale Fassaden erhalten werden konnten.

Feuerwehrleute bei der Feuersbrunst in der Rua do Carmo

Zuschauerraum des Teatro Nacional de São Carlos (18. Jh.)

gern mit der Intellektuellenszene in Verbindung gebracht. Eine Statue von Fernando Pessoa, Portugals berühmtestem Dichter des 20. Jahrhunderts, steht vor dem Café A Brasileira, einem beliebten Künstlertreff der 20er Jahre.

Der Name »Chiado« wird oft nur auf die Rua Garrett bezogen, die Haupteinkaufsstraße der Gegend, benannt nach dem Dichter João Almeida Garrett (1799–1854). Die elegante Straße zwischen Largo do Chiado und Baixa ist bekannt für ihre Boutiquen, Cafés und Buchläden. Restaurierungsarbeiten wegen des Feuers von 1988 wurden kürzlich abgeschlossen.

Am Largo do Chiado befinden sich zwei Barockkirchen, an der Nordseite die italienische Igreja do Loreto und gegenüber Nossa Senhora da Encarnação, deren Außenwände teilweise mit *azulejos* geschmückt sind.

Teatro Nacional de São Carlos ❹

Rua Serpa Pinto 9. **Karte** 7 A4. *21-325 30 45. 58, 100. 28. Baixa-Chiado. für Vorstellungen.*

DAS THEATER wurde 1792–95 an Stelle eines älteren Opernhauses, das durch das Erdbeben von 1755 zerstört wurde, von José da Costa e Silva errichtet. Das Gebäude, das der Mailänder Scala und dem Teatro San Carlo in Neapel nachempfunden wurde, hat eine wunderschöne Fassade und eine bezaubernde Rokokoausstattung. Der Anblick des Theaters wird jedoch durch einen Parkplatz beeinträchtigt. Die Opernsaison dauert von September bis Juni; Konzerte und Ballettaufführungen finden jedoch auch den Rest des Jahres über statt.

Museu do Chiado ❺

Rua Serpa Pinto 4–6. **Karte** 7 A5. *21-343 21 48. 58, 100. 28. Baixa-Chiado. Mi–So 10–18 Uhr, Di 14–18 Uhr. 1. Jan, Ostern, 1. Mai, 25. Dez.*

DAS NATIONALMUSEUM für zeitgenössische Kunst, dessen Gemäldesammlung aus den Jahren 1850–1950 nicht mehr als zeitgenössisch bezeichnet werden konnte, änderte 1994 seinen Namen und zog in ein saniertes Lagerhaus um. Die Gemälde und Skulpturen illustrieren die Entwicklung vom Romantizismus zur Moderne. Die überwiegend portugiesischen Arbeiten weisen oft einen starken Einfluß anderer europäischer Länder auf, was besonders bei der Ausstellung der Landschaftsmaler des 19. Jahrhunderts deutlich wird, die Kontakt mit den Künstlern der französischen Schule von Barbizon hatten. Es werden auch Zeichnungen von Auguste Rodin (1840–1917) sowie französische Skulpturen gezeigt. Sonderausstellungen sind vorzugsweise jungen Künstlern gewidmet, »die von der ständigen Sammlung inspiriert sind.«

Jugendstilfassade des beliebten Cafés A Brasileira im Chiado

Groteske Marionette im Museu da Marioneta

Museu da Marioneta ❻

Convento das Bernardas, Rua da Esperanca 146. **Karte** 4 D3. *21-394 28 10. 6, 13, 27, 49, 60. Cais do Sodré. Di–So 10–13, 14–18 Uhr.*

DAS KLEINE, ausgefallene Marionettenmuseum befindet sich seit 2001 in diesem schön renovierten Kloster. Die Sammlung umfaßt Gestalten aus dem Theater und der Oper des 17. und 18. Jahrhunderts: Ritter, Narren, Prinzessinnen, Teufel und satirische Charaktere. Die Marionetten sind schön gearbeitet, doch sind viele furchterregend und können mit ihren verzerrten Fratzen kleine Kinder erschrecken. Das Museum erklärt die Geschichte dieser Kunstform und zeigt Videos von Marionettenaufführungen. Es lohnt sich, sich im Voraus nach Aufführungen auf der kleinen Bühne zu erkundigen.

Große Portweinauswahl im Solar do Vinho do Porto

Solar do Vinho do Porto ❼

Rua de São Pedro de Alcântara 45.
Karte 4 F2. ☎ *21-347 57 07.*
🚌 *58.* 🚋 *28, Elevador da Glória.*
◯ *Mo–Sa 14–24 Uhr.* ● *Feiertage.*

DER SOLAR DO VINHO DO PORTO befindet sich im Erdgeschoß einer Villa aus dem 18. Jahrhundert (das portugiesische Wort *solar* bedeutet »Villa« oder »Herrenhaus«). Das Gebäude gehörte einst dem deutschen Architekten Johann Friedrich Ludwig (Ludovice), der das Kloster in Mafra erbaute *(siehe S. 92)*. Ähnlich wie die gleichnamige Bar in Porto hat sie bis zu 6000 verschiedene Portweine im Angebot, Die teilweise sehr seltenen Weine reichen bis zum Jahrgang 1937 zurück. Einen Teil dieser schweren, nicht gerade billigen Weine *(siehe S. 126f)* kann man gleich probieren, vom jungen, rubinroten Portwein über den leichteren bernsteinfarbenen bis zu den aristokratischen Jahrgängen der großen Spediteure von Porto.

Miradouro de São Pedro de Alcântara ❽

Rua de São Pedro de Alcântara.
Karte 7 A2. 🚌 *58.* 🚋 *28, Elevador da Glória.*

DER AUSSICHTSPUNKT bietet einen weiten Blick über die Baixa hinweg nach Ostlissabon. Eine Karte auf Kacheln an der Balustrade hilft beim Auffinden der Landmarken. Das Panorama reicht von der Brustwehr des Castelo de São Jorge *(siehe S. 38f)* auf dem bewaldeten Hügel im Südosten bis zur Kirche Penha da França aus dem 18. Jahrhundert im Nordwesten. Die weitläufige Klosteranlage der Igreja da Graça *(siehe S. 37)* ist ebenfalls zu sehen, und in der Ferne leuchtet São Vicente de Fora *(siehe S. 34)*, erkennbar an den beiden Türmen und der weißen Fassade.

Bänke unter schattigen Bäumen machen die Terrasse zu einem angenehmen Halt nach dem steilen Aufstieg von der Baixa über die Calçada da Glória. Sie können aber auch den gelben Elevador da Glória nehmen. Das Denkmal im Garten aus dem Jahr 1904 stellt Eduardo Coelho (1835–89) dar, den Gründer der Zeitung *Diário de Notícias*. Zu seinen Füßen rennt ein zerlumpter Zeitungsjunge mit dem berühmten Blatt. Die Gegend war einst das Zentrum des Pressewesens, doch die Druckereien sind nunmehr in den Westen der Stadt gezogen.

Am schönsten ist die Aussicht bei Sonnenuntergang und nachts, wenn das Schloß illuminiert ist und sich die Terrasse mit jungen Lissabonnern füllt.

Praça do Príncipe Real ❾

Karte 4 F1. 🚌 *58, 100.*

Kartenspieler auf der Praça do Príncipe Real

ALS NOBLES Wohnviertel im Jahr 1860 angelegt, verströmt der Platz noch immer einen Hauch von Reichtum. Gepflegte Villen umgeben einen ausgesucht hübschen Park mit offenem Café, Robinien, Magnolien und Judasbäumen. Die Zweige einer riesigen Zeder wurden auf ein Spalier gezogen, unter dem die Einheimischen sich gern aufhalten und Karten spielen. Das auffällige rosaweiße neomaurische Haus Nr. 26 mit Kuppeln und Zinnen gehört zur Universität Lissabon.

Blick vom Miradouro de São Pedro de Alcântara zum Castelo de São Jorge

Schmiedeeiserner Musikpavillon im Jardim da Estrela

Palácio de São Bento ⑩

Lago das Cortes, Rua de São Bento. **Karte** 4 E2. *21-396 01 41.* *6, 49, 100.* *28.* *nur nach Vereinbarung.*

DAS WEIẞE klassizistische Gebäude, auch Palácio da Asembleia Nacional genannt, ist Sitz des portugiesi- schen Parlaments. Es wurde Ende des 16. Jahrhunderts als Benediktinerkloster São Bento erbaut. Nach der Auflösung des Ordens 1834 zog in das nunmehr Palácio das Cortes bezeichnete Bauwerk das Parlament ein. Die Innenräume sind mit ihren Marmorsäulen und klassizistischen Statuen entsprechend prachtvoll.

Klassizistische Fassade und Treppenaufgang des Palácio de São Bento

Museu Nacional de Arte Antiga ⑪

Siehe S. 56 ff.

Jardim da Estrela ⑫

Praça da Estrela. **Karte** 4 D2. *9, 20, 38.* *25, 28.* *tägl 7–12 Uhr.*

DER BELIEBTE PARK aus der Mitte des 19. Jahrhunderts gegenüber der Basílica da Estrela bildet eines der Zentren des Viertels. Familien füttern dort am Wochenende die Enten und den fetten Karpfen im See, man sitzt im Ufercafé oder spaziert zwischen bunten Blumenbeeten und Bäumen. Die Gärten sind mit Rabatten begrenzt, Buschwerk wächst um Platanen und Ulmen. Mittelpunkt des Parks ist ein filigraner schmiedeeiserner Musikpavillon aus dem Jahr 1884, in dem im Sommer Konzerte gegeben werden. Ursprünglich stand er am Passeio Público, dem Vorgänger der Avenida da Liberdade *(siehe S. 44)*.

Auf dem Englischen Friedhof im Norden des Parks ist der berühmte englische Romancier und Dramatiker Henry Fielding (1707–54) begraben. Sein *Tagebuch einer Reise nach Lissabon*, das 1775 posthum erschien, handelt von seiner letzten Reise nach Portugal, wo er vergeblich versuchte, seinen schlechten Gesundheitszustand zu verbessern.

Basílica da Estrela ⑬

Praça da Estrela. **Karte** 4 D2. *21-396 09 15.* *9, 20, 22, 38.* *25, 28.* *tägl. 8.30–13, 15–20 Uhr.*

Grabmal der frommen Maria I in der Basílica da Estrela

IM 18. JAHRHUNDERT schwor Maria I *(siehe S. 105)*, Tochter von José I, daß sie eine Kirche bauen werde, wenn sie einen männlichen Thronerben gebäre. Ihr Wunsch wurde erfüllt, und so begann man 1779 mit dem Bau der Basilika. Ihr Sohn José starb jedoch vor Vollendung der Kirche an den Pocken. Die Basilika auf einem Hügel im Westen der Stadt ist eines der Wahrzeichen Lissabons und wurde als vereinfachte Variante der Basilika in Mafra *(siehe S. 92)* im Stil des ausgehenden Barock und des Frühklassizismus erbaut. Die Fassade mit den zwei Glockentürmen ist mit Heiligenstatuen und allegorischen Figuren geschmückt.

Der riesige Innenraum, in den Licht aus der durchbrochenen Kuppel strömt, ist mit grauem, rosafarbenem und gelbem Marmor ausgekleidet. Das kunstvolle Grabmal von Maria I, die in Brasilien starb, befindet sich im rechten Querschiff. In einem verschlossenen Raum befindet sich die Krippenszene von Machado de Castro, zusammengefügt aus über 500 Kork- und Terrakottafiguren. Der Küster öffnet auf Anfrage den Raum.

Museu Nacional de Arte Antiga ⓫

Holzstatue des heiligen Georg (15. Jh.)

PORTUGALS NATIONALE KUNSTSAMMLUNG befindet sich in einem Palast aus dem 17. Jahrhundert, der für die Grafen von Alvor gebaut wurde. 1770 erwarb ihn der Marquês de Pombal, dessen Familie er über ein Jahrhundert lang gehörte. Das 1884 eingeweihte Museum wird von den Einheimischen wegen der einst grünen Fenster auch Casa das Janelas Verdes genannt. 1940 wurde an der Stelle des durch das Erdbeben von 1755 *(siehe S. 20f)* zerstörten Albertusklosters ein moderner Anbau (einschließlich Hauptfassade) hinzugefügt. Die Kapelle des Klosters, das das Beben überstand, wurde in das Museum integriert.

★ Der hl. Hieronymus
Die meisterhafte Darstellung (1521) von Albrecht Dürer drückt eines der zentralen Themen der Renaissance aus: die Vergänglichkeit des Menschen.

KURZFÜHRER
Im Erdgeschoß befinden sich europäische Gemälde des 14. bis 19. Jahrhunderts, dekorative Kunst und Möbel. Orientalische und afrikanische Kunst, chinesische und portugiesische Keramiken, Silber, Gold und Juwelen sind im ersten Stock. Das Obergeschoß ist portugiesischer Kunst gewidmet.

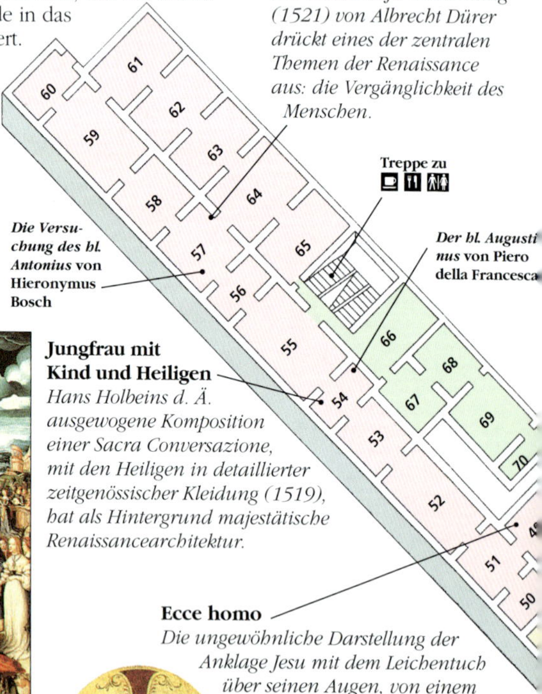

***Die Versuchung des hl. Antonius* von Hieronymus Bosch**

***Der hl. Augustinus* von Piero della Francesca**

Jungfrau mit Kind und Heiligen
Hans Holbeins d. Ä. ausgewogene Komposition einer Sacra Conversazione, mit den Heiligen in detaillierter zeitgenössischer Kleidung (1519), hat als Hintergrund majestätische Renaissancearchitektur.

Ecce homo
Die ungewöhnliche Darstellung der Anklage Jesu mit dem Leichentuch über seinen Augen, von einem Künstler der portugiesischen Schule Ende des 15. Jahrhunderts gemalt, verströmt trotz der Dornenkrone, der Fessel und der Blutflecken eine würdevolle Ruhe.

LEGENDE ZUM GRUNDRISS

- Europäische Kunst
- Portug. Gemälde u. Skulpturen
- Portug u. chinesische Keramiken
- Orientalische u. afrikanische Kunst
- Silber, Gold und Juwelen
- Dekorative Kunst
- Kapelle
- Textilien und Möbel
- Keine Ausstellungsfläche

NICHT VERSÄUMEN

★ ***Der hl. Hieronymus***

★ **Namban-Wandschirme**

★ ***Anbetung des hl. Vinzenz***

INFOBOX

Rua das Janelas Verdes. **Karte** 4 D4. *21-391 28 00. 27, 40, 49, 51,60. 15,18. Mi–So 10– 18 Uhr, Di 14–18 Uhr. Feiertage.*

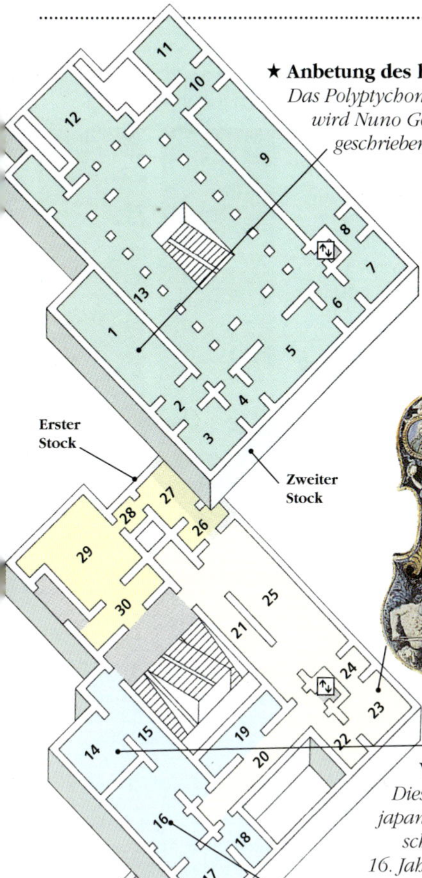
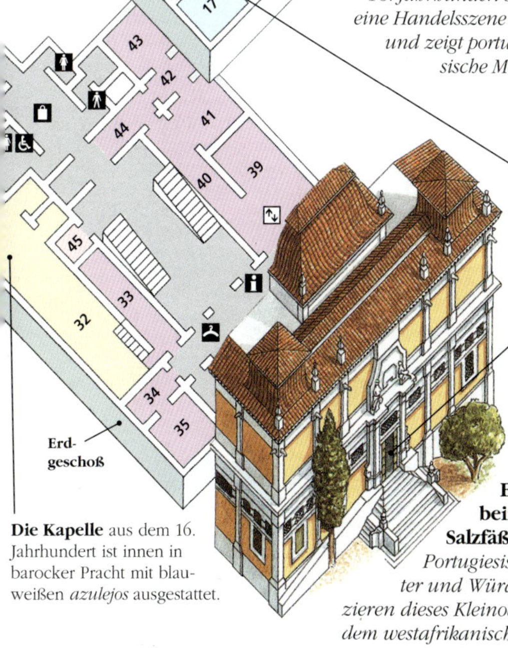

★ Anbetung des hl. Vinzenz
Das Polyptychon (um 1470) wird Nuno Gonçalves zugeschrieben (siehe S. 58).

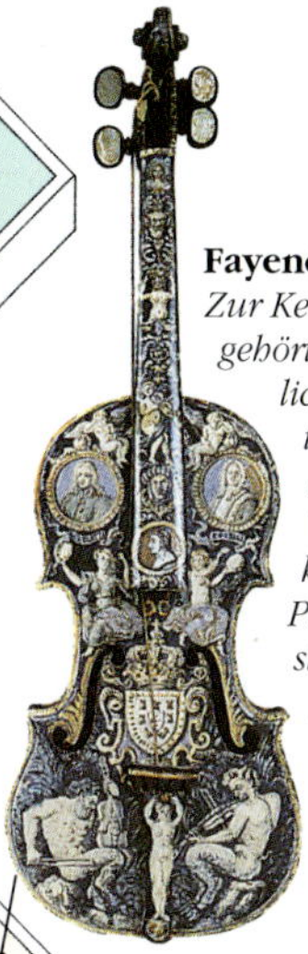

Fayencevioline
Zur Keramiksammlung des Museums gehört viel Zierat, der für die königliche Familie in Portugal gefertigt wurde. Dieses Kunstwerk aus dem 19. Jahrhundert von Wenceslau Cifka ist mit dem königlichen Wappen und den Porträts der Barockkomponisten Scarlatti und Corelli geschmückt.

★ Namban-Wandschirme
Dieses Detail eines japanischen Wandschirms aus dem 16. Jahrhundert stellt eine Handelsszene dar und zeigt portugiesische Mode.

Die Kapelle aus dem 16. Jahrhundert ist innen in barocker Pracht mit blauweißen *azulejos* ausgestattet.

Elfenbeinernes Salzfäßchen
Portugiesische Ritter und Würdenträger zieren dieses Kleinod aus dem westafrikanischen Benin.

Überblick: Sammlung des Museu Nacional de Arte Antiga

DAS MUSEUM BIRGT die größte Gemäldesammlung Portugals mit dem Schwerpunkt auf frühe religiöse Werke portugiesischer Künstler. Die meisten Exponate stammen aus Klöstern, nachdem die Orden 1834 aufgelöst worden waren. Des weiteren gibt es zahlreiche Skulpturen, Silberarbeiten, Porzellan und Gebrauchskunst, die einen Überblick über portugiesische Kunst vom Mittelalter bis zum 19. Jahrhundert geben, ergänzt durch europäische und orientalische Werke. Überall lassen sich Portugals Verbindungen zu Brasilien, Afrika, Indien, China und Japan erkennen.

Europäische Kunst

GEMÄLDE europäischer Künstler vom 14. bis zum 19. Jahrhundert sind im Erdgeschoß chronologisch geordnet. Die meisten Werke stammen aus Privatbesitz und tragen zur Vielfalt der Ausstellung bei. Die ersten Säle mit Kunst aus dem 14. und 15. Jahrhundert verdeutlichen den Übergang von der Gotik zur Ästhetik der Renaissance.

Die deutschen und flämischen Künstler des 16. Jahrhunderts sind am besten vertreten, mit Gemälden wie *Der heilige Hieronymus* von Albrecht Dürer (1471–1528), *Salome* von Lucas Cranach d. Ä. (1472–1553), *Jungfrau mit Kind* von Hans Memling (1430–94) und *Die Versuchung des heiligen Antonius* von Hieronymus Bosch (1450–1516). Zur kleinen Auswahl italienischer Werke gehören *Der heilige Augustinus* des Renaissancemalers Piero della Francesca (um 1420–1492) und ein anmutiges frühes Altarbild der Auferstehung von Raffael (1483–1520).

Portugiesische Maler wie Josefa de Óbidos *(siehe S. 51)* und Gregório Lopes (1490–1550) sind dort ebenfalls vertreten.

Portugiesische Gemälde und Skulpturen

VIELE DER ÄLTESTEN Werke stammen von portugiesischen Künstlern, die vom Detailrealismus flämischer Maler beeinflußt waren. Zwischen Portugal und Flandern gab es stets enge Handelsbeziehungen, und im 15. und 16. Jahrhundert gründeten flämischstämmige Künstler, wie Frei Carlos aus Évora, Schulen in Portugal.

Der Ehrenplatz gebührt jedoch dem Polyptychon der Kirche São Vicente de Fora, das bedeutendste portugiesische Werk des 15. Jahrhunderts und Symbol des Nationalstolzes in der Zeit der Entdeckungsreisen. Das Altarbild, etwa 1467–70 gemalt und Nuno Gonçalves zugesprochen, stellt die *Anbetung des heiligen Vinzenz* dar, des Schutzheiligen Portugals, umgeben von Rittern, Mönchen, Fischern und Bettlern. Die detailgetreuen Abbildungen machen das Gemälde zu einem unschätzbaren historischen und sozialen Dokument.

Zu weiteren bedeutenden Werken zählen ein Porträt des jungen Königs Sebastião von Cristóvão de Morais und Gemälde des Klassizisten Domingos António de Sequeira.

Die Skulpturensammlung birgt zahlreiche gotische Stein- und Holzstatuen von Christus, der Jungfrau und von Heiligen sowie Statuen aus dem 17. Jahrhundert und eine Krippenszene aus dem 18. Jahrhundert von Machado de Castro in der Kapelle.

Die Anbetung des heiligen Vinzenz

Portugiesische und chinesische Keramiken

DIE UMFANGREICHE Keramiksammlung zeigt die Entwicklung chinesischen Porzellans und portugiesischer Fayencen sowie den orientalischen Einfluß auf portugiesi-

Mittelfeld der *Versuchung des hl. Antonius* von Hieronymus Bosch

sche Werke und umgekehrt. Ab dem 16. Jahrhundert weisen portugiesische Keramiken einen deutlichen Ming-Einfluß auf, während chinesische Arbeiten portugiesische Motive, wie Wappen, enthalten. Mitte des 18. Jahrhunderts entwickelten Töpfer einen zunehmend bildhaften, europäischen Stil mit kräftigeren Mustern. Weiterhin gibt es italienische, spanische und niederländische Keramiken.

Chinesische Porzellanvase (16. Jh.)

Orientalische und afrikanische Kunst

Die Elfenbeinarbeiten und Möbelstücke mit ihren europäischen Motiven illustrieren die gegenseitigen Einflüsse Portugals und seiner Kolonien. Die Vorliebe für Exotik im 16. Jahrhundert ließ die Nachfrage nach Gegenständen wie elfenbeinernen Jagdhörnern aus Afrika steigen. Die japanischen Wandschirme aus dem 16. Jahrhundert belegen den portugiesischen Handel mit Japan. Die Japaner gaben den Portugiesen den Namen *Nambanjin*, »Barbaren aus dem Süden«.

Silber, Gold und Juwelen

Zur hervorragenden Sammlung religiöser Schätze gehören König Sanchos I Goldkreuz (1214), die Bélem-Monstranz (1506) und die Reliquie Madre de Deus aus dem 16. Jahrhundert, die angeblich einen Dorn aus der Krone Christi enthält. Glanzlicht der Sammlung ist ein kostbares silbernes Tafelgeschirr aus dem 18. Jahrhundert. Zu den 1200 Einzelteilen, die José I der Pariser Werkstatt von Thomas Germain in Auftrag gab, gehören kompliziert gestaltete Terrinen, Saucieren und Salzfäßchen. Die reichhaltige Sammlung an Juwelen stammt aus den Nonnenklöstern – die Mitgift reicher Novizinnen.

Dekorative Kunst

Zu den Objekten zählen Möbel, Wandteppiche, Textilien, liturgische Gewänder und Mitren. Die Möbelsammlung beinhaltet Exemplare aus dem Mittelalter und der Rainnaissance sowie der Zeit König Joãos V, König Josés und Königin Marias I. Herausragend sind des weiteren französische Möbel aus dem 18. Jahrhundert.

Bei den Textilien entdeckt man Bettüberwürfe aus dem 17. Jahrhundert, Wandteppiche, zum Teil flämischen Ursprungs wie *Die Taufe Christi* (16. Jh.), bestickte Decken und Arraiolos-Teppiche.

Goldene, edelsteingeschmückte Reliquie Madre de Deus (um 1502)

Belém

Edelmut, **Statue am Eingang des Palácio da Ajuda**

Belém, an der Mündung des Tejo gelegen, wo die Karavellen zu ihren Entdeckungsreisen ablegten, ist unauflöslich mit Portugals Goldenem Zeitalter verbunden. Als Manuel I 1495 an die Macht kam, ließ er mit dem neuen Reichtum grandiose Monumente und Kirchen erbauen, die den Geist jener Zeit widerspiegelten. Die üppige manuelinische Architektur brachte Bauwerke wie das Mosteiro dos Jerónimos und die Torre de Belém hervor. Heute ist Belém ein weiträumig angelegter Stadtteil mit zahlreichen Museen, Gärten und Parkanlagen sowie einer reizvollen Uferpromenade mit Cafés, wo an sonnigen Tagen ein ausgelassenes Flair herrscht.

In früheren Zeiten pflegten die Mönche des Klosters die ablegenden Schiffe auf dem Tejo zu beobachten. Heutzutage schneidet die mehrspurige Avenida da Índia den Kern Beléms vom malerischen Ufer ab, und silber-gelbe Züge rattern regelmäßig vorbei.

Sehenswürdigkeiten auf einen Blick

Museen und Galerien
Museu de Arte Popular 10
Museu de Marinha 7
Museu Nacional de Arqueologia 5
Museu Nacional dos Coches 2
Planetário Calouste Gulbenkian 6

Parks und Gärten
Jardim Agrícola Tropical 3
Jardim Botânico da Ajuda 14

Kirchen und Klöster
Ermida de São Jerónimo 12
Igreja da Memória 13
Mosteiro dos Jerónimos S. 66f 4

Historische Gebäude
Palácio de Belém 1
Palácio Nacional da Ajuda 15
Torre de Belém S. 70 11

Denkmäler
Padrão dos Descobrimentos 9

Kulturzentren
Centro Cultural de Belém 8

Legende
Detailkarte Belém *S. 62f*
Bahnhof
Fähranlegestelle
Parken
Eisenbahnlinie

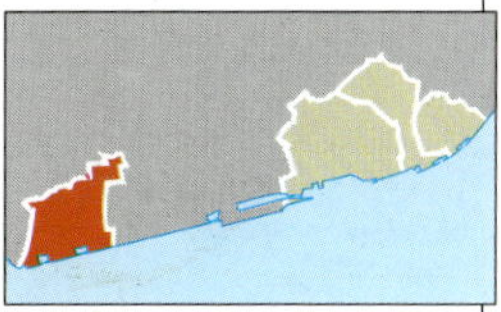

Anfahrt
Belém erreicht man am schnellsten mit der Straßenbahn 15 entlang dem Ufer ab der Praça do Comércio. Die Busse 14, 27, 28, 43, 49, 51 und 112 fahren ebenfalls nach Belém. Nahverkehrszüge vom Cais do Sodré nach Oeiras halten in Belém.

◁ **Langhaus von Santa Maria de Belém, der Kirche des Mosteiro dos Jerónimos**

Im Detail: Belém

Steinerne Karavelle, Mosteiro dos Jerónimos

PORTUGALS EINSTIGE maritime Blütezeit, die sich in prachtvollen Bauwerken wie dem Mosteiro dos Jerónimos ausdrückt, ist in Belém überall zu entdecken. Unter Salazar *(siehe S. 15)*, der an Portugals Goldenes Zeitalter zu erinnern versuchte, wurde das im Lauf der Zeit verschlammte Ufergebiet rekonstruiert, um die einstige Größe der Nation zu feiern. Für eine Ausstellung 1940 wurde die Praça do Império angelegt. Die Praça Afonso de Albuquerque wurde Portugals erstem Vizekönig von Indien gewidmet. Im Palácio de Belém, von João V im 18. Jahrhundert restauriert und um Gärten und eine Reitschule erweitert, kam kurzzeitig die königliche Familie nach dem Erdbeben von 1755 unter.

★ Mosteiro dos Jerónimos
Arkaden und reich verzierte Säulen mit Blattwerk, exotischen Tierdarstellungen und Navigationsinstrumenten kennzeichnen das manuelinische Hieronymitenkloster. ❹

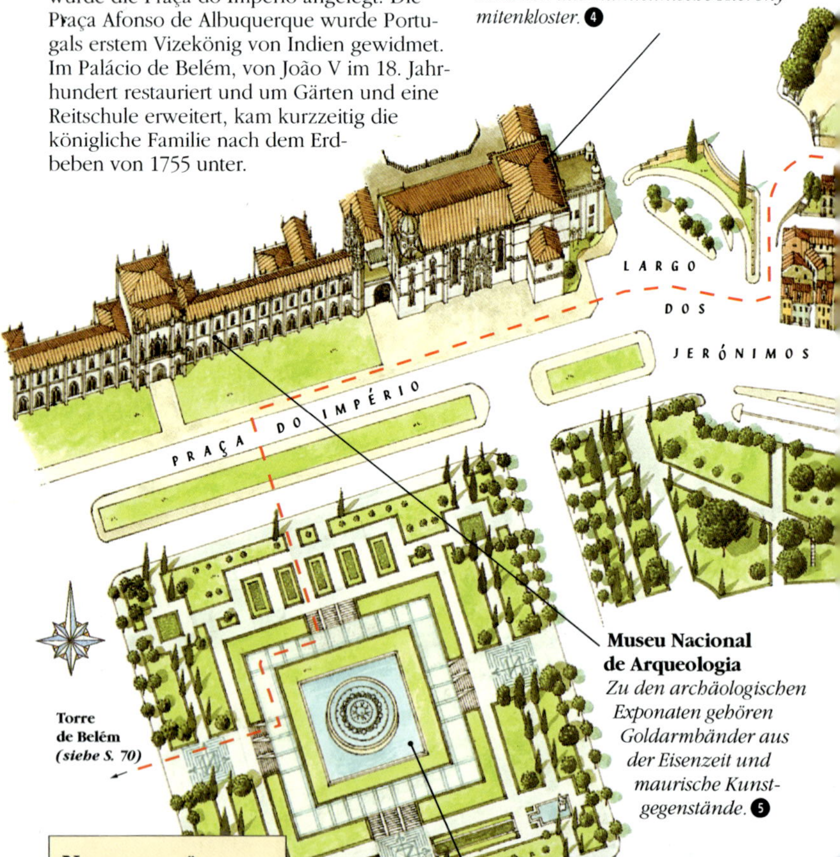

Museu Nacional de Arqueologia
Zu den archäologischen Exponaten gehören Goldarmbänder aus der Eisenzeit und maurische Kunstgegenstände. ❺

Torre de Belém *(siehe S. 70)*

NICHT VERSÄUMEN

- ★ **Mosteiro dos Jerónimos**
- ★ **Museu Nacional dos Coches**

LEGENDE

– – – Routenempfehlung

Die Praça do Império, die sich vor dem Kloster erstreckt, wird zu besonderen Gelegenheiten mit einem Lichtspiel am zentralen Brunnen illuminiert.

ie Rua Vieira Portuense grenzt an einen klei-en Park. Die hübschen Häuser aus dem 16. und 7. Jahrhundert stehen in Kontrast zu den impo-anten Gebäuden Beléms.

Jardim Agrícola Tropical
Exotische Pflanzen und Bäume aus Portugals einstigen Kolonien zieren den Park, der früher zum Palácio de Belém gehörte. ❸

ZUR ORIENTIERUNG
Siehe Kartenteil, Karten 1 und 2

In der Antiga Confeitaria de Belém aus dem 19. Jahrhundert gibt es *pasteis de Belém*, Blätterteigtörtchen mit Pudding.

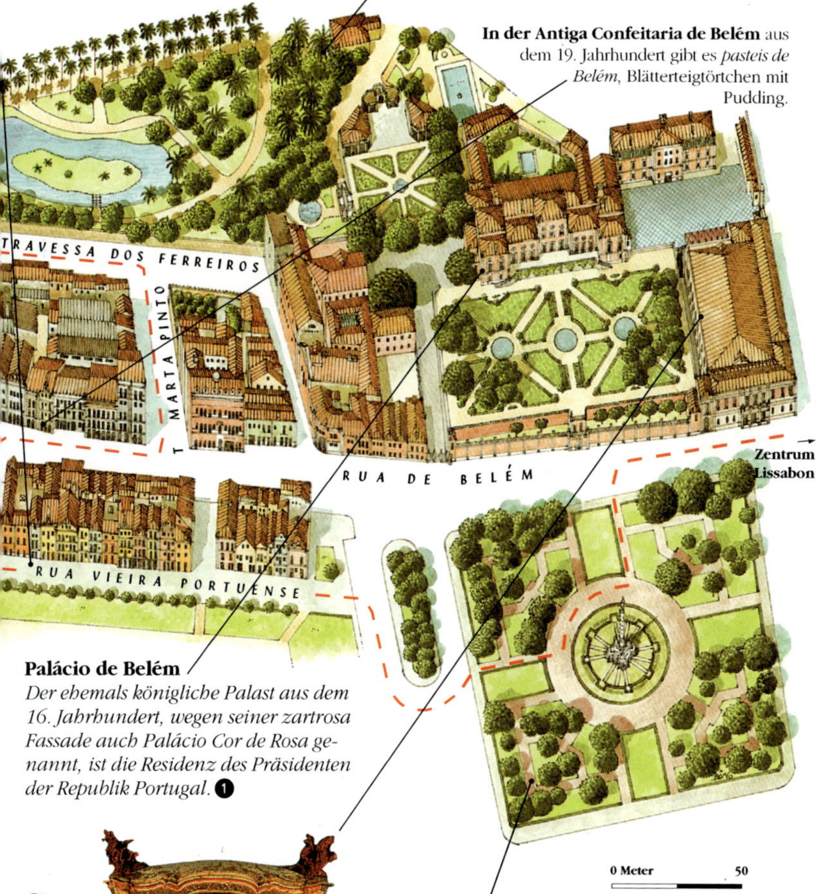

Palácio de Belém
Der ehemals königliche Palast aus dem 16. Jahrhundert, wegen seiner zartrosa Fassade auch Palácio Cor de Rosa genannt, ist die Residenz des Präsidenten der Republik Portugal. ❶

★ Museu Nacional dos Coches
Die Kutsche aus dem 18. Jahrhundert, die der Gesandte am Heiligen Stuhl benutzte, gehört zur Sammlung in der alten Reitschule des Palácio de Belém. ❷

Die Praça Afonso de Albuquerque wurde nach dem ersten portugiesischen Vizekönig von Indien benannt. Szenen seines Lebens sind am Fuß der Säule in der Mitte des Platzes zu bewundern.

Palácio de Belém ❶

Praça Afonso de Albuquerque. **Karte** 1 C4. *21-361 46 00.* *14, 27, 28, 43, 49, 51.* *15.* *Belém.* *9–13 Uhr, nur am 3. So im Monat.*

DIE GÄRTEN DES Sommerpalastes, 1559 vom Grafen von Aveiras vor der Versandung des Tejo erbaut, grenzten einst an den Fluß. Im 18. Jahrhundert kaufte João V mit dem Gold aus Brasilien den Palast. Er baute ihn vollständig um, errichtete die Reitschule und stattete das Innere als Liebesnest aus.

Als das schreckliche Erdbeben von 1755 *(siehe S. 20f)* das historische Zentrum Lissabons völlig zerstörte, suchten König José I und seine Familie dort Zuflucht. Aus Furcht vor weiteren Erdstößen schliefen sie zeitweise in Zelten auf dem Palastgelände. Der Palast selbst diente als Krankenhaus. Heute ist das elegante rosafarbene Gebäude Residenz des portugiesischen Präsidenten.

Im Palácio de Belém residiert der portugiesische Präsident

Museu Nacional dos Coches ❷

Praça Afonso de Albuquerque. **Karte** 2 D4. *21-361 08 50.* *14, 27, 28, 43, 49, 51.* *15.* *Belém.* *Di–So 10– 17.30 Uhr.* *1. Jan, Ostern, 1. Mai, 25. Dez.* *nur Erdgeschoß.*

DIE KUTSCHENSAMMLUNG des Museums in der ehemaligen Reitschule im Ostflügel des Palácio de Belém ist zweifellos die schönste Europas. Von der oberen Galerie hatte die königliche Familie ihre prachtvollen Lusitanos in der Pferdearena betrachtet. 1905 gestaltete König Carlos' Frau Amélia, deren rosa Reitkleid ausgestellt ist, die Reitschule in ein Museum um.

Die schlichten bis protzigen Kutschen aus Portugal, Italien, Frankreich, Österreich und Spanien stammen aus drei Jahrhunderten. In der Hauptgalerie mit der prächtig ausgemalten Decke befinden sich zwei Reihen von Kutschen des portugiesischen Königshauses.

Die Ausstellung beginnt mit der vergleichsweise einfachen, mit Holz und rotem Leder ausgestatteten Kutsche von Felipe II von Spanien und wird immer prachtvoller: das Innere aus rotem Samt und Gold, das Äußere prachtvoll geschnitzt, mit Allegorien und dem königlichen Wappen geschmückt. Am Ende der Reihe befinden sich zwei Barockkutschen, die in Rom für den portugiesischen Gesandten, Rodrigo Almeida e Menezes, Marquês de Abrantes, gefertigt wurden. Diese prunkvollen und extravaganten, fünf Tonnen schweren, aber kaum bequemen Kutschen sind mit einem plüschigen Inneren und lebensgroßen vergoldeten Statuen ausgestattet.

Im Raum nebenan sind weitere königliche Kutschen zu bewundern, so ein zweirädriges Cabriolet, Landauer sowie Ponywagen, die die Königskinder benutzten. Des weiteren gibt es eine Lissabonner Droschke aus dem 19. Jahrhundert in Schwarz und Grün, den Farben der Taxis bis in die 90er Jahre. Die

Rückansicht der Kutsche (1716) des portugiesischen Gesandten am Heiligen Stuhl

Brillenkarosse aus dem 18. Jahrhundert, deren Verdeck mit bedrohlichen, augengleichen Fenstern durchbrochen ist, stammt aus der Pombal-Ära *(siehe S. 15)*, als üppige Ausstattung verpönt war. Pferdegeschirr, Hofkleidung und Porträts der königlichen Familie befinden sich in der oberen Galerie.

Jardim Agrícola Tropical ❸

Largo dos Jerónimos. **Karte** 1 C4. *21-362 02 10.* *27, 28, 43, 51, 112.* *15.* *Di–Fr 10–17 Uhr, Sa u. So 11–18 Uhr.* *Feiertage.* *nur Di–Fr.* **Museu Tropical** *nur nach Vereinbarung.*

DER FRIEDVOLLE PARK mit Teichen, Wasservögeln und Pfauen, auch Jardim do Ultramar genannt, hat erstaunlich wenig Besucher. Zu Beginn des 20. Jahrhunderts als Forschungszentrum des Instituts für Tropenwissenschaft angelegt, ist er eher ein Arboretum denn ein Blumengarten. Schwerpunkt sind seltene und bedrohte tropische und subtropische Bäume und Pflanzen, wie Drachenbäume von den Kanarischen Inseln und Madeira, südamerikanische Schuppentannen und eine Allee aus hohen Washington-Palmen. Ein chinesisches Tor, das während der Ausstellung der portugiesischen Welt von 1940 Macau repräsentierte, führt in den orientalischen Garten mit seinen Bächen, Brücken und Hibiskussträuchern.

Das **Museu Tropical** ist im Palácio dos Condes da Calheta untergebracht, der innen mit *azulejos* aus drei Jahrhunderten dekoriert ist. Im Museum selbst gibt es 50 000 getrocknete Pflanzen und 2414 Holzsorten zu sehen.

Mosteiro dos Jerónimos ❹

Siehe S. 66 f.

Washington-Palmen im Jardim Agrícola Tropical

Museu Nacional de Arqueologia ❺

Praça do Império. **Karte** 1 B4. *21-362 00 00.* *28, 43, 49, 51, 112.* *15.* *Mi–So 10–18 Uhr, Di 14–18 Uhr.* *1. Jan, Ostern, 1. Mai, 25. Dez.*

DER LANGE WESTFLÜGEL des Mosteiro dos Jerónimos *(siehe S. 66f)*, einst der Schlafsaal der Mönche, beherbergt seit 1893 ein Museum. Seit der Rekonstruktion Mitte des 19. Jahrhunderts ist er nur noch ein schwacher Abklatsch des manuelinischen Originals. Im Museum befindet sich Portugals archäologisches Forschungszentrum mit Exponaten aus dem ganzen Land, wie ein eisenzeitliches Goldarmband aus Grândola im Alentejo, westgotischer Schmuck aus dem Alentejo, römische Ornamente und maurische Kunstgegenstände aus dem 8. Jahrhundert. Die ägyptische und griechisch-römische Abteilung zeigt insbesondere Begräbniskunst, wie Figurinen, Grabsteine, Masken, Terrakottaamulette und Grabkegel, die mit Hieroglyphen beschriftet sind. In der dämmrigen Schatzkammer glitzern Münzen, Halsketten, Armbänder und anderer Schmuck aus der Zeit von 1800 bis 500 v. Chr.. Dieser Raum bleibt, wie andere auch, wegen Renovierungsarbeiten bis voraussichtlich Ende 2002 geschlossen.

Westgotische Goldspange, Museu de Arqueologia

Planetário Calouste Gulbenkian ❻

Praça do Império. **Karte** 1 B4. *21-362 00 02.* *27, 28, 29, 43, 49, 51, 112.* *15.* *Vorführungen Sa, So 16, 17 Uhr (Schulferien auch Mi, Do 11, 15, 16.15 Uhr). Kindervorführung So 11 Uhr.* *Feiertage.*

DAS MODERNE GEBÄUDE, von der Gulbenkian-Stiftung *(siehe S. 79)* 1965 gebaut, befindet sich neben dem Mosteiro dos Jerónimos. Das Planetarium stellt den Nachthimmel nach und erläutert die Geheimnisse des Kosmos. Die Vorführungen in Portugiesisch, Englisch und Französisch erklären die Sternenbewegungen und unser Sonnensystem, aber auch besondere Themen wie die Sternbilder oder den Stern von Bethlehem (»Belém« auf portugiesisch).

Kuppel des Planetário Calouste Gulbenkian

Mosteiro dos Jerónimos ❹

Armillarsphäre im Kreuzgang

DAS KLOSTER, ein Monument des Zeitalters der Entdeckungen *(siehe S. 18f)*, ist der Höhepunkt manuelinischer Architektur. Von Manuel I kurz nach der Rückkehr Vasco da Gamas von dessen historischer Reise um 1501 in Auftrag gegeben, wurde das Gebäude durch das »Pfeffergeld« , einer Steuer auf Gewürze, Edelsteine und Gold, finanziert. Verschiedene Baumeister arbeiteten an dem Bauwerk, die bekanntesten waren Diogo Boitac und später João de Castilho. Das Kloster unterstand dem Hieronymitenorden, bis alle Orden 1834 aufgelöst wurden.

Grabmal des Vasco da Gama
Das Grab des Entdeckers (siehe S. 68) *aus dem 19. Jahrhundert ist mit Seefahrersymbolen geschmückt.*

Refektorium
Das Refektorium ist mit azulejos *aus dem 18. Jahrhundert dekoriert und stellt unter anderem die Speisung der Fünftausend dar.*

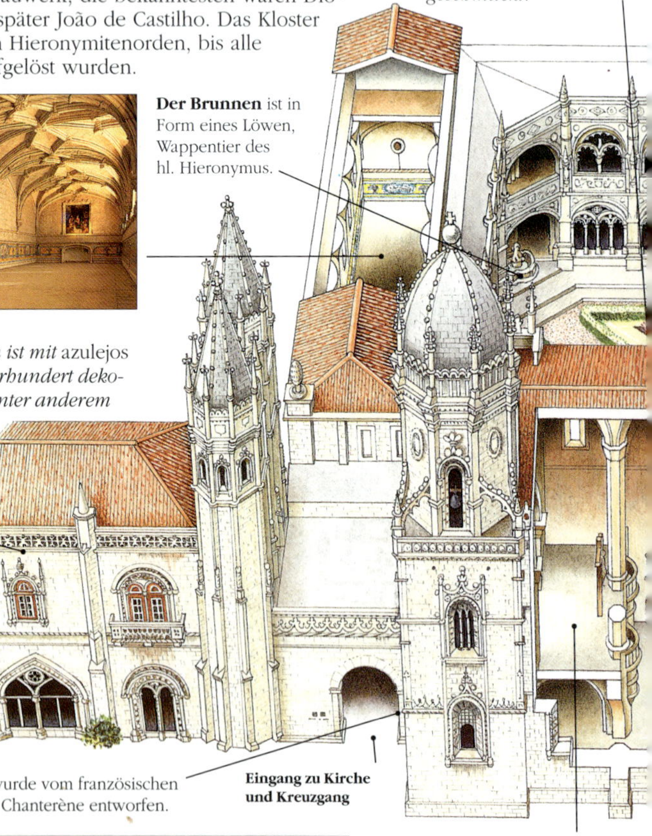

Der Brunnen ist in Form eines Löwen, Wappentier des hl. Hieronymus.

Der moderne, neomanuelinische Flügel aus dem Jahr 1850 beherbergt das Museu Nacional de Arqueologia *(siehe S. 65).*

Das Westportal wurde vom französischen Bildhauer Nicolau Chanterène entworfen.

Eingang zu Kirche und Kreuzgang

Galerie

Blick auf das Kloster
Die Szene aus dem 17. Jahrhundert von Felipe Lobo zeigt Frauen an einem Brunnen vor dem Kloster.

NICHT VERSÄUMEN

★ **Südportal**

★ **Kreuzgang**

★ Kreuzgang
Der rein manuelinische Entwurf João de Castilhos wurde 1544 vollendet. Feinstes Maßwerk und üppige Reliefs schmücken Bogen und Balustraden.

INFOBOX

Praça do Império. **Karte** 1 B4. *21-362 00 34. 27, 28, 43, 49, 51, 112. 15. Juni–Sep Di–So 10–18.30 Uhr (letzter Einlaß 1 Std. vor Schließung). Feiertage. nur Kreuzgang.*

Hauptschiff
Das Gewölbe der Kirche Santa Maria wird von schlanken, achteckigen Säulen getragen, die wie Palmen emporstreben und ein Gefühl von Raum und Harmonie vermitteln.

Der Kapitelsaal birgt das Grabmal des Historikers und ersten Bürgermeisters Beléms, Alexandre Herculano (1810–77).

Der Altarraum wurde 1572 von Catarina, der Frau Joãos III, gestiftet.

Die Gräber von Manuel I, seiner Frau Maria, João III und Catarina werden von Elefanten getragen.

★ Südportal
Die üppige Dekoration überdeckt fast die geometrische Architektur des Portals. João de Castilho verbindet religiöse Themen, wie hier das Bildnis des hl. Hieronymus, mit weltlichen, die portugiesischen Könige erhöhend.

Grabmal König Sebastiãos
Das Grab des »ersehnten« Sebastião ist leer. Der junge König kehrte nie aus der Schlacht von 1578 zurück.

Fassade des Museu de Marinha

Museu de Marinha 7

Praça do Império. **Karte** 1 B4. *21-362 00 19. 27, 28, 43, 49, 51, 112. 15. Di–So 10–18 Uhr (Okt–Juni 17 Uhr). Feiertage.*

Das Meeresmuseum wurde 1962 im Westflügel des Mosteiro dos Jerónimos *(siehe S. 66f)* eingeweiht. In der dortigen Kapelle, die der Infant Henrique *(siehe S. 19)* gestiftet hatte, beteten die Seeleute, bevor sie sich einschifften. Ein Saal, der den Entdeckungsreisen gewidmet ist, illustriert den raschen Fortschritt im Schiffsbau seit dem 15. Jahrhundert, der sich die Erfahrungen der Entdecker zunutze machte. Kleine Repliken zeigen die Entwicklung von Barken über Lateinersegel- zu den schnelleren Rahsegelkaravellen und der portugiesischen *nau*. Ebenfalls zu sehen sind Navigationsinstrumente, Astrolabien und Repliken von Karten aus dem 16. Jahrhundert. Die Steinsäulen mit dem Kreuz der Christusritter sind Nachbildungen jener *padrãos*, die in der Neuen Welt als Zeichen der portugiesischen Souveränität errichtet wurden. Hinter der Sala dos Descobrimentos geht es durch einige Räume mit Modellen moderner Schiffe zu den königlichen Quartieren mit der erlesen möblierten, holzvertäfelten Kabine der Jacht *Amélia*, die 1900 in Schottland für König Carlos und Königin Amélia gebaut wurde.

Der moderne Pavillon gegenüber birgt originale königliche Barkassen, deren außergewöhnlichste die Brigg für Königin Maria I aus dem Jahr 1780 ist. Den Abschluß bildet eine Sammlung von Wasserflugzeugen, wie die *Santa Clara*, die 1922 als erstes eine Überquerung des Südatlantiks schaffte.

Vasco da Gama (um 1460–1524)

1498 segelte Vasco da Gama um das Kap der Guten Hoffnung und öffnete den Seeweg nach Indien *(siehe S. 18f)*. Der Herrscher von Calicut mit seinen Diamant- und Rubinringen war nicht sehr beeindruckt von da Gamas bescheidenen Gaben wie Stoffe und Waschschüsseln, doch kehrte da Gama mit einer Ladung Gewürze zurück. 1502 segelte er erneut nach Indien und begründete die portugiesische Handelsroute im Indischen Ozean. João III ernannte ihn 1524 zum Vizekönig von Indien, doch er starb kurz darauf am Fieber.

Gemälde von Vasco da Gama in Goa (16. Jh.)

Centro Cultural de Belém 8

Praça do Império. **Karte** 1 B5. *21-361 24 00. 27, 28, 43, 49, 51. 15.* **Ausstellungszentrum** *11–20 Uhr.*

Der nüchterne Bau zwischen dem Mosteiro dos Jerónimos und dem Tejo rief Kontroversen hervor. Der Komplex, 1990 als Zentrale der portugiesischen Präsidentschaft in der Europäischen Union erbaut, eröffnete 1993 als Kultur- und Konferenzzentrum mit Schwerpunkt auf Musik, darstellender Kunst und Fotografie sowie einem **Ausstellungszentrum** für wechselnde Ausstellungen und ein Designmuseum. Vom Café und vom Restaurant aus hat man eine schöne Aussicht auf die umliegenden Gärten und den Fluß.

Am Wochenende wird die sonst eher nüchterne Atmosphäre bisweilen von Straßenkünstlern und Rollschuhfahrern aufgelockert.

Der moderne Komplex des Centro Cultural de Belém

Padrão dos Descobrimentos 9

Padrão dos Descobrimentos, Avenida de Brasília. **Karte** 1 C5. *21-301 19 50. 27, 28, 43, 49, 51, 112. 15. Di–So 9–17 Uhr (Juli–Aug: 19 Uhr). Feiertage. für Lift.*

Das massive, eckige Denkmal wurde 1960 am Ufer von Belém anläßlich des 500. Todestages des Infanten Henrique *(siehe S. 19)* errichtet. Das 52 Meter hohe Denkmal, vom Salazar-Regime in Auftrag gegeben, erinnert an die Seeleute, königlichen Gönner und all jene, die an der rasanten Entwicklung des portugiesischen Zeitalters der Entdeckungen beteiligt waren. Es

Der große Kompaß im Pflaster vor dem Padrão dos Descobrimentos

ist einer Karavelle nachempfunden, mit dem portugiesischen Wappen an den Seiten und dem Schwert des Königshauses von Avis über dem Eingang. Der Infant Henrique steht am Bug mit einer Karavelle in der Hand. Auf beiden Seiten befinden sich auf einer Schräge die Statuen portugiesischer Helden aus jener Zeit der Entdeckungen, wie auf der Westseite Manuel I mit einer Armillarsphäre, der Dichter Camões mit einem Exemplar von *Os Lusíadas*, der Maler Nuno Gonçalves mit einer Palette, sowie berühmte Seefahrer, Kartographen und Könige.

Der große Kompaß im Pflaster auf der Nordseite ist ein Geschenk der Republik Südafrika aus dem Jahr 1960. Die große, mit Galeonen und Meerjungfrauen übersäte Karte zeigt die Routen der Eroberer im 15. und 16. Jahrhundert. Ein Lift fährt im Inneren in den sechsten Stock, von dem Treppen auf das Dach führen, das einen Panoramablick auf den Fluß und Belém gewährt. Im Untergeschoß finden Ausstellungen zu verschiedenen Themen statt.

Der Padrão dos Descobrimentos ist nicht unbedingt nach jedermanns Geschmack, aber Lage und Gestaltung sind einzigartig. In der Abendsonne sieht das Monument besonders dramatisch aus.

Museu de Arte Popular ⑩

Avenida de Brasília. **Karte** 1 B5. *21-301 12 82.* *27, 28, 43, 49, 51, 112.* *15.* *Di–So 10–12.30, 14–17 Uhr.* *1. Jan, Ostern, 1. Mai, 25. Dez.*

DAS FARBLOSE GEBÄUDE am Uferbereich, zwischen dem Padrão dos Descobrimentos und der Torre de Belém *(siehe S. 70)*, beherbergt seit 1948 das Museum für portugiesische Volkskunst. Zwar bleiben die Räume mit den Dauerausstellungen bis voraussichtlich 2003 wegen Umbaus geschlossen, die Wechselausstellungen sind jedoch geöffnet. Zu den nach Regionen geordneten Exponaten gehören Töpferwaren, Landwirtschaftsgeräte, Trachten, Musikinstrumente, Schmuck und leuchtend bunte Sättel. Die Ausstellung gibt einen lebendigen Einblick in die Vielfalt und Besonderheiten der Regionen, wie die bunten Ochsenjoche und Keramikhähne aus dem Minho, Körbe aus Trás-os-Montes, Kuhglocken und Tontöpfe aus dem Alentejo verdeutlichen.

Traditionelle Tracht aus Trás-os-Montes

Plant man jedoch eine Reise durch das Land, bietet das Museum einen wunderbaren Überblick über das traditionelle Kunsthandwerk der Regionen.

OSTSEITE DES PADRÃO DOS DESCOBRIMENTOS

Torre de Belém ⓫

Wappen von Manuel I

DER TURM wurde 1515–21 im Auftrag von Manuel I als Bastion mitten im Tejo erbaut. Das manuelinische Juwel, einst Startpunkt der Seefahrer, die die Handelsrouten entdeckten, wurde zum Symbol für Portugals Zeit der Expansion. Seine wahre Schönheit liegt in der reichen Ausschmückung mit Schnurreliefs, durchbrochenen Balkonen, maurischen Ausgucken und schildförmigen Zinnen. Das düstergotische Innere unterhalb der Terrasse diente einst als Waffenlager und Gefängnis. Die Unterkünfte im Turm lohnen wegen der Loggia und der Aussicht einen Besuch.

INFOBOX

Avenida da Índia. **Karte** 1 A5. *21-301 93 46.* *27, 28, 29, 43,49, 51, 112.* *15.* *Belém.* *Di–So 10–17 Uhr (Juni–Sep 18 Uhr).* *Feiertage.* *nur Erdgeschoß.*

Renaissanceloggia
Die feine, bogengeschmückte Loggia im italienischen Stil verleiht den wehrhaften Zinnen des Turms Leichtigkeit.

Jungfrau mit Kind
Eine Statue Unserer Lieben Frau der sicheren Heimkehr blickt aufs Meer, Schutzsymbol für die Seeleute auf Entdeckungsfahrt.

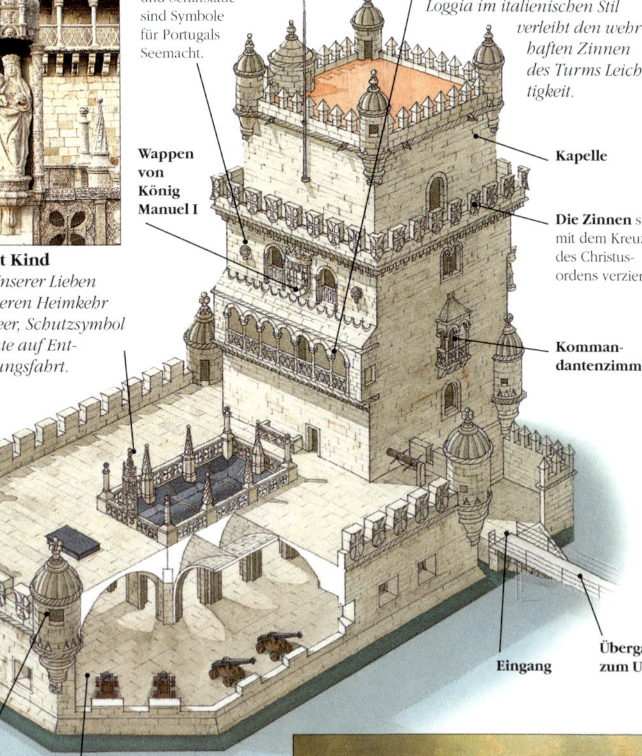

Die Torre de Belém im Jahr 1811
Das Gemälde eines britischen Schiffs auf dem Tejo von J. T. Serres zeigt den Turm weiter von der Küste entfernt als heute. Im 19. Jahrhundert wurde der Fluß durch Aufschüttung am Nordufer schmaler.

Die schlichte manuelinische Ermida de São Jerónimo

Ermida de São Jerónimo ⓬

Rua Pero de Covilhã. **Karte** 1 A3.
21-301 86 48. 28, 43, 49, 51.
nur nach Vereinbarung.

Die hübsche kleine Kapelle, auch Capela de São Jerónimo genannt, entstand im Jahr 1514, als Diogo Boitac am Mosteiro dos Jerónimos *(siehe S. 66f)* arbeitete. Trotz ihrer Schlichtheit ist sie manuelinisch und wurde vermutlich von Boitac entworfen. Die einzigen dekorativen Elemente sind die vier Spitztürmchen, die Wasserspeier und das manuelinische Tor. Die Kapelle thront auf einem stillen Hügel und bietet schöne Ausblicke auf Belém und den Tejo. Ein Pfad führt von der Terrasse hinab zur Torre de Belém.

Igreja da Memória ⓭

Calçada do Galvão, Ajuda. **Karte** 1 C3.
21-363 52 95. 14, 27, 28, 32.
18. Mo–Sa 16–18 Uhr.

Die Kirche wurde 1769 von König José I als Dank dafür gestiftet, daß er 1758 an dieser Stelle einen Mordanschlag überlebt hatte. Seine Kutsche wurde nach einem geheimen Schäferstündchen mit einer Dame der Familie Távora überfallen und er von einer Kugel im Arm getroffen. Der allmächtige Pombal *(siehe S. 15)* nutzte das als Vorwand, seine Feinde bei den Távoras loszuwerden, indem er sie der Verschwörung anklagte. 1759 wurden sie gefoltert und hingerichtet. An sie erinnert eine Säule in der Beco do Chão Salgado, nahe der Rua de Belém.

Die klassizistische Kirche ist innen mit Marmor verkleidet. In der kleinen Kapelle rechts befindet sich das Grab Pombals, der ein Jahr nach seiner Verbannung aus Lissabon mit 83 Jahren starb.

Jardim Botânico da Ajuda ⓮

Calçada da Ajuda. **Karte** 1 C2.
21-362 25 03. 14, 27, 28, 32.
18. Do–Di 9–17 Uhr. Mi, Feiertage. (So 9–14 Uhr frei).

Die italienisierenden Gärten, von Pombal *(siehe S. 15)* 1768 auf zwei Ebenen angelegt, sind ein Ruhepol inmitten von Belém. Das grüne, schmiedeeiserne Eingangstor in einer rosa Mauer ist leicht zu verfehlen. Im Park gibt es tropische Bäume und geometrische Gärten mit Hecken und Blumenbeeten. Bemerkenswert sind der 400 Jahre alte Drachenbaum aus Madeira und der Brunnen aus dem 18. Jahrhundert, verziert mit Schlangen, geflügelten Fischen, Seepferdchen und mythischen Kreaturen. Von einer Terrasse blickt man auf die untere Ebene der Gartenanlage.

Thron aus dem 19. Jahrhundert im Palácio Nacional da Ajuda

Palácio Nacional da Ajuda ⓯

Calçada da Ajuda. **Karte** 2 D2.
21-363 70 95. 14, 27, 28, 32, 42, 60. 18. Do–Di 10–17 Uhr.
Feiertage.

Anstelle des 1795 von einem Feuer zerstörten königlichen Palastes wurde Anfang des 19. Jahrhunderts dieses klassizistische Gebäude errichtet. Es wurde aufgegeben, als das Königshaus 1807 ins Exil nach Brasilien gehen mußte. Zur permanenten Residenz wurde es erst wieder, als Luís I 1861 König wurde und die italienische Prinzessin Maria Pia von Savoyen heiratete. Für die Ausstattung der Apartments wurden keine Kosten gescheut; man dekorierte sie mit Seidentapeten, Sèvres-Porzellan und Kristallüstern. Beispiel königlichen Prunks ist das Sächsische Zimmer, ein Hochzeitsgeschenk des Königs von Sachsen an Maria Pia, in dem jedes Möbelstück mit Meißner Porzellan geschmückt ist. Eindrucksvoll ist auch der riesige Bankettsaal im ersten Stock mit den Kristallüstern, seidenen Sesseln und dem Deckenfresko mit der allegorischen Darstellung der Geburt Joãos VI. Das neogotische Maleratelier Luís' I mit seinen geschnitzten Möbeln ist weitaus persönlicher.

Gestutzter Garten im Jardim Botânico da Ajuda

ABSTECHER

DIE MEISTEN DER außerhalb liegenden Sehenswürdigkeiten sind vom Stadtzentrum aus mit Bus oder U-Bahn leicht zu erreichen. Ein Fußweg von zehn Minuten führt vom Parque Eduardo VII zum Museu Calouste Gulbenkian, dem großartigen Kulturtempel Portugals inmitten eines Parks. Auch das Museu da Cidade am Campo Grande ist wegen seines großartigen Überblicks über die Geschichte Lissabons einen Besuch wert. Der hübsche Palácio Fronteira mit seinen prachtvollen Kacheln ist eine der vielen für die Aristokratie erbauten Villen in den Vorstädten. Wunderschöne Kacheln findet man auch im Museu Nacional do Azulejo im Kreuzgang des Convento da Madre de Deus. Einen halben Tag braucht man für einen Ausflug zum Christo-Rei-Denkmal jenseits des Tejo. Das Ozeanarium befindet sich nordöstlich vom Stadtzentrum, im Parque das Nações, und bietet besonders für Familien auch andere Attraktionen, Hotels und Geschäfte.

***Azulejo*-Bild am Palácio Fronteira**

SEHENSWÜRDIGKEITEN AUF EINEN BLICK

Museen und Galerien
- Centro de Arte Moderna 7
- Museu da Água 9
- *Museu Calouste Gulbenkian siehe S. 76 ff* 6
- Museu da Cidade 13
- *Museu Nacional do Azulejo siehe S. 82 f* 10

Moderne Architektur
- Amoreiras Einkaufszentrum 3
- Cristo Rei 1
- Parque das Nações 11
- Ponte 25 de Abril 2

Historische Architektur
- Aqueduto das Águas Livres 15
- Campo Pequeno 8
- Palácio Fronteira 16
- Praça Marquês de Pombal 4

Parks and Gärten
- Parque Eduardo VII 5
- Parque do Monteiro-Mor 17

Zoos
- Jardim Zoológico 14
- Oceanário de Lisboa 12

LEGENDE
- Touristisch interessante Viertel
- Flughafen
- Fähranlegestelle
- Autobahn
- Hauptstraße
- Nebenstraße

0 Kilometer 4

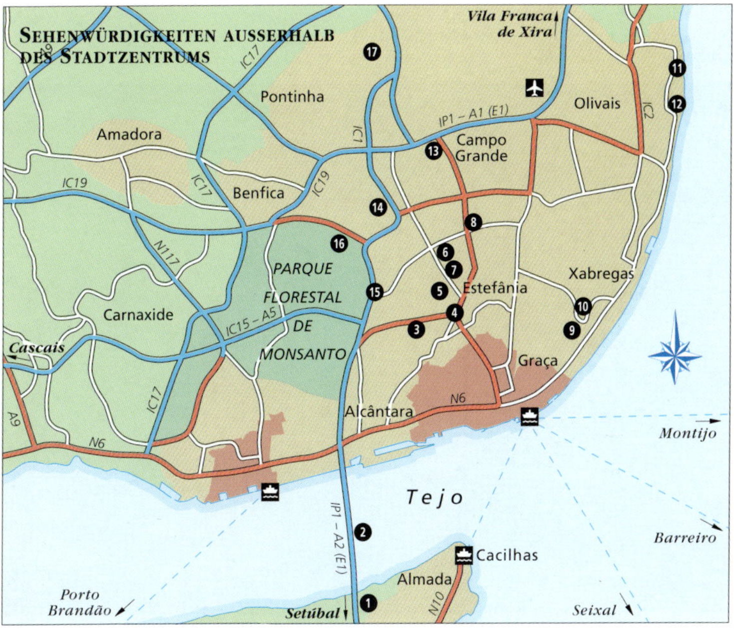

◁ **Nymphenbrunnen in der tropischen Vegetation der Estufa Fria im Parque Eduardo VII**

Cristo Rei ❶

Santuário Nacional do Cristo Rei, Alto do Pragal, Almada. *21-275 10 00.* *von Praça do Comércio u. Cais do Sodré nach Cacilhas.* *101.* **Lift** *wegen Renovierung, bis Mitte 2003.*

DIE 28 METER hohe Statue mit den ausgebreiteten Armen auf dem mächtigen Sockel, dem Cristo Redentor in Rio de Janeiro nachempfunden, befindet sich am Südufer des Tejo. Sie wurde auf Betreiben von Salazar 1949–59 von Francisco Franco errichtet.

Man kann das Denkmal von unterschiedlichen Aussichtspunkten der Stadt sehen, aber die Fähre zur Outra Banda (»dem anderen Ufer«) ist reizvoller als ein Bus oder Taxi dorthin. Ein Aufzug und ein paar Stufen führen 82 Meter hoch zur Spitze des Sockels, die einen herrlichen Ausblick auf Stadt und Fluß gestattet.

Das turmhohe Denkmal Cristo Rei am Tejo

Ponte 25 de Abril ❷

Karte 3 A5. *52, 53.*

URSPRÜNGLICH hieß Lissabons Hängebrücke über den Tejo Ponte Salazar, nach dem Diktator, der sie 1966 bauen ließ. Sie wurde umbenannt in Erinnerung an die Revolution vom 25. April 1974, durch die Portugal die Demokratie zurückerhielt *(siehe S. 15)*.

Die Stahlkonstruktion nach dem Vorbild der Golden Gate Bridge im amerikanischen San Francisco ist einen Kilometer lang. Eine zweite Ebene für die Eisenbahn wurde 1999 fertiggestellt. Das Problem der Verkehrsstaus wurde durch den Bau der elf Kilometer langen Vasco-da-Gama-Brücke teilweise gelöst. 1998 fertiggestellt, spannt sie sich von Montijo bis Sacavém, nördlich des Parque das Nações, über den Tejo.

Amoreiras-Einkaufszentrum ❸

Avenida Engenheiro Duarte Pacheco. **Karte** 5 A5. *21-381 02 00.* *Marquês de Pombal.* *11, 18, 23, 48, 51, 53, 58, 74, 83.* *tägl. 10–23 Uhr.* *25. Dez.*

DER MARQUÊS DE Pombal *(siehe S. 15)* pflanzte im 18. Jahrhundert am Westrand der Stadt Maulbeerbäume *(amoreiras)* zur Seidenraupenproduktion, weswegen das futuristische Einkaufszentrum, das dort 1985 erbaut wurde, diesen Namen erhielt. Der massive Komplex mit den rosa-blauen Türmen beherbergt 370 Läden, zehn Kinos und etliche Cafés. Er wirkte zwar einst für Lissabon etwas unpassend, lockt aber nach wie vor vor allem junge Leute an. Mittlerweile sind weitere neue Gebäude und Einkaufszentren hinzugekommen.

Die Ponte 25 de Abril verbindet Lissabon mit der Outra Banda, dem Südufer des Tejo

Tropische Pflanzen im Treibhaus Estufa Quente im Parque Eduardo VII

Praça Marquês de Pombal ❹

Karte 5 C5. *Marquês de Pombal.* *1, 2, 12, 20, 38 u. viele andere Linien.*

Am oberen Ende der Avenida da Liberdade *(siehe S. 44)* donnert der Verkehr um die »Rotunda«, wie der Platz auch genannt wird. In der Mitte ragt das hohe Pombal-Denkmal aus dem Jahr 1934 empor. Die Statue des despotischen Staatsmannes, der Portugal 1750–77 regiert hatte, steht auf der Säule mit der Hand auf einem Löwen, dem Symbol der Macht, und dem Blick auf sein Werk, die Baixa, gerichtet *(siehe S. 15)*. Der Sockel ist mit allegorischen Bildern von Pombals Reformen geschmückt. Aufrechte Figuren stellen die Universität Coimbra dar, an der er eine neue Wissenschaftsfakultät eingerichtet hatte. Der dynamische Politiker hatte, obgleich gefürchtet, dem Land die Aufklärung gebracht. Rauhe Steinblöcke und Flutwellen zu Füßen des Denkmals sind eine Allegorie der Zerstörungen durch das Erdbeben von 1755.

Durch eine Unterführung kommt man, wenn sie nicht gerade geschlossen ist, zur Mitte des Platzes; hier kann man die Figuren und Inschriften zu Pombals Errungenschaften betrachten. In der Nähe erstreckt sich auch der gepflegten Parque Eduardo VII im Norden hinter dem Platz. Das Pflaster um die Rotunda ist mit einem schwarzweißen Mosaik des Wappens Lissabons dekoriert, ganz ähnlich den Mustern, die auch sehr viele Straßen und Plätze der Stadt schmücken.

Darstellung der Mühsal der Landarbeit am Sockel des Denkmals auf der Praça Marquês de Pombal

Parque Eduardo VII ❺

Praça Marquês de Pombal. **Karte** 5 B4. *21-388 22 78.* *Marquês de Pombal.* *2, 11, 22, 36.* **Estufa Fria** *tägl. 9–18 Uhr (Apr–Sep), 9–17 Uhr (Okt–März) (letzter Einlaß 30 Min. vor Schließung).* *Feiertage.*

Der grösste Park Lissabons wurde nach König Edward VII von England benannt, der 1902 in Lissabon die anglo-portugiesische Allianz bekräftigte. Der grasbewachsene, 25 Hektar große Hang wurde Ende des 19. Jahrhunderts als Parque da Liberdade, einer Fortsetzung der Avenida da Liberdade *(siehe S. 44)* angelegt. Säuberlich gestutzte Buchsbaumhecken und mit Mosaiken bepflasterte Spazierwege führen von der Praça Marquês de Pombal hügelaufwärts zu einem Aussichtspavillon, der einen Blick über die Stadt bis zu den Hügeln jenseits des Tejo gewährt. An klaren Tagen kann man sogar bis zur Serra da Arrábida *(siehe S. 107)* sehen.

Am reizvollsten in dem eher gleichförmigen Park ist die dschungelartige **Estufa Fria** in der Nordwestecke, ein Gewächshaus mit exotischen Pflanzen, Bächen und Wasserfällen.
Eigentlich sind es zwei Gewächshäuser: In der Estufa Fria (»kühles Gewächshaus«) wachsen Palmen durch das durchbrochene Bambusdach, und Pfade schlängeln sich durch einen Wald aus Farnen, Fuchsien, blühenden Büschen und Bananenbäumen. Die wärmere Estufa Quente ist ein überglaster Garten mit üppigen Pflanzen, Teichen mit Wasserlilien, Kakteen und tropischen Vögeln in Käfigen. Kinder schätzen den seichten Teich und den Spielplatz in Form einer Galeone in der Nähe der Gewächshäuser.

Am Ostrand befindet sich der nach dem olympischen Marathonsieger von 1984 benannte **Pavilhão Carlos Lopes**, in dem heute Konzerte und Konferenzen stattfinden. Die weiß und ockergelb gestrichene Fassade ist mit Kachelbildern von Jorge Colaço geschmückt.

Museu Calouste Gulbenkian ❻

Das Museum birgt dank des armenischen Ölmagnaten Calouste Gulbenkian *(siehe S. 79)* mit seinem Geschmack und dem Blick für Meisterwerke eine der besten Kunstsammlungen Europas. Das 1969 eingeweihte Museum wurde von dem Multimillionär als Teil einer Wohltätigkeitsinstitution dem Staat überantwortet. Die Architektur des Gebäudes in einem weitläufigen Park, durch das natürliche Licht in einige Räume strömen kann, soll eine optimale Präsentation der Sammlung gewährleisten.

Senffäßchen
Das silberne Senffäßchen (18. Jh.) wurde in Frankreich von Antoine Sébastien Durand gefertigt.

Lalique-Anstecknadel
Die gewundene Form der Schlangen aus Gold und Emaille ist typisch für den Jugendstilschmuck von René Lalique.

★ Diana
Die edle Marmorstatue (1780) des französischen Bildhauers Jean-Antoine Houdon gehörte einst der Zarin Katharina der Großen. Die Göttin der Jagd mit Pfeil und Bogen wurde als zu obszön für die Öffentlichkeit betrachtet.

★ Die heilige Katharina
Das heitere Porträt der heiligen Katharina stammt vom flämischen Maler Rogier van der Weyden (1400–64). Die Andeutung einer Landschaft links im Bild verleiht dem ruhigen Gemälde Licht und Tiefe.

Nicht versäumen

- ★ ***Porträt eines alten Mannes*** **v. Rembrandt**
- ★ ***Diana*** **von Houdon**
- ★ ***Die hl. Katharina*** **von van der Weyden**

★ Porträt eines alten Mannes
Rembrandt war ein Meister von Licht und Schatten. In dem ausdrucksstarken Porträt von 1645 wird die gebrechliche Miene des Mannes durch den dramatischen Lichteffekt kontrastiert.

INFOBOX

Avenida de Berna 45. **Karte** 5 B2. *21-782 30 00.* *Praça de Espanha or São Sebastião.* *16, 18, 26, 31, 46, 56.* *Mi–So 10–18 Uhr, Di 14–18 Uhr.* *Mo u. Feiertage.* www.gulbenkian.pt

Vase der hundert Vögel
Die Glasur dieser chinesischen Porzellanvase wird »Famille verte« genannt. Das kunstvolle Muster ist charakteristisch für die Ch'ing-Dynastie unter Kaiser K'ang Hsi (1662–1722).

KURZFÜHRER

Die Galerien sind chronologisch und geographisch angelegt. Die erste Sektion (Räume 1–6) beinhaltet antike und orientalische Kunst, die zweite (Räume 7–17) europäische Gemälde, Skulpturen, Möbel, Silberarbeiten und Schmuck.

Ägyptische Bronzekatze
Die Katze mit Jungen stammt aus der Saite-Periode (8. Jahrhundert v. Chr.). Zu weiteren ägyptischen Exponaten gehört eine goldene Totenmaske.

Türkischer Fayenceteller
Im türkischen Iznik wurden einige der schönsten Krüge, Teller und Vasen der islamischen Welt hergestellt, wie dieser Teller aus dem 17. Jahrhundert mit den stilisierten Tiergestalten.

LEGENDE ZUM GRUNDRISS

- Ägyptische, antike und mesopotamische Kunst
- Orientalisch-islamische Kunst
- Fernöstliche Kunst
- Europäische Kunst (14.–17. Jh.)
- Französ. dekorative Kunst (18.Jh.)
- Europäische Kunst (18./19. Jh.)
- Lalique-Sammlung
- Keine Ausstellungsfläche

Überblick: Gulbenkian-Sammlung

Das Museum mit der einzigartigen Sammlung Calouste Gulbenkians gehört neben dem Museu de Arte Antiga *(siehe S. 56ff)* zu den schönsten Lissabons. Die Exponate, die über 4000 Jahre umspannen – von altägyptischen Statuetten über islamisches Glas bis zu Jugendstilbroschen –, werden in großen, lichtdurchfluteten Galerien präsentiert. Das Museum ist zwar klein, doch jedes einzelne Kunstwerk, von den großartigen Werken der orientalisch-islamischen Kunst bis hin zur Auswahl an europäischen Gemälden und Möbeln, ist eine Attraktion für sich.

Persische Fayencekachel, Schule von Isfahan (16. Jh.)

Ägyptische, antike und mesopotamische Kunst

Kostbarkeiten zeichnen die ägyptische Kunst vom Alten Königreich (um 2700 v. Chr.) bis zur römischen Periode (1. Jh. v. Chr.) aus, wie eine Alabasterschale aus der dritten Dynastie und ein blauer Terrakottatorso der Venus Anadyomene aus der römischen Periode.

In der Abteilung für antike Kunst sind eine griechische Vase und elf römische Medaillons herausragend. Man nimmt an, daß sie anläßlich der Spiele in Mazedonien im Jahr 242 zur Erinnerung an Alexander den Großen geprägt wurden. Das große assyrische Basrelief aus Alabaster in der mesopotamischen Abteilung stellt den geflügelten Frühlingsgenius dar, der geweihtes Wasser trägt (9. Jh. v. Chr.).

Griechische Vase (5. Jh. v. Chr.)

Orientalisch-islamische Kunst

Gulbenkian zeigte als Armenier besonderes Interesse an Kunst aus dem Nahen Osten. Die orientalisch-islamische Abteilung birgt persische und türkische Teppiche, Textilien und Keramiken. Die für Sultane und Prinzen gefertigten syrischen Moscheelampen und Flaschen aus Glas sind mit farbiger Emaille verziert. Die armenische Abteilung verfügt über erlesene Manuskripte aus dem 16. bis 18. Jahrhundert, die von armenischen Flüchtlingen in Istanbul, Persien und auf der Krim gefertigt wurden.

Französisches Elfenbeintriptychon der *Szenen aus dem Leben der Jungfrau* (14. Jh.)

Fernöstliche Kunst

Zwischen 1910 und 1930 erwarb Gulbenkian eine umfangreiche Sammlung chinesischen Porzellans. Eines der seltenen Stücke ist eine kleine blauglasierte Schale aus der Yüan-Dynastie (1279–1368). Der größte Teil der Exponate gehört jedoch zum üppig geschmückten Famille-verte- und dem K'ang-Hsi-Biskuitporzellan des 17. und 18. Jahrhunderts. Darüber hinaus gibt es in dieser Abteilung noch durchscheinende chinesische Jade und andere Halbedelsteine, japanische Drucke, Wandbehänge und Bucheinbände aus Seidenbrokat sowie Lackarbeiten.

Europäische Kunst (14.–17. Jahrhundert)

Illustrierte Manuskripte, seltene Buchausgaben und mittelalterliche Elfenbeinarbeiten zählen zu dieser Abteilung. Die kunstvoll geschnitzten Elfenbeindiptychen und -triptychen aus Frankreich stellen Szenen aus dem Leben Christi und der Jungfrau dar.

Zur Sammlung früher Kunst gehören die Gemälde *Der heilige Joseph* und *Die heilige Katharina* aus dem 15. Jahrhundert von Rogier van der Weyden. Die italienische Renaissance ist durch Cima da Coneglianos *Sacra Conversazione* und Domenico Ghirlandaios *Porträt einer jungen Frau* (1485) vertreten.

Die Sammlung enthält auch flämische und holländische Arbeiten aus dem 17. Jahrhundert, darunter zwei Gemälde Rembrandts: *Porträt eines alten Mannes* (1645), ein Meisterwerk psychologischer Durchdringung, und *Alexander der Große* (1660), das man einst für das Bildnis der griechischen Göttin Pallas Athene hielt und für das Rembrandts Sohn Titus Modell gestanden haben soll. Rubens ist mit drei Gemälden vertreten, darunter das *Porträt der Hélène Fourment* (1630), seiner zweiten Frau.

In der Galerie hinter dieser Sammlung befinden sich Wandteppiche und Textilien aus Italien und Flandern, italienische Keramiken sowie seltene Medaillons und Skulpturen (15. Jh.).

Französische dekorative Kunst (18. Jahrhundert)

Zu dieser Sammlung gehören einige außerordentlich kunstvolle Louis-XV- und Louis-XVI-Möbel. Die Exponate, von denen viele mit Lack, Ebenholz und Bronze verziert sind, wurden historisch gruppiert, einschließlich der Beauvais- und Aubusson-Tapisserien an den Wänden.

Zum französischen Tafelsilber aus der gleichen Zeit, das teilweise einst die Tische in russischen Palästen schmückte, zählen üppig dekorierte Suppenterrinen, Salzfäßchen und Servierplatten.

Louis-XV-Kommode mit Ebenholz- und Bronzeintarsien

Europäische Kunst (18./19. Jahrhundert)

Das 18. Jahrhundert ist hier hauptsächlich durch französische Maler vertreten, darunter Watteau (1684–1721), Fragonard (1732–1806) und Boucher (1703–70). Die berühmteste Skulptur ist eine Statue der Diana von Jean-Antoine Houdon. Sie wurde 1780 für den Herzog von

***Ansicht der Mole mit dem Dogenpalast* (1790) von Francesco Guardi**

Sachsen-Gotha für seinen Park gefertigt und war vom 19. bis Anfang des 20. Jahrhunderts eines der Hauptexponate in der Eremitage in St. Petersburg.

Ein Raum ist Ansichten Venedigs des venezianischen Malers Francesco Guardi aus dem 18. Jahrhundert gewidmet. Zur englischen Kunst gehören Gainsboroughs *Porträt der Mrs. Lowndes-Stone* (um 1775), Romneys *Porträt der Mrs. Constable* (1787) und zwei Bilder von J. M. W. Turner (1775–1851). Französische Landschaftmalerei des 19. Jahrhunderts ist entsprechend der Vorliebe Gulbenkians für den Naturalismus mit Werken der Schule von Barbizon, Realisten und Impressionisten vertreten. Das bekannteste Gemälde dort dürfte Manets *Junge mit Kirschen* sein, das um 1858 zu Beginn seiner Malerkarriere entstand, sowie der *Junge mit Seifenblasen* (um 1867). Renoirs *Porträt der Madame Claude Monet* entstand etwa 1872, als sich der Künstler im Landhaus Monets in Argenteuil bei Paris aufhielt.

Lalique-Sammlung

Der Rundgang endet in einem Raum, welcher mit den extravaganten Kreationen des französischen Jugendstiljuweliers René Lalique (1860–1945) angefüllt ist. Gulbenkian war mit ihm eng befreundet und erwarb von ihm viele seiner Schmuckstücke, Glas- und Elfenbeinarbeiten direkt. Die Broschen, Ketten, Vasen und Kämme, mit Halbedelsteinen und mit Blattgold oder Emaille eingelegt, sind mit Libellen, Pfauen oder sinnlichen Motiven verziert, wie sie charakteristisch für den Jugendstil sind.

Calouste Gulbenkian

Gulbenkian, 1869 in Konstantinopel geboren, begann mit seiner Sammlung im Alter von 14 Jahren, als er in einem Basar einige alte Münzen kaufte. 1928 wurden ihm, als Dank für seine Beteiligung am Kapitaltransfer der Turkish Petroleum Company, Fünf-Prozent-Anteile an vier größeren Ölgesellschaften, unter anderem BP und Shell, übereignet. Sein Vermögen erlaubte es ihm nun, sich ganz seiner Leidenschaft für Kunst zu widmen. Während des Zweiten Weltkriegs zog er sich ins neutrale Portugal zurück und vermachte sein Anwesen in Form eines Treuhandvermögens nach seinem Tod 1955 den Portugiesen. Die Stiftung unterstützt diverse kulturelle Aktivitäten und verfügt über ein Orchester, Bibliotheken, eine Ballettkompanie und Konzertsäle.

Skulptur von Henry Moore im Garten des Centro de Arte Moderna

Centro de Arte Moderna ❼

Rua Dr Nicolau de Bettencourt. **Karte** 5 B3. *21-782 30 00.* *São Sebastião.* *16, 26, 31, 46, 56.* *Mi–So 10–18 Uhr, Di 14–18 Uhr.* *Feiertage.* www.gulbenkian.pt

Das Museum für moderne Kunst jenseits des Parks des Gulbenkian-Museums gehört zur gleichen Kulturstiftung *(siehe S. 79)*. Die Ausstellung umfaßt Gemälde und Skulpturen portugiesischer Künstler vom Beginn des 20. Jahrhunderts bis heute. Das berühmteste Gemälde ist das Porträt (1964) des Dichters Fernando Pessoa im Café Irmãos Unidos von José de Almada Negreiros (1893–1970), einem Hauptvertreter der portugiesischen Moderne. Sehenswert sind auch die Bilder von Eduardo Viana (1881–1967), Amadeo de Sousa-Cardoso (1887–1910) sowie von zeitgenössischen Künstlern wie Paula Rego, Rui Sanches, Graça Morais und Teresa Magalhães.

Das helle, geräumige Museum verfügt über einen hübschen Garten und eine Cafeteria, die am Wochenende stets überfüllt ist.

Campo Pequeno ❽

Karte 5 C1. *Campo Pequeno.* *22, 45.* **Arena** *21-793 24 42.* *Ostern– Okt: für Stierkämpfe.*

Der Platz wird von dem neomaurischen Gebäude aus dem 19. Jahrhundert beherrscht. Wegen Umbauarbeiten - eine Tiefgarage und ein Vergnügungscenter sollen entstehen - ist das Gebäude bis Mitte 2003 geschloßen. Dabei wird ein großer Teil der charakteristischen Architektur erhalten. So die schlüssellochförmigen Fenster und Doppelkuppeln. Auskunft zu Stierkämpfen in anderen Arenen können Sie unter der obigen Nummer erfragen.

Maurische Fassade der Stierkampfarena auf dem Campo Pequeno

Restaurierte Dampfpumpe (19. Jh.) im Museu da Água

Museu da Água ❾

Rua do Alviela 12: *21-810 02 15.* *35, 104, 105, 107.* *Mo–Sa 10–18 Uhr.* *Feiertage.*

Das kleine, aber informative Museum zur Geschichte der Wasserversorgung Lissabons wurde geschickt um das erste Dampfkraftwerk der Stadt eingerichtet. Es erinnert an Manuel da Maia, den Ingenieur, der im 18. Jahrhundert den Bau des Aqueduto das Águas Livres *(siehe S. 84)* leitete. Die hervorragende Gestaltung des Museums brachte ihm 1990 den Museumspreis des Europäischen Rats ein.

Der ganze Stolz gehört den vier liebevoll restaurierten Dampfmaschinen, von denen eine (elektrisch) funktioniert. Fotografien zeigen die Entwicklung der Lissabonner Wasserversorgung. Besonders interessant sind die Bereiche über den Águas-Livres-Aquädukt und den Chafariz d'El Rei aus dem 17. Jahrhundert in der Alfama, einen der ersten Brunnen Lissabons, an dem sich die Einheimischen je nach sozialem Status an den Wasserspendern anstellen mußten.

Museu Nacional do Azulejo ❿

Siehe S. 82 f.

Beeindruckend: Der Gare de Oriente neben dem Parque das Nações.

Parque das Nações ⓫

Avenida Dom João. 21-891 93 33. *Oriente.* *5, 10, 19, 21, 28, 44, 50, 68, 82.* *Gare de Oriente.* *tägl. 10–20 Uhr.* **Pavilhão do Conhecimento** *21-891 71 00.* *Mo–Fr 10–18 Uhr, Sa u. So 11–19 Uhr.* **Pavilhão da Realidade Virtual** *21-891 70 02.* *Di–So 12–17.30 Uhr.*

Der Parque das Nações, in dem 1998 die Weltausstellung stattfand, wurde zu einem neuen Mittelpunkt der Stadt. Die zeitgenössische Architektur sowie die familienorientierten Attraktionen und modernen Wohnanlagen sorgten für eine Erneuerung des ehemaligen Industrieviertels. Die auffallende Dachkonstruktion des Bahnhofs »Gare de Oriente« überragt dabei alles und wurde maßgeblich für die nachfolgenden architektonischen Neuerungen. Der eindrucksvolle **Portugalpavilion** des portugiesischen Architekten Álvaro Siza Vieira wird von einem wundersam angebrachten Betondach überspannt, das einem Segel gleich über dem Vorplatz zu schweben scheint.

Familien mit Kindern, egal welchen Alters, sind im **Pavilhão do Conhecimento** richtig, einem modernes Wissenschafts- und Technologiemuseum mit interaktiven Bereichen.

Der **Pavilhão da Realidade Virtual**, in dem die neuesten Erfindungen der Unterhaltungsindustrie vorgestellt werden, spricht ältere Kinder und Erwachsene an. Aus der Seilbahn, die von einem Parkende zum anderen oder zum **Torre Vasco da Gama** - dem höchsten Gebäude der Stadt - fährt, bekommt man einen guten Überblick. Die Uferpromenade mit Blick auf den Tejo an seiner breitesten Stelle und die Vasco-da-Gama-Brücke, sollte man sich nicht entgehen lassen.

Oceanário de Lisboa ⓬

Esplanada D. Carlos 1, Parque das Nações. *21-891 70 02.* *Oriente.* *5, 10, 19, 21, 28, 44, 50, 68, 82.* *Gare de Oriente.* *Apr–Okt: tägl. 10–20 Uhr; Nov–März: tägl. 10–19 Uhr.*

Das Ozenarium, das teilweise einem Flugzeugträger gleicht, war der Mittelpunkt der EXPO 98 und ist heute die Hauptattraktion des Parque das Naçõe. Entworfen wurde das Gebäude am Ende eines Piers von dem amerikanischen Architekten Peter Chermayeff. Im zweitgrößten Aquarium der Welt kann man eine Vielzahl von Tierarten - von Vögeln über Säugetiere bis zu Fischen und anderen Unterwasserlebewesen - bestaunen.

Vier verschiedene Landschaften und Meeresgegenden bilden mit der jeweiligen Flora und Fauna das Ökosystem des Atlantischen, Pazifischen, Indischen Ozeans und des Südpolarmeers. Hauptattraktion für die meisten Besucher ist jedoch ein riesiges Wasserbecken mit überwältigend vielen Fischen in allen Größen und Farben: Hammerhaie und Rochen ebenso wie Hechte und Brassen. Beobachten kann man dies durch Fenster auf zwei Ebenen.

Museu da Cidade ⓭

Campo Grande 245. *21-759 16 17.* *Campo Grande.* *1, 3, 33, 36, 47, 50, 101.* *Di–So 10–13 u. 14–18 Uhr.* *Feiertage.*

Der Palácio Pimenta wurde angeblich von João V für seine Mätresse Paula, eine Nonne aus dem Konvent in Odivelas, Mitte des 18. Jahrhunderts erbaut. Damals befand er sich noch in einer ruhigen, ländlichen Gegend außerhalb der Hauptstadt, heute jedoch muß er sich gegen den brausenden Verkehr auf dem Campo Grande und der Ost-West-Überführung behaupten. Das Haus, seit 1979 Stadtmuseum, konnte jedoch seinen Charme bewahren. Die Exponate belegen anhand von Kacheln, Zeichnungen, Gemälden, Modellen und Dokumenten die Entwicklung der Stadt von prähistorischen Zeiten über die Römer, Westgoten und Mauren bis heute.

Indisches Spielzeug (18. Jh.), Museu da Cidade

Die faszinierendsten Exponate sind die Darstellungen der Stadt vor dem Erdbeben von 1755, wie ein detailliertes Modell aus den 50er Jahren und ein Ölgemälde von Dirk Stoop (1610–86) mit dem Titel *Terreiro do Paço*, wie die Praça do Comércio damals hieß *(siehe S. 47)*. Ein Raum ist mit Bauplänen, Drucken und Aquarellen dem Águas-Livres-Aquädukt *(siehe S. 84)* gewidmet.

Das Erdbeben wird mit Bildern gewürdigt, die die zerstörte Stadt zeigen, sowie mit verschiedenen Rekonstruktionsplänen. Das 20. Jahrhundert wird mit einem riesigen Plakat eröffnet, das die Revolution von 1910 und die Proklamation der Republik *(siehe S. 15)* veranschaulicht.

Museu Nacional do Azulejo ⑩

Pelikan auf dem manuelinischen Portal

KÖNIGIN LEONOR, Witwe des Königs João II, gründete 1509 den Convento da Madre de Deus. Die ursprünglich manuelinische Kirche wurde unter João III in schlichter Renaissancemanier renoviert. Die barocken Ausschmückungen wurden unter João V hinzugefügt. Der Kreuzgang des Konvents bildet das passende Ambiente für das Kachelmuseum. Bilder, einzelne Kacheln und Fotografien zeichnen die Entstehung der Kachelherstellung bis zum heutigen Tag nach, von der Einführung durch die Mauren bis zu Portugals eigenem Stil.

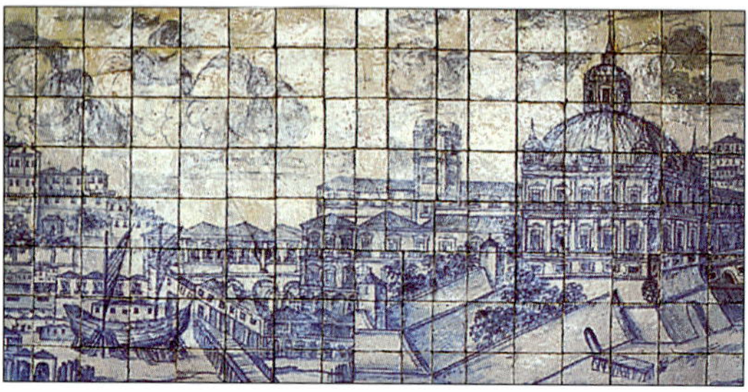

Panorama von Lissabon
Dieses Kachelbild aus dem 18. Jahrhundert im Kreuzgang zeigt Lissabon vor dem Erdbeben von 1755 (siehe S. 20 f) – *hier der königliche Palast am Terreiro do Paço.*

Jagdszene
Handwerker, nicht Künstler, stellten im 17. Jahrhundert die dekorativen Kacheln her.

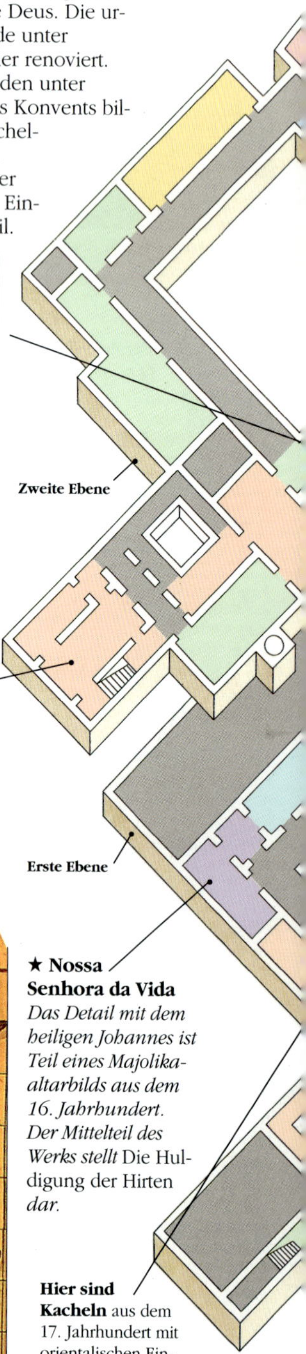

Zweite Ebene

Erste Ebene

★ Nossa Senhora da Vida
Das Detail mit dem heiligen Johannes ist Teil eines Majolikaaltarbilds aus dem 16. Jahrhundert. Der Mittelteil des Werks stellt Die Huldigung der Hirten *dar.*

Hier sind Kacheln aus dem 17. Jahrhundert mit orientalischen Einflüssen ausgestellt.

LEGENDE ZUM GRUNDRISS

- Maurische Kacheln
- Kacheln des 16. Jahrhunderts
- Kacheln des 17. Jahrhunderts
- Kacheln des 18. Jahrhunderts
- Kacheln des 19. Jahrhunderts
- Kacheln des 20. Jahrhunderts
- Räume für Sonderausstellungen
- Keine Ausstellungsfläche

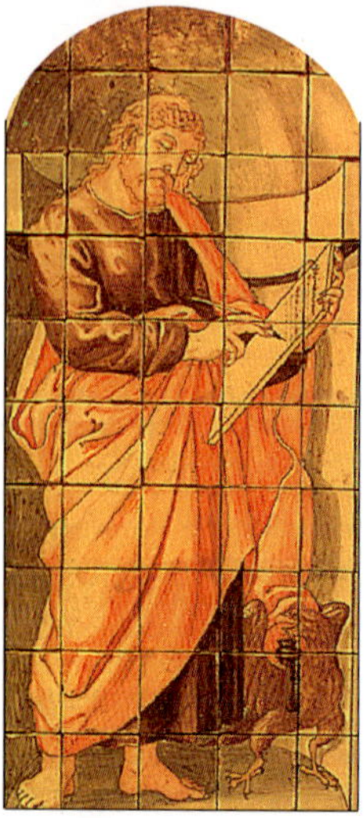

NICHT VERSÄUMEN

- ★ **Madre de Deus**
- ★ **Manuelinischer Kreuzgang**
- ★ **Nossa Senhora da Vida**

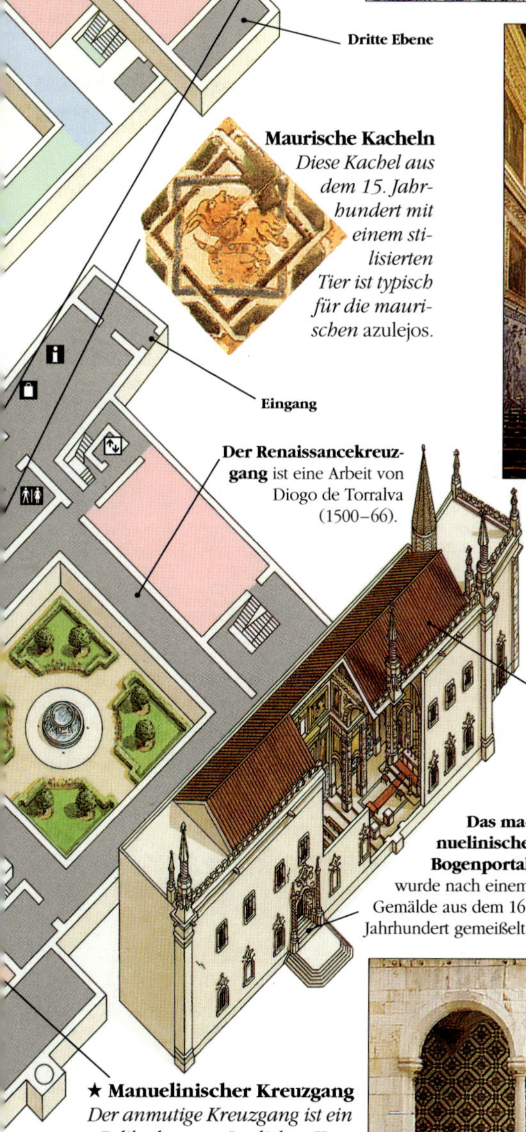

Cafeteria
Die Wände der Cafeteria sind mit Kachelbildern des 20. Jahrhunderts dekoriert, die erlegtes Wild darstellen.

Infobox

Rua da Madre de Deus 4. 21-814 77 47. 18, 42, 104, 105. Di 14–18 Uhr, Mi–So 10–18 Uhr (letzter Einlaß: 30 Min. vor Schließung). 1. Jan, Ostern, 1. Mai, 25. Dez.

Maurische Kacheln
Diese Kachel aus dem 15. Jahrhundert mit einem stilisierten Tier ist typisch für die maurischen azulejos.

★ Madre de Deus
Erst zwei Jahrhunderte nach ihrer Vollendung im 16. Jahrhundert erhielt die Kirche unter João V ihre barocke Ausschmückung. Das prachtvolle Rokokoaltarbild kam nach dem Erdbeben von 1755 hinzu.

Der Renaissancekreuzgang ist eine Arbeit von Diogo de Torralva (1500–66).

Kurzführer

Die Räume um den zentralen Kreuzgang sind chronologisch angeordnet, wobei sich die ältesten Kacheln im Erdgeschoß befinden. Zur Madre de Deus gelangt man über die zweite Ebene des Museums. Der Haupteingang der Kirche ist nur bei Gottesdiensten geöffnet.

Das manuelinische Bogenportal wurde nach einem Gemälde aus dem 16. Jahrhundert gemeißelt.

★ Manuelinischer Kreuzgang
Der anmutige Kreuzgang ist ein Relikt des ursprünglichen Konvents. Die Wände wurden im 17. Jahrhundert mit geometrischen Mustern gekachelt.

Jardim Zoológico ⓮

Estrada de Benfica 158–160. ☎ *21-723 29 10.* Ⓜ *Jardim Zoológico.* 🚌 *16, 31, 55, 58 u. andere Linien.* ◯ *tägl. 10–18 Uhr (Apr–Sep 20 Uhr).*

Die Gärten des Jardim Zoológico sind ebenso reizvoll wie der eigentliche Zoo – und die Pflanzen sehen um einiges glücklicher aus als die Tiere. Der im Jahr 1905 eröffnete Zoo wurde vor kurzem renoviert und die Lebensbedingungen für die Tiere in den meisten Käfigen und Volieren verbessert. Die absonderlichste Attraktion ist der Hundefriedhof. Reizvoll sind die Kleinbahn durch den Park, das Reptilienhaus und die Delphinshow. Das Areal ist in vier Bereiche eingeteilt, der Eintritt berechnet sich nach der Anzahl der besuchten Bereiche.

Delphinshow im Aquarium des Jardim Zoológico

Aqueduto das Águas Livres ⓯

Beste Sicht von der Calçada da Quintinha aus. ◯ *für Führungen, nur nach tel. Vereinbarung mit dem Museu da Água (nur Apr–Okt).* ☎ *21-813 55 22.* 🚌 *2, 58, 74.* **Mãe d'Água das Amoreiras**, Praça das Amoreiras. ☎ *21-325 16 46.* ◯ *Mo–Sa 10–18 Uhr.*

Das eindrucksvolle Gebilde des Aquädukts Águas Livres, der sich über das Alcântara-Tal in den Nordwesten der Stadt spannt, galt um die Wende vom 19. zum 20. Jahrhundert als die schönste Sehenswürdigkeit Lissabons. Der Bau eines Aquädukts für die Frischwasserversorgung der Stadt – die Alfama verfügte als einziger Teil über frisches Trinkwasser – bot João V die Gelegenheit, seiner Neigung für großartige Bauwerke nachzugehen. Eine Lebensmittelsteuer finanzierte das Projekt, das, obwohl erst im 19. Jahrhundert vollendet, bereits ab 1748 die Stadt mit Wasser versorgte. Die Hauptzuleitung ist 19 Kilometer lang, mit allen Nebenleitungen zusammen sind es 58 Kilometer. Am augenfälligsten sind die 35 Bogen über dem Alcântara-Tal, die sich an der höchsten Stelle 65 Meter erheben.

Der einst reizvolle Spazierweg entlang dem Aquädukt ist seit 1853 gesperrt, was zum Teil dem berüchtigten Räuber Diogo Alves zu verdanken ist, der seine Opfer über die Brüstung zu werfen pflegte. Heute kann man immerhin eine informative Führung auf den Alcântara-Bogen unternehmen. Gelegentlich werden auch Touren zum Reservoir der Mãe-d'Água-Quellen angeboten, die den Aquädukt speisen. Auskünfte über diese Touren gibt das Museu da Água *(siehe S. 80)*.

Die **Mãe d'Água das Amoreiras** am Ende des Aquädukts ist ein burgähnliches Gebäude, das ursprünglich als Wasserreservoir diente. Entworfen wurde es 1745 vom ungarischen Architekten Carlos Mardel, der unter Pombal *(siehe S. 20f)* am Wiederaufbau der Baixa arbeitete. Nach der Fertigstellung im Jahr 1834 wurde es zu einem beliebten Ausflugsziel mit dem Ruf, ein Liebesnest für Könige und ihre Mätressen zu sein. Heute dient es als Raum für Kunstausstellungen, Modenschauen und andere Veranstaltungen. Vom Dach aus bietet sich ein herrlicher Ausblick.

Die beeindruckenden Bogen des Aqueduto das Águas Livres über dem Alcântara-Tal

Palácio Fronteira ⑯

Largo de São Domingos de Benfica 1. *21-778 20 23.* *Jardim Zoológico.* *72.* *Benfica.* *Mo–Sa.* *tägl. 10.30, 11, 11.30, 12 Uhr (Juni–Sep), 11, 12 Uhr (Okt–Mai).* *Feiertage.*

Der entzückende Landsitz wurde 1640 als Jagdschloß für den ersten Marquês de Fronteira, João de Mascarenhas, erbaut. Trotz der Wolkenkratzer in der Ferne konnte er am Rand des Parque Florestal de Monsanto seinen ländlichen Charme bewahren. Haus und Garten sind mit großartigen *azulejos* ausgeschmückt, deren Darstellungen von Schlachtenszenen bis zu trompetenden Affen reichen.

Gekachelte Nische im Garten des Palácio de Fronteira

Der zwölfte Marquês lebt dort zwar immer noch, doch sind einige Räume und der Park der Öffentlichkeit zugänglich. Im Schlachtensaal stellen lebhafte Kachelbilder Szenen aus dem Unabhängigkeitskrieg (1640–68) dar. Eines davon zeigt João de Fronteira im Kampf gegen einen spanischen General. Seine Treue zu Pedro II brachte ihm den Titel »Marquês« ein. Interessant ist ein Vergleich zwischen den naiven portugiesischen Kacheln des 17. Jahrhunderts und den Delfter Kacheln mit naturalistischen Szenen aus der gleichen Zeit im Speisesaal, der auch mit Fresken und Porträts des portugiesischen Adels von Künstlern wie Domingos António de Sequeira (1768–1837) dekoriert ist.

Büste von João I im Park des Palácio Fronteira

Der älteste Teil des Hauses ist die Kapelle aus dem 16. Jahrhundert, deren Fassade mit Halbedelsteinen, Muscheln, Glas- und Porzellanbruch versehen ist. Es heißt, daß es sich bei den Scherben um das Geschirr handele, das anläßlich der Einweihung des Palastes zerschmettert wurde, damit niemand anderer davon speisen könne. Die Kachelbilder in den Nischen im **Garten** stellen Gestalten der Kunst und mythologische Geschöpfe dar. Die Buchsbaumhecken im italienischen Garten sind in Form der jeweiligen Jahreszeit gestutzt.

Ein großer künstlicher Teich reflektiert das Kachelbild kühner Ritter, die die Vorfahren der Fronteira-Familie darstellen. An beiden Seiten des Gewässers führt eine Treppe zur oberhalb gelegenen Terrasse, in deren Arkadennischen Büsten der portugiesischen Könige und farbenprächtige Majolikareliefs eingearbeitet wurden. An der Begrenzungsmauer des Gartens befinden sich weitere blau-weiße realistische und allegorische Kachelbilder.

Eingang zum Theatermuseum im Parque do Monteiro-Mor

Parque do Monteiro-Mor ⑰

Largo Júlio Castilho. *21-759 03 18.* *Campo Grande.* *1, 3, 4, 7, 36, 101, 108.* **Park** *Di–So 10–18 Uhr.* *1. Jan, Ostern, 1. Mai, 25. Dez.* **Museu Nacional do Traje** *Di–So 10–18 Uhr.* **Museu Nacional do Teatro** *21-756 74 10* *Mi–So 10–18 Uhr, Di 14–18 Uhr.* *kombinierter Eintritt für Park und Museen.*

Der Park wurde 1975 an den Staat verkauft, und die Schloßgebäude aus dem 18. Jahrhundert wurden anschließend in Museen umgewandelt. Wegen der Entfernung vom Stadtzentrum finden nur wenige Touristen dorthin, doch die hübschen Gärten sind weitaus romantischer als die typischen gestutzten Parks Lissabons. Der größte Teil besteht aus Wäldern, nur das Areal um die Museen ist mit blühenden Büschen, Ententeichen und tropischen Bäumen kultiviert.

Das etwas altmodische **Museu Nacional do Traje** präsentiert die Trachten von Musikern, Politikern, Dichtern, Aristokraten und Soldaten.

Das **Museu Nacional do Teatro** ist in zwei Gebäuden untergebracht, eines für Sonderausstellungen, das andere für eine ständige Sammlung mit Fotografien, Plakaten und Karikaturen zu portugiesischen Schauspielern des 20. Jahrhunderts. Eine Abteilung ist der Fado-Sängerin Amália Rodrigues *(siehe S. 142f)* gewidmet.

Blick über die Dächer von Sintra auf das Rathaus ▷

Umgebung von Lissabon

TRES

UMGEBUNG VON LISSABON

DIE FELSIGE ATLANTIKKÜSTE, *die bewaldeteten Hänge von Sintra oder die Villen und Paläste auf dem Land sind nur eine Autostunde von Lissabon entfernt. Südlich der Stadt erstrecken sich Sandstrände und Fischerstädtchen sowie die Lagunen an der Mündung des Tejo und des Sado.*

Händler und Eroberer, von den Phöniziern bis zu den Spaniern, haben hier ihre Spuren hinterlassen, insbesondere die Mauren, deren Burgen, im Lauf der Zeit mehrfach umgebaut, überall an der Küste zu entdecken sind. Die portugiesischen Könige und Adligen errichteten, nachdem Lissabon 1256 Hauptstadt geworden war, ihre Sommerpaläste vorzugsweise in der kühlen Serra de Sintra.

Das weniger noble Südufer des Tejo (Outra Banda) konnte bis zum Bau der Brücke 1966 nur mit der Fähre erreicht werden. Heute sind die Sandstrände der Costa da Caparica, das Fischerstädtchen Sesimbra und selbst die Halbinsel Tróia während der Sommermonate beliebte Ferienziele. Glücklicherweise stehen weite Küstengebiete und viel unberührte Landschaft unter Naturschutz.

Ungeachtet der rasanten Urbanisierung der Region gedeihen die kleinen Fischer- oder Agrargemeinden noch immer. Die Fischmärkte bieten eine breite Palette an frischem Fisch und Meeresfrüchten, Palmela und das Gebiet um den Sado werden für ihren Wein gerühmt, Schafe, aus deren Milch der Azeitão-Käse hergestellt wird, durchstreifen die Serra da Arrábida, und an der Mündung des Sado wird Reis angebaut. Auch traditionelles Gewerbe, wie Salzgewinnung bei Alcochete oder Marmorbruch in Pero Pinheiro, wird noch betrieben.

Das Meer ist besonders an der Westküste kalt und rauh, doch die Strände gehören zu den saubersten Europas. Die Region bietet neben Surfen, Fischen und Tauchen auch hervorragende Golfplätze, Reitmöglichkeiten und eine Autorennstrecke. Kunst und Unterhaltung reichen von Musik- und Filmfestivals bis zu Stierkämpfen und Jahrmärkten mit lokalem Kunsthandwerk.

Kachelfassaden in Alcochete, einer hübschen Stadt im Mündungsgebiet des Tejo

◁ **Leuchtend bunte Fischerboote im Hafen von Sesimbra**

Überblick: Umgebung von Lissabon

Die hübsche Stadt Sintra nordwestlich von Lissabon mit ihren historischen Palästen ist von bewaldeten Hügeln umgeben, die manchmal von dickem Nebel eingehüllt sind. Das kosmopolitische Cascais und das alte Fischerstädtchen Ericeira sind hervorragende Standorte, um die felsige Küste zu erkunden. Die Serra da Arrábida und die zerklüftete Küste um Cabo Espichel im Süden können vom kleinen Hafen Sesimbra aus besucht werden. Die Naturreservate in den Mündungsgebieten von Tejo und Sado bilden Oasen der Ruhe.

Sehenswürdigkeiten auf einen Blick

Alcácer do Sal 18
Alcochete 10
Cabo Espichel 12
Cascais 7
Colares 3
Costa da Caparica 11
Ericeira 2
Estoril 8
LISSABON S. 26ff
Monserrate 5
Palácio de Mafra 1
Palácio de Queluz s. S. 104f 9
Palmela 14
Península de Tróia 17
Serra da Arrábida 15
Sesimbra 13
Setúbal 16
Sintra Seite 96ff 6

Rundfahrten

Serra de Sintra 4

Das Cabo da Roca am westlichen Rand der Serra de Sintra

Legende

- Autobahn
- Hauptstraße
- Nebenstraße
- Panoramastraße
- Fluß
- Fährverbindung
- Aussichtspunkt

Der Convento da Arrábida in der Serra da Arrábida

UNTERWEGS

Von Lissabon kommt man über die Autobahn rasch nach Sintra, Estoril, Palmela und Setúbal. Hauptverkehrsstraßen sind gut ausgeschildert, doch ist besonders an Wochenenden und Feiertagen mit dichtem Verkehr zu rechnen. Auf Nebenstraßen ist auf Schlaglöcher zu achten. Vom Bahnhof Cais do Sodré in Lissabon fahren regelmäßig Züge nach Estoril und Cascais und vom Rossio-Bahnhof nach Queluz und Sintra. Züge nach Setúbal und über Alcácer do Sal gen Süden fahren von Barreiro am Südufer des Tejo ab. Die Busverbindungen in der Region sind gut. Die meisten Busse fahren von der Praça de Espanha in Lissabon ab.

Fischerboote im Hafen von Sesimbra

SIEHE AUCH

- *Übernachten* S. 118f
- *Restaurants* S. 132f

Die überwältigende Bibliothek mit Marmorfußboden im Palácio de Mafra

Palácio de Mafra ❶

Terreiro de Dom João V, Mafra.
261-81 75 50. von Lissabon.
Mi–Mo 10–16.30 Uhr. 1. Jan, Ostern, 1. Mai, 25. Dez.
Sonntag vormittag frei obligatorisch.

DER GEWALTIGE barocke Klosterpalast, der die kleine Stadt Mafra überragt, wurde unter Portugals verschwenderischstem Monarchen, João V, erbaut. Er schwor dereinst, ein Kloster und eine Basilika zu bauen, angeblich als Dank für die Geburt eines Erben, aber vermutlich eher, um seine allbekannten sexuellen Eskapaden zu büßen. 1717 begannen die Arbeiten an einem bescheidenen Haus für 13 Franziskanermönche. Doch als sich die Schatztruhen mit den Reichtümern Brasiliens füllten, planten der König und sein Architekt Johann Friedrich Ludwig (1670–1752) Größeres. Keine Kosten wurden gescheut: 52 000 Menschen arbeiteten an dem Bau, und als er fertiggestellt war, bot er nicht 13, sondern 330 Mönchen Platz. Er wurde zum königlichen Palast mit einer der schönsten Bibliotheken Europas, die mit kostbarem Marmor, Tropenhölzern und unzähligen Kunstwerken ausgestattet war. Die Basilika wurde am 22. Oktober 1730, dem 41. Geburtstag des Königs, mit einem achttägigen Fest geweiht.

Die königliche Familie mochte den Palast nicht besonders, außer jenen, die gern in der angrenzenden *tapada* (Jagdrevier) Rotwild und Wildschweine jagten. Die schönsten Möbel und Kunstwerke nahm die königliche Familie auf ihrer Flucht vor der französischen Invasion 1807 mit nach Brasilien. 1834 wurde das Kloster nach Auflösung der Orden aufgegeben, 1910 auch der Palast, als der letzte portugiesische König Manuel I von dort zur königlichen Jacht floh, die vor Ericeira ankerte.

Schlafgemach des Königs im Palácio de Mafra

Mindestens eine Stunde dauert der Rundgang, der im Kloster beginnt und die Apotheke mit alten Medizingefäßen und einigen beängstigenden Instrumenten einschließt sowie das Krankenhaus, in dem 16 Patienten in Einzelzimmern der Messe in der angrenzenden Kapelle beiwohnen konnten, ohne ihre Betten zu verlassen.

Die prachtvollen Staatsgemächer im Obergeschoß nehmen die gesamte Westfassade ein, am einen Ende die Räume des Königs und am anderen, 232 Meter entfernt, die der Königin. In der Mitte wird die Fassade von den beiden Türmen der Basilika aufgelockert. Der Innenraum der Kirche ist mit verschiedenfarbigem Marmor ausgestattet und hat sechs Orgeln aus dem frühen 19. Jahrhundert. Die barocken Skulpturen im Atrium der Basilika stammen aus der Bildhauerschule von Mafra, die José I 1754 gründete und in der unter der Leitung des italienischen Bildhauers Alessandro Giusti (1715–99) viele namhafte Künstler ausgebildet wurden. Die Sala da Caça birgt eine Sammlung grotesker Jagdtrophäen.

Statue des hl. Bruno im Atrium der Basilika in Mafra

Prunkstück des Palastes ist jedoch die großartige Bibliothek mit dem gemusterten Marmorboden, Bücherschränken im Rokokostil und 40 000 Büchern in goldgeprägten Ledereinbänden, darunter eine Erstausgabe von *Os Lusíadas* (1572) des großen portugiesischen Dichters Luís de Camões (1524–80).

UMGEBUNG: Jeden Donnerstag morgen findet im Städtchen **Malveira**, zehn Kilometer östlich von Mafra, der größte Markt der Region statt, mit Kleidern, Haushaltswaren und Lebensmitteln.

Im Dorf **Sobreiro**, sechs Kilometer westlich von Mafra, befindet sich das Modelldorf Zé Francos mit detailgetreuen Häusern, Bauernhöfen, Wasserfall und Windmühle.

Ein Traktor zieht in Ericeira ein Fischerboot an Land

Ericeira 2

4500. Rua Mendes Leal (261-86 31 22). Apr–Okt tägl.

ERICEIRA KONNTE trotz der zahlreichen Touristen von nah und fern sein traditionelles Dorfleben bewahren. Hier schätzt man vor allem das erfrischende Klima, die sauberen Sandstrände und die frischen Meeresfrüchte.

Im Sommer, wenn die Bevölkerungszahl manchmal bis auf 30 000 steigt, geht es in den Straßencafés, Restaurants und Bars bis spät in die Nacht hoch her. Wenn die rote Flagge wegen Gefahr das Baden im Meer verbietet, stellen ein Minigolfplatz im Santa-Marta-Park oder das **Museu da Ericeira** mit seinen Modellschiffen und traditionellen Fischerutensilien reizvolle Alternativen dar.

Das ursprüngliche Städtchen mit seinem Gassengewirr und den weißen Häusern thront auf einer Klippe bis zu 30 Meter über dem Atlantik. Vom höchsten Punkt, dem Largo das Ribas, kann man den geschäftigen Hafen, in dem Traktoren statt Ochsen die Boote aus dem Wasser ziehen, aus der Vogelperspektive betrachten. Am 16. August findet das Fischerfest mit einer Lichterprozession zum Hafen statt; dort werden die Boote gesegnet.

Von Ericeira aus ging am 5. Oktober 1910 der letzte König von Portugal, Manuel I, ins Exil, als in Lissabon die Republik ausgerufen wurde. Ein Kachelbild in der Kapelle Santo António oberhalb des Hafens erinnert an dieses Ereignis. Der König ließ sich in England nieder, wo er im Jahre 1932 starb.

Museu da Ericeira

Largo da Misericórdia.
261-864 079. Juni–Sep Di–So; Okt–Mai Mo–Sa (nur nachm.). 1. Jan, 25. Dez.

Colares 3

6500. Praça da República 23, Sintra (219-231 157)

DAS HÜBSCHE DORF mit seinen Kiefern und Kastanien an den Ausläufern der Serra de Sintra blickt Richtung Meer über ein grünes Tal, die Várzea de Colares. In geringen Mengen wird dort noch der berühmte Colares produziert. Mittlerweile fehlt den Trauben aber der typische Charakter und der reife Geschmack des klassischen Colares. Auch sehen sich die Winzer durch sinkende Einnahmen in ihrer Existenz bedroht. Die alten Rebstöcke wachsen auf Sand, wurzeln jedoch tief im Lehmboden. Sie gehören zu den wenigen Rebstöcken in Europa, die die Reblausplage überstanden haben, die Ende des 19. Jahrhunderts durch die ersten Rebstockimporte aus Amerika eingeführt wurde. Das Insekt, das die zarten Wurzeln anfrißt und dadurch ganze Weinkulturen in Europa zerstört hatte, konnte den dichten Sandboden nicht durchdringen. Der Wein kann in der Adega Regional de Colares in der Alameda de Coronel Linhares de Lima verkostet werden.

UMGEBUNG: Westlich von Colares gibt es einige Badeorte. Von Bazão aus kann man die drei Kilometer zur **Praia das Maçãs** mit der alten Straßenbahn aus dem Jahr 1910 fahren, die vom 1. Juli bis 30. September betrieben wird. Nördlich der Praia das Maçãs klammert sich das malerische Dorf **Azenhas do Mar** an die Klippen. Im Süden befindet sich der größere Badeort **Praia Grande**. Beide verfügen über natürliche, in die Felsen gehauene Becken, die sich bei Flut mit Meerwasser füllen, mittlerweile aber für Schwimmer gesperrt sind. An der unberührten **Praia da Adraga**, ein Kilometer weiter südlich, lockt ein entzückendes Strandcafé und -restaurant. Abends und außerhalb der Saison fangen Fischer Barsche, Brassen und Plattfische, die mit der Flut in die Becken schwimmen.

Gezeitenbecken in Azenhas do Mar bei Colares

Serra de Sintra ❹

Gekachelte Engel, Peninha-Kapelle

DIE RUNDFAHRT VON SINTRA aus ist eine reizvolle Tour über die Anhöhen des Gebirges. Der erste Teil geht über eine schmale, steile und manchmal nur schlecht asphaltierte Straße mit gefährlichen Haarnadelkurven, dann durch einen dichten Wald und eine surreale Landschaft mit riesigen, moosbewachsenen Felsbrokken sowie mit atemberaubenden Ausblicken auf die Atlantikküste und die Tejo-Mündung. Die Strecke führt nach der Talfahrt zur zerklüfteten Küste auf kleinen Landstraßen zurück durch Bergdörfer und an großen Landsitzen an den kühlen, grünen Nordhängen der Serra de Sintra vorbei.

Blick von Peninha auf die Atlantikküste

Colares ⑥
Das Dorf Colares an den Ausläufern der Serra de Sintra ist von Gärten und Weinbergen umgeben *(siehe S. 93)*.

Peninha ④
Der 490 Meter hohe Gipfel bietet überwältigende Ausblicke Richtung Küste. Die Kapelle (17. Jh.) mit ihren Kachelbildern thront hoch auf dem grauen Felsen.

0 Kilometer

Cabo da Roca ⑤
Der Leuchtturm auf der Spitze der 140 Meter hohen Klippe markiert den westlichsten Punkt des europäischen Festlands.

LEGENDE

- Routenverlauf
- Andere Straße
- Aussichtspunkt

eteais ⑧
er elegante, rosafarbene Pa-
ast, heute ein Luxushotel *(siehe
. 113 u. 119)*, wurde im 18.
ahrhundert für einen holländi-
chen Konsul erbaut.

Routeninfo

Streckenlänge: *36 Kilometer*
Rastplätze: *Es gibt entlang der Bergstraßen herrliche Picknickplätze in den Wäldern und im Parque da Pena samt Trinkwasserbrunnen und Quellen. In Cabo da Roca befinden sich ein Café, ein Restaurant und ein Souvenirladen. In Colares gibt es mehrere gute Restaurants und Bars* (siehe auch S. 162).

Monserrate ⑦
Der kühle Waldpark und das reizvolle Schloß (19. Jh.) repräsentieren die Romantik Sintras.

Sintra ①
Die Straße schlängelt sich vom Zentrum der alten Stadt steil bergauf entlang großartiger *quintas* (Landsitze) hinter dichten Bäumen.

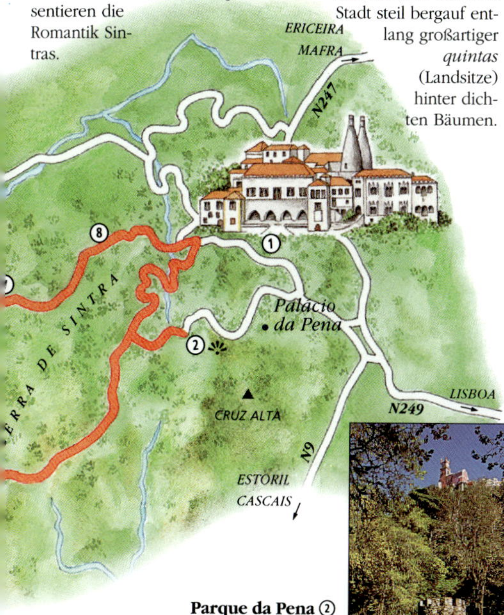

Parque da Pena ②
Den riesigen Park kann man zu Fuß erkunden *(siehe S. 97)*. Bis zur Cruz Alta, dem höchsten Punkt der Serra de Sintra, kann man auch mit dem Auto fahren.

Convento dos Capuchos ③
Zwei große Felsbrocken bewachen den Eingang zu diesem abgelegenen Franziskanerkloster aus dem Jahr 1560, in dem die Mönche in winzigen, mit Kork ausgeschlagenen Felszellen hausten. Vom Hügel oberhalb dieses Zufluchtsorts hat man einen großartigen Ausblick.

Das Schloß von Monserrate

Monserrate ❺

Estrada de Monserrate.
☎ *21-923 73 00.* 🚌 *nach Sintra, dann Taxi.* ◯ *Apr–Okt tägl. 9–19 Uhr, Nov–März 9–18 Uhr.* 🎫 ⓦ
www.parguesdesintra.pt

Der wildromantische Park dieses einst prachtvollen Landsitzes ist ein Dschungel aus subtropischen Bäumen und Blütenstauden, in dem sich ein Wasserfall, ein kleiner See und die Ruine einer vom Wurzelwerk eines riesigen Ficus umwucherten Kapelle verbergen. Die Geschichte der Kapelle geht bis auf die Mauren zurück, doch ihren Namen erhielt sie von einer kleinen Kapelle aus dem 16. Jahrhundert, die Unserer Lieben Frau von Montserrat in Katalonien geweiht war. Der Park wurde Ende des 18. Jahrhunderts von einem reichen Engländer gestaltet, dem exzentrischen William Beckford. Lord Byron machte ihn in seinem Gedicht *Ritter Harolds Pilgerfahrt* (1818) unsterblich.

1856 kaufte ein anderer Engländer, Sir Francis Cook, das Grundstück, auf dem er das maurisch inspirierte, heute völlig verlassene Schloß baute, und gestaltete den Garten mit einem säuberlichen Rasen, Kamelien und subtropischen Bäumen aus aller Welt um. Darunter befinden sich Metrosiderosse, einheimische Erdbeerbäume, aus denen der Schnaps Medronho gebrannt wird, sowie Korkeichen, an deren Borke kleine Farne gedeihen.

Die Organisation »Freunde von Montserrate« wurde gegründet, um dem vernachlässigten Haus und dem Park wieder zu ihrem einstigen Glanz zu verhelfen.

Sintra 6

SINTRA WURDE WEGEN der großartigen Lage an den Nordhängen der felsigen Serra de Sintra, umgeben von waldigen Schluchten, zu einer bevorzugten Sommerresidenz der portugiesischen Könige. Die hohen Schornsteine des Palácio Nacional de Sintra *(siehe S. 98f)* und der phantastische Palácio da Pena *(siehe S. 100f)*, der auf seinem Hügel aus dem Nebel ragt, wenn die Berge wie so oft darin eingehüllt sind, bilden unverkennbare Landmarken.

Heute zieht die Stadt, die seit 1995 zum Weltkulturerbe der UNESCO gehört, das ganze Jahr über Tausende Besucher an.

Fonte Mourisca (Volta do Duche)

Überblick: Sintra

Das moderne Sintra besteht aus Sintra Vila, Estefânia und São Pedro, die durch ein Straßengewirr miteinander verbunden sind, das sich über die umgebenden Hügel zieht. In der Altstadt, Sintra Vila, um den **Palácio Nacional de Sintra** befinden sich in den hübschen Pflasterstraßen die Museen und das wunderschön gekachelte **Postamt**. Die kurvige **Volta do Duche** führt von der Altstadt Richtung Norden durch den üppigen **Parque da Liberdade** nach Estefânia mit der neogotischen **Câmara Municipal** (Rathaus). Richtung Süden und Osten erstreckt sich auf den Hügeln der Serra de Sintra São Pedro. Jeden zweiten Sonntag findet dort ein **Markt** statt, der sich über den großen Marktplatz hinaus bis in die Rua 1 de Dezembro ausdehnt.

Ein Stadtrundgang zu Fuß ist wegen der vielen Hügel ziemlich anstrengend, einfacher ist eine Kutschenrundfahrt. Vom **Miradouro da Vigia** in São Pedro hat man eine eindrucksvolle Aussicht, ebenso wie vom Café **Casa de Sapa**, in dem es die köstlichen *queijadas* *(siehe S. 135)* gibt.

Die vielen Brunnen, die die Stadt umgeben, sind werden von den Einheimischen als Trinkwasserquelle genutzt. Die zwei interessantesten sind die **Fonte Mourisca**, so genannt wegen ihrer maurischen Verzierung und dem geometrischen Kachelmuster, und die **Fonte da Sabuga**, bei der das Wasser aus zwei Brüsten sprudelt.

Die Schornsteine des Palácio Nacional de Sintra überragen die Altstadt

Museu do Brinquedo

Rua Visconde de Monserrate. 21-924 21 71. Di–So

Das kleine Museum ist mit Spielzeug aus aller Welt angefüllt, wie Modellflugzeuge, -autos und -züge, Spielzeugsoldaten, Puppen und Puppenhäuser sowie außergewöhnliches mechanisches Spielzeug. Besonders für Nostalgiker ist das Museum eine helle Freude.

Alfa-Romeo-Modell, Museu do Brinquedo

Museu de Arte Moderna

Avenida Heliodoro Salgado. 21-924 81 70. Di-So.

Die Sammlung des Unternehmers Joe Berardo gilt als eine der besten Privatsammlungen von Kunst aus dem 20. Jahrhundert und beeinhaltet große Namen wie René Magritte, Jackson Pollock, Francis Bacon und Andy Warhol. Das Museum am Nordende Sintras stellt mustergültig Kunstrichtungen und Stile, vor allem aus der Nachkriegszeit, dar.

Quinta da Regaleira

Rua Barbosa du Bocage. 21-910 66 50. tägl. obligatorisch; tel. vorbestellen.

Der manuelinische Palast aus dem späten 19. Jahrhundert und sein weitläufigen Park quellen über vor historischen und religiösen Anspielungen, geheimnissvollen Symbolen und Rätselhaftem. Der Besitz des exzentrischen Millionärs António Augusto Carvalho Monteiro ist ein Muß für diejenigen, die sich für Freimaurerei, Alchemie und Esoterik interessieren.

Castelo dos Mouros

Estrada da Pena. 21-923 73 00.
tägl. 1. Jan, 25. Dez.

Wie ein Schutzwall oberhalb der Altstadt schlängelt sich die Brustwehr des maurischen Kastells aus dem 8. Jahrhundert, von Afonso Henriques 1147 erobert, über die Höhen der Serra de Sintra. An klaren Tagen hat man von den Mauern einen großartigen Blick über die Altstadt auf den Palácio da Pena und bis zur Küste. Innerhalb der Mauern befinden sich die Ruinen einer Kapelle und eine maurische Zisterne. Von der Kirche **Santa Maria** aus dem 12. Jahrhundert führt ein steiler Fußweg hinauf. Schilder weisen auf ein grünes Tor hin, wo der Fußweg beginnt. Das Monogramm »DFII« auf der Einfahrt erinnert an Fernando II *(siehe S. 101)*, der die Mauer im 19. Jahrhundert restaurieren ließ.

Burgwall des Castelo dos Mouros auf dem Kamm der Serra de Sintra

INFOBOX

23,000. Avenida Dr Miguel Bombarda. Praça da República 23 (21-923 11 57). 2. u. 4. So des Monats in São Pedro. Festival de Música (Juni–Juli).

Parque da Pena

Estrada da Pena. 21-923 73 00.
tägl. 1. Jan, 25. Dez.

Der Palácio da Pena ist von einem Park umgeben, in dem exotische Bäume und Sträucher gedeihen. Hinter der üppigen Vegetation verstecken sich Aussichtspavillons, Brunnen und ein romantisches Landhaus, das Fernando II 1869 für seine Mätresse bauen ließ. Die Cruz Alta, mit 530 Meter der höchste Punkt der Serra de Sintra, bietet spektakuläre Aussichten. Auf einer Felsenspitze steht die Statue des Barons von Eschwege, des Architekten von Schloß und Park.

Palácio Nacional de Sintra

Schwanenpaneel, Sala dos Cisnes

Mitten in der Altstadt von Sintra (Sintra Vila) ragen zwei merkwürdige, konische Schornsteine aus dem Palast. Der Hauptteil des Palastes, einschließlich des Baus mit der gotischen Fassade und den Küchenräumen unter den Schornsteinen, wurde Ende des 14. Jahrhunderts von João I erbaut. Der Paço Real, wie er auch genannt wird, wurde zur bevorzugten Sommerresidenz des Hofes und blieb es bis Ende des 19. Jahrhunderts. Die Anbauten im maurischen Stil entstanden im 16. Jahrhundert unter Manuel I. Die baulichen Veränderungen im Lauf der Zeit haben zu einer reizvollen Mischung unterschiedlicher Stile geführt.

★ Sala das Pegas
Es heißt, König João I habe die Deckenbilder als Rüge für die Hofdamen malen lassen, weil sie sich wie schnatternde Elstern (pegas) *dem Klatsch widmeten.*

Taubenschläge sind unter dem mit Armillarsphären und Schiffstauen verzierten Gesims der Torre da Meca untergebracht.

In der Sala das Galés werden wechselnde Ausstellungen gezeigt.

Jardim da Preta

Sala de Dom Sebastião, der Audienzraum

★ Sala dos Brasões
Die Kuppeldecke des majestätischen Raums ist mit den Wappen (brasões) *von 74 portugiesischen Adelsfamilien geschmückt. Die Wände zieren Kachelbilder nach Delfter Art aus dem 18. Jahrhundert.*

Zeitskala

8. Jahrhundert Erster Palastbau durch die Mauren

10. Jahrhundert Der Palast wird Residenz des maurischen Herrschers

1147 Afonso Henriques erobert den Palast

1281 König Dinis befiehlt die Restaurierung des Palácio de Oliva, wie er damals hieß

1385 João I befiehlt den kompletten Umbau des Haupt- und des Küchentrakts

1495–1521 Manuel I: größere Umbauten und manuelinische Erweiterungen

1683 Afonso VI stirbt hier nach 9jähriger Gefangenschaft durch Pedro II

1755 Das Erdbeben *(siehe S. 20f)* zerstört Teile des Palastes

um 1880 Maria Pia (Großmutter Manuels II) bewohnt den Palast

1910 Der Palast wird zu einem Nationaldenkmal

800 | 1000 | 1200 | 1400 | 1600 | 1800

Sirene, Sala das Sereias (um 1660)

★ Sala dos Cisnes
Die Decke des einstigen Bankettsaals besteht aus achteckigen, mit Schwänen (cisnes) geschmückten Holzpaneelen aus dem 17. Jahrhundert.

Die Sala dos Árabes ist mit *azulejos* ausgestattet.

Sala das Sereias
Verschlungene Arabesken auf Kacheln aus dem 16. Jahrhundert umrahmen die Tür zum Sirenensaal.

Im Küchentrakt unterhalb der riesigen Schornsteine hängen noch Bratspieße und Küchengeräte.

Eingang

Sala dos Archeiros, Eingangshalle

Manuel I ließ die *ajimece*-Fenster nach maurischem Vorbild einfügen, deren zwei Bogen von einer schlanken Säule geteilt werden.

Kapelle
Symmetrische maurische Muster zieren die Walnuß-und-Eichen-Decke aus dem 14. Jahrhundert und den Mosaikboden der Privatkapelle.

INFOBOX

Largo Rainha Dona Amélia.
21-910 68 40. Do–Di 10–17.30 Uhr (letzter Einlaß 30 Min. vor Schließung). 1. Jan, Ostern, 1. Mai, 29. Jun, 25. Dez.
(So 10–13 Uhr frei).

NICHT VERSÄUMEN

- ★ Sala dos Brasões
- ★ Sala dos Cisnes
- ★ Sala das Pegas

Sintra: Palácio da Pena

Tritontor

Hoch oben in der Serra de Sintra wurde im 19. Jahrhundert der eklektische Palácio da Pena für den Gatten der jungen Königin Maria II, Ferdinand von Sachsen-Coburg-Gotha, gebaut, und zwar auf den Ruinen eines Hieronymitenklosters, das dort im 15. Jahrhundert an der Stelle der Kapelle Nossa Senhora da Pena gegründet wurde. Ferdinand engagierte für den Bau seines Sommerhauses, das voller Kuriositäten aus aller Welt ist, den deutschen Architekten Baron von Eschwege. Nach der Ausrufung der Republik 1910 wurde der Palast zum Museum, das so erhalten blieb, als würde die königliche Familie dort noch leben. Für eine Besichtigung sollte man mindestens eine Stunde einplanen.

Eingangstor
Ein mit Zinnen überladener Bogengang heißt den Besucher am Eingang willkommen. Die Palastgebäude sind in Narzissengelb und Erdbeerrot gestrichen.

Schlafgemach Manuels II
Das ovale Zimmer ist mit leuchtend roten Tapeten und einer Stuckdecke dekoriert. Über dem Kamin hängt ein Porträt des letzten Königs von Portugal.

In der Küche hängen noch die Kupferkessel über dem Eisenherd. Das Speiseservice ist mit dem Wappen Fernandos II geschmückt.

★ Ballsaal
Der geräumige Ballsaal ist prachtvoll mit deutschem Buntglas, wertvollem Porzellan und vier lebensgroßen Fackelträgern mit riesigen Kandelabern ausstaffiert.

★ Arabisches Zimmer
Wände und Decke des hübschesten Zimmers im Palast sind mit wunderbaren Trompe-l'œil-Fresken bemalt. Der Romantizismus war stark vom Orient beeinflußt.

INFOBOX

Estrada da Pena, 5 km S von Sintra. ☎ *21-910 53 40.* 🚌 *von der Avenida Dr. Miguel Bombarda, Sintra.* ○ *Di–So 10–17 Uhr (im Sommer 18 Uhr) (letzter Einlaß 30 Min. vor Schließung).* ● *1. Jan, Ostern, 1. Mai, 29. Jun, 25. Dez.* *(außer So 10–13 Uhr)*

★ Altarbild der Kapelle
Das Retabel aus Alabaster und Marmor wurde im 16. Jahrhundert von Nicolau Chanterène geschaffen. Jede Nische stellt eine Szene aus dem Leben Christi dar.

Das Tritontor ist mit neomanuelinischer Dekoration überladen und wird von einem Seeungeheuer bewacht.

Der Kreuzgang mit den farbenprächtigen Kacheln ist Teil des ursprünglichen Klosters.

Eingang

NICHT VERSÄUMEN

- ★ **Arabisches Zimmer**
- ★ **Ballsaal**
- ★ **Altarbild der Kapelle**

PRINZGEMAHL FERDINAND

In Portugal wurde Ferdinand, Fernando II, der »Künstlerkönig« genannt. Er liebte, wie so viele andere Herrscher des 19. Jahrhunderts, Kunst, Natur und die Neuerungen seiner Zeit. Er selbst malte Aquarelle. Ferdinand liebte seine Wahlheimat enthusiastisch und widmete sich der Förderung der Künste. 16 Jahre nach dem Tod von Maria II heiratete er 1869 seine Geliebte, die Opernsängerin Gräfin Edla. Der extravagante Palast, den er sich ein Leben lang erträumte, wurde 1885, in seinem Todesjahr, fertiggestellt.

Straßencafé im beliebten Ferienort Cascais

Cascais ❼

30 000. Rua Visconde da Luz 14 (21-486 82 04). 1. u. 3. So im Monat.

Als Ferienort mit über 100jähriger Tradition ist Cascais malerischer als neuere Ferienorte. Am besten spiegelt sich die Geschichte der Stadt in den Villen an der Küste wider. Sie wurden Ende des 19. Jahrhunderts von wohlhabenden Lissabonnern als Sommerresidenzen gebaut, nachdem König Luís I seinen Sommerwohnsitz in die hiesige Burg aus dem 17. Jahrhundert verlegt hatte. Wegen ihrer Lage am Nordufer der Tejo-Mündung hatte die Stadt von jeher eine große militärische Bedeutung, die sie mittlerweile aber verloren hat.

Die geschützte Sandbucht, an der sich der moderne Vorort angesiedelt hat, war ein vorgeschichtlicher Fischereihafen. Fischerei wird immer noch betrieben, und sie erfuhr vor kurzem durch den Beschluß der Stadt, für die Boote und die Auktion des Fangs einen neuen Kai zu bauen, einen neuen Aufschwung. In erster Linie ist Cascais mit seinen Apartments mit Meerblick und Golfplätzen heute aber ein beliebter Vorort von Lissabon. Manchmal scheint die Stadt mehr von dem unaufhörlichen Bauboom geprägt zu sein als von seiner historischen oder gar touristischen Bedeutung. Die schöne, windgepeitschte Küste außerhalb der Stadt blieb davon aber weitgehend verschont.

Das Museu do Conde de Castro Guimarães ist vielleicht am besten geeignet, um einen Eindruck von Cascais, wie es vor über einem Jahrhundert war, zu gewinnen. Heute ist das Grundstück der in einer kleinen Bucht gelegenen, schloßähnlichen Villa Teil eines Parks. Das Haus und seine Einrichtung wurden an die Stadt vermacht.

Auf der anderen Straßenseite findet sich eine weitere Neuerrungenschaft der Stadt, der neue Bootshafen. Mit seinem kleinen Einkaufszentrum, den Restaurants und Bars wird er an den Wochenenden immer mehr zu einem Anziehungspunkt.

Museu do Conde de Castro Guimarães

Avenida Rei Humberto de Itália.
21-482 54 07. **Museum** *Di–So 10–17 Uhr.* **Bibliothek** Casa da Horta de Santa Clara. *Mo–Sa 10–19 Uhr. Feiertage.*

Umgebung: An der **Boca do Inferno**, etwa drei Kilometer westwärts an der Küstenstraße, donnert das Meer mit gewaltigem Dröhnen und sprühender Gischt in die Felsspalten. Der Ort ist übersät mit Marktständen und Cafés am Straßenrand, aber von einer kleinen Plattform aus hat man einen guten Blick auf das Felsentor und das tosende Meer.

Hinter dem großartigen Sandstrand von **Guincho**, zehn Kilometer weiter westlich, verlaufen Sanddünen mit Schirmpinien und ein neuer Radweg. Ein kleines Fort (heute ein Luxushotel) thront auf den Felsen über dem Meer. Die atlantischen Brecher machen den Strand zum Paradies für erfahrene Windsurfer, doch ist die Strömung nicht zu unterschätzen.

Spektakulärer Blick auf die zerklüftete Küste am Boca do Inferno bei Cascais

Sandstrand und Promenade entlang der Bucht von Estoril

Estoril ❽

40 000. Arcadas do Parque (21-466 38 13).

Obwohl Estoril einst ein beliebter Zufluchtsort für königliche Verbannte und für europäische Adlige auf der Flucht vor der Republik war, ruht sich das hübsche Städtchen nicht auf seinen Lorbeeren aus. Estoril ist ein Touristen- und Geschäftsort und ein komfortabler Ruhesitz. Insofern baut die Stadt gleichermaßen auf ihre Geschichte und die ihr schon immer eigene Attraktivität. Außerdem gibt es hier einige gute Golfplätze.

Im Unterschied zu Cascais verfügt Estoril nicht nur über eine schöne, drei Kilometer lange Strandpromenade und einen mit Villen bebauten Berg, den Monte Esoril, sondern vor allem auch über eine durchdachte Satdtplanung. Vom Bahnhof aus gelangt man direkt ins Stadtzentrum.Westlich des Bahnhofs schließt sich ein Strand wie an der Riviera an, östlich ein Park mit Palmen und imposante Häuser. Vorbei an Springbrunnen kommt man zum angeblich größten Kasino Europas. Das Kongreßzentum von Estoril, ein riesiges Mehrzweckgebäude, stellt es jedoch in den Schatten.

Palácio de Queluz ⑨

Siehe S. 104 f.

Alcochete ⑩

13 000. Largo da Misericórdia (21-234 26 31).

Die reizvolle alte Stadt liegt am Südufer des breiten Tejo. Salz war dort lange Zeit der Haupterwerbszweig, und noch heute sieht man einige Salzpfannen im Norden und Süden der Stadt. Eine Inschrift auf einer Statue eines kräftigen Salzarbeiters im Stadtzentrum lautet: »Do sal a Revolta e a Esperança« (Vom Salz zu Aufstand und Hoffnung). Am Stadtrand befindet sich eine Statue von Manuel I, der dort am 1. Juni 1469 geboren wurde und der Stadt 1515 das königliche Privileg verlieh.

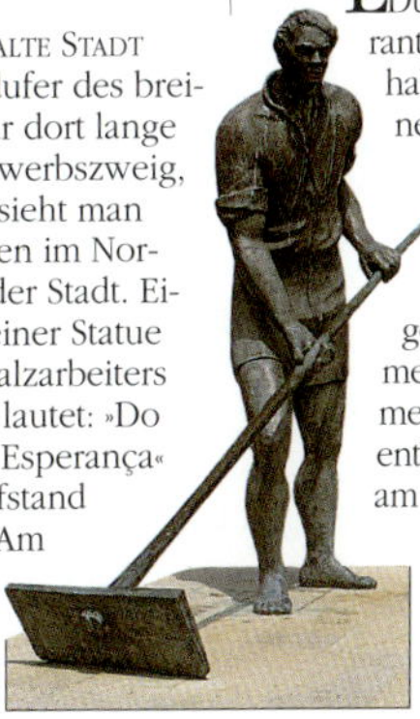

Statue eines Salzarbeiters in Alcochete (1985)

Umgebung: Die **Reserva Natural do Estuário do Tejo**, ein bedeutendes Wasservogelreservat, umfaßt ein großes Areal aus Fluüssen, Salzmarschen und kleinen Inseln um Alcochete. Besonders reizvoll sind die Flamingos, die sich dort im Herbst und Frühjahr auf der Durchreise von der Camargue in Frankreich und Fuente de Piedra in Spanien versammeln. Fragen Sie im Fremdenverkehrsbüro nach Bootsausflügen zur Beobachtung der Tiere, wie zum Beispiel Wildpferde und Stiere.

Reserva Natural do Estuário do Tejo
Avenida dos Combatentes da Grande Guerra 1. *21-234 17 42.*

Pilgerunterkunft am Cabo Espichel

Costa da Caparica ⑪

40 000. nach Cacilhas oder Trafaria, dann Bus. nach Prgal, dann Bus. Avenida da República 18 (21-290 00 71).

Lange Sandstrände und Dünen, Fischrestaurants und Strandcafés haben den Ort zu einem beliebten Ferienziel der Lissabonner gemacht.

Eine Eisenbahn mit offenen Waggons fährt im Sommer die zehn Kilometer an der Küste entlang. Die der Stadt am nächsten gelegenen Strände werden vorzugsweise von Familien mit Kindern besucht, die weiter entfernten sind bei jenen beliebt, die gern allein sind. Weiter im Süden bietet die **Lagoa do Albufeira** Windsurfen und einen Campingplatz.

Cabo Espichel ⑫

von Sesimbra.

An dieser windigen Landspitze stürzen die blanken Klippen steil ins Meer. Die Römer nannten sie in bezug auf ihre Gefährlichkeit Promontorium Barbaricum. Von der Landzunge hat man einen überwältigenden Blick auf den Ozean und die Küste, doch sollte man die heftigen Windböen am Klippenrand nicht unterschätzen.

In dieser unwirtlichen Gegend wurde mit dem Rücken zum Meer im 17. Jahrhundert das **Santuário de Nossa Senhora do Cabo** errichtet. Die Pilgerunterkünfte rund um die Kirche bilden, mit Blick nach innen, einen offenen Hof. Der Innenraum der Kirche ist mit barocken Gemälden, Votivbildern und einem Deckenfresko geschmückt. Es bestehen Pläne, die Kirche komplett zu restaurieren und als Hotel wiederzueröffnen. Daneben befindet sich eine Kapelle, die mit blauweißen *azulejo*-Bildern mit Fischerszenen ausgestattet ist.

Im 13. Jahrhundert wurde der Ort eine Pilgerstätte, nachdem ein Einheimischer eine Madonna auf einem Maultier aus dem Meer aufsteigen sah. Es heißt, daß man die Hufabdrücke des Maultiers noch im Felsen sehen könne. Tatsächlich geht man davon aus, daß die Abdrücke an der Praia dos Lagosteiros unterhalb der Kirche versteinerte Dinosaurierspuren sind.

Frühlingsblumen an den Salzpfannen des Tejo bei Alcochete

Palácio de Queluz 9

Eine Sphinx im Garten

PEDRO, DER JÜNGERE SOHN Joãos V, beauftragte 1747 Mateus Vicente mit dem Umbau seines Jagdschlosses aus dem 17. Jahrhundert in einen Rokokopalast. Der Mitteltrakt mit Musikzimmer und Kapelle wurde fertiggestellt, jedoch nach Pedros Heirat mit der zukünftigen Maria I im Jahr 1760 erneut erweitert. Der französische Architekt Jean-Baptiste Robillion fügte den prachtvollen Robillion-Pavillon samt Park hinzu, schuf Platz für den Thronsaal und gestaltete das Musikzimmer neu. Maria I hielt dort eine Menagerie und genoß Ausflüge auf dem *azulejo*-gesäumten Kanal.

Ärmelkorridor
Die Wände des Corredor das Mangas (Ärmel) sind mit azulejo-*Bildern (1784) versehen, die die Kontinente, Jahreszeiten und Jagdszenen darstellen.*

★ Sala dos Embaixadores
Der stattliche Saal von Robillion wurde für Audienzen und Konzerte genutzt. Die Trompe-l'œil-Decke stellt die königliche Familie während eines Konzerts dar.

Neptunbrunnen

Die repräsentative und anmutige Löwentreppe führt vom Park zum Palast.

Zum Kanal

Löwenbrunnen

Der Robillion-Pavillon ist ein Prachtexemplar des französischen Rokoko.

NICHT VERSÄUMEN

- ★ **Thronsaal**
- ★ **Sala dos Embaixadores**
- ★ **Palastgarten**

Don-Quichotte-Gemach
Das königliche Schlafzimmer, in dem Pedro IV (siehe S. 54) *geboren wurde und starb, hat eine Kuppeldecke und einen Parkettboden aus exotischen Hölzern, was dem rechteckigen Zimmer einen kreisförmigen Anschein gibt. Die Bilder (1784) von Manuel de Costa erzählen die Geschichte des Don Quichotte.*

Musikzimmer
Das Orchester Marias I, von einem englischen Reisenden als »das beste Europas« bezeichnet, führte dort Opern und Konzerte auf. Ein Porträt der Königin befindet sich über dem Flügel.

INFOBOX

Largo do Palácio, Queluz. 21-435 00 39. Queluz-Belas oder Queluz-Massama. von Lissabon, Colégio Militar. Mi–Mo 10–17 Uhr 29. Nov, Ostern, 1. Mai, 25. Dez, 1. Jan. (So 10–12 Uhr frei) Cozinha Velha (siehe S. 409).

Kapelle

Salon und Schlafzimmer der königlichen Familie blicken zum Malta-Garten.

★ Thronsaal
Der elegante Saal (1770) war Schauplatz glänzender Bälle und Bankette. Die vergoldeteten Atlas-statuen stammen von Silvestre Faria Lobo.

Eingang

Malta-Garten

Die hängenden Gärten wurden von Robillion vor dem Palast über Bogen oberhalb der umgebenden Gärten angelegt.

MARIA I (1734–1816)

Maria, die älteste Tochter Josés I, lebte nach ihrer Heirat (1760) mit ihrem Onkel Pedro in dem Palast. Ernst und fromm füllte sie ihre Rolle als Königin aus, litt jedoch zunehmend unter Anfällen von Melancholie. Als ihr Sohn José 1788 an den Pocken starb, wurde sie endgültig verrückt. Besucher waren bestürzt über ihre Schreie in Agonie und Wahnsinn. Nach der französischen Invasion 1807 nahm ihr jüngerer Sohn João, seit 1792 Regent, sie mit nach Brasilien.

★ Palastgarten
Der Garten mit Statuen, Brunnen und in Form geschnittenen Bäumen wurde für Lustbarkeiten genutzt. Konzerte aus dem Musikzimmer erschallten bis in den Malta-Garten.

Sesimbra ⓭

27 000. Largo da Marinha 26–27 (21-223 57 43). 1. und 3. Fr im Monat.

EINE STEILE, ENGE Straße führt hinab zu der Fischerstadt in einer geschützten Bucht. Durch die Südlage und die Hänge der Serra da Arrábida von den Nordwinden abgeschirmt, wurde das Dorf zum beliebten Ferienort. Einst hatten es die Römer und später die Mauren besetzt, bis König Sancho II deren stark befestigte Burgen 1236 eroberte. In der Mitte der Altstadt mit ihrem Gewirr aus engen Straßen ragt das **Fort** (heute Zollhaus) empor. Vom Vorhof, der tagsüber geöffnet ist, hat man einen Blick auf die Stadt, den Atlantik und den breiten Sandstrand. Sesimbra entwickelt sich rasant zum Ferienort. In den umliegenden Hügeln werden jede Menge Ferienwohnungen gebaut, und es gibt zahlreiche Straßencafés und Bars, die an sonnigen Tagen stets gut besucht sind.

Leuchtend bunte Fischerboote ankern im **Porto do Abrigo** westlich des Stadtzentrums, über die Avenida dos Náufragos, eine ausladende Strandpromenade, zu erreichen. Die großen Trawler *(traineiras)* fangen hauptsächlich Sardinen, Seebrassen, Weiß- und Schwertfische, die kleineren Boote Tintenfische und Oktopusse. Wenn die Schiffe am späten Nachmittag zurückkehren, findet am Hafen eine lautstarke Fischauktion statt. Der Fang kann in den exzellenten Fischrestaurants genossen werden.

Die **maurische Burg** hoch über der Stadt wurde im 18. Jahrhundert restauriert, als eine Kirche samt Friedhof innerhalb ihrer Mauern errichtet wurde. Von den Burgmauern hat man besonders bei Sonnenuntergang einen großartigen Blick.

Farbenfrohe Fischerboote im Hafen von Sesimbra

Palmela ⓮

14 000. Castelo de Palmela (21-233 21 22). jeder zweite Di.

DIE GEWALTIGE BURG in Palmela auf einem Ausläufer der Serra da Arrábida überragt die kleine Stadt. Sie ist, besonders bei nächtlicher Beleuchtung, kilometerweit zu sehen. Trotz heftiger Verteidigung der Mauren wurde sie schließlich im 12. Jahrhundert vom Ritterorden von Santiago erobert. João I wandelte 1423 die Burg in ein Kloster für den Orden um. Heute ist sie nach ihrer Restaurierung eine prachtvolle *pousada* *(siehe S. 119)* mit einem Restaurant im alten Refektorium und einem Swimmingpool innerhalb der Burgmauern.

Von der Burg, und mehr noch vom Bergfried, hat man einen phantastischen Panoramablick auf die Serra da Arrábida, an klaren Tagen sogar bis Lissabon. In der Stadt selbst kann man in der Kirche **São Pedro** Kachelbilder aus dem 18. Jahrhundert mit Szenen aus dem Leben des heiligen Petrus bewundern.

Das jährliche Weinfest, die Festa das Vindimas, findet in der ersten Septemberwoche vor dem Rathaus aus dem 18. Jahrhundert statt. Die Einwohner in traditionellen Trachten treten die Reben mit bloßen Füßen, und am letzten Tag des Fests veranstaltet man auf den Burgmauern ein spektakuläres Feuerwerk.

Die Burg in Palmela mit Blick auf die bewaldete Serra da Arrábida

Serra da Arrábida ⑮

Setúbal. *Parque Natural da Arrábida, Praça da República, Setúbal (265-52 40 32).*

DER PARQUE NATURAL da Arrábida umfaßt die kleine Bergkette, die sich an der Küste in Ost-West-Richtung zwischen Sesimbra und Setúbal erstreckt. Er wurde zum Schutz der wunderschönen Landschaft und der vielfältigen Fauna, zu der Adler, Wildkatzen und Dachse gehören, eingerichtet.

Der Name »Arrábida« stammt aus dem Arabischen und bedeutet »Gebetsplatz«; es ist tatsächlich ein Ort, der Frieden und Abgeschiedenheit ausstrahlt. Die geschützten Südhänge sind von immergrüner, eher mediterraner Vegetation überwuchert. Auch Wein gedeiht an den Hängen. Die Stadt **Vila Nogueira de Azeitão** ist berühmt für ihren Wein, besonders für den Moscatel de Setúbal.

Die **Estrada de Escarpa** (N379-1), die sich über den Bergkamm schlängelt, bietet großartige Aussichten. Eine schmale Straße führt hinab zum **Portinho da Arrábida**, einer geschützten Bucht mit weißem Sandstrand und kristallklarem Wasser. Weiter östlich Richtung Setúbal befinden sich die Sandstrände von **Galapos** und **Figuerinha**. Die 380 Meter hohen Risco-Klippen, die höchsten des portugiesischen Festlands, stürzen östlich von Sesimbra steil ins Meer.

Portinho da Arrábida an der dramatischen Küste der Serra da Arrábida

Convento da Arrábida

Serra da Arrábida. *21-218 05 20.* *nur nach Vereinbarung, via Fundação Oriete (21-352 70 02).*

Das Gebäude aus dem 16. Jahrhundert an den Südhängen der Serra da Arrábida war einst ein Franziskanerkloster. Die fünf Rundtürme auf dem Hügel dienten vermutlich zur Meditation.

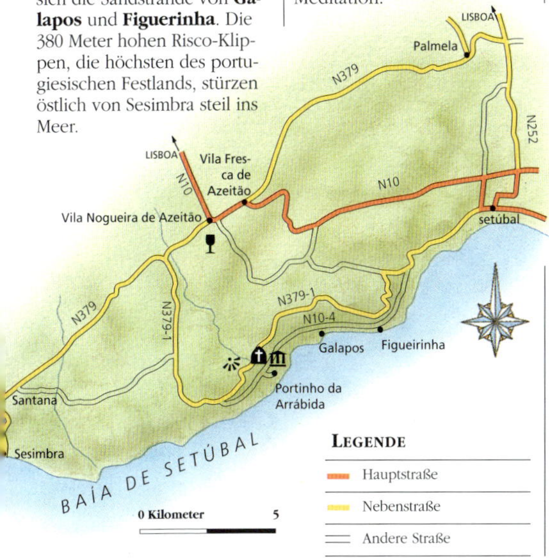

Museu Oceanográfico

Fortaleza de Santa Maria, Portinho da Arrábida. *265-54 11 40.* *Di–Fr 9–12 u. 14–17 Uhr.*

Die kleine Festung oberhalb von Portinho da Arrábida ließ Prinzregent Pedro 1676 zum Schutz der Dörfer vor Piratenüberfällen bauen. Heute ist darin ein Meeresmuseum und ein meeresbiologisches Zentrum untergebracht, in deren Aquarien sich einheimische Meerestiere tummeln.

José Maria da Fonseca

Rua José Augusto Coelho 11, Vila Nugueira de Azeitão. *21-219 89 40.* FAX *21-219 89 42.* *Mo–Fr 9–12 u.14.15–16.15 Uhr, Sa 10–12.15 u. 14.15–16.30 Uhr.* *25. Dez–1. Jan.*

Die Weinkellerei Fonseca produziert hochwertige Tischweine und ist für ihren schmackhaften Dessertwein, den Moscatel de Setúbal *(siehe S.125)* bekannt. Bei Führungen durch die Kellerei wird die Herstellungsweise des Moscatel erläutert und einige alte Kellergewölbe mit Fässern aus Eichen- und Haselnußholz können besichtigt werden. Die Führungen dauern etwa 45 Minuten und beinhalten eine Weinprobe.

Manuelinischer Innenraum der Igreja de Jesus in Setúbal

Setúbal ⓰

120 000. Casa do Corpo Santo, Praça do Quebedo (265-53 42 22).

SETÚBAL IST EINE wichtige Industriestadt und nach Lissabon und Porto der drittgrößte Hafen Portugals. Südlich des Stadtparks mit seinen Brunnen befinden sich Fischerei-, Jacht- und Fährhafen sowie eine lebhafte Markthalle. Nördlich des Parks erstreckt sich die Altstadt mit hübschen Fußgängerzonen und Plätzen voller Läden und Cafés.

Die **Kathedrale** Santa Maria da Graça aus dem 16. Jahrhundert birgt großartige Kachelbilder aus dem 18. Jahrhundert. Die Straßennamen erinnern an zwei berühmte Einwohner der Stadt: Manuel Barbosa du Bocage (1765–1805), dessen satirische Gedichte ihn ins Gefängnis brachten, und Luísa Todi (1753–1833), eine gefeierte Opernsängerin.

Zur Römerzeit war das Fischpökeln der Haupterwerbszweig der Stadt. Die steinernen Becken sind unter dem Glasboden des Fremdenverkehrsbüros in der Travessa Frei Gaspar Nr. 10 zu sehen.

Igreja de Jesus

Praça Miguel Bombarda. 065-52 41 50. Di–So 9–12 u. 14–17 Uhr. **Museum** 265-52 47 72. Di–Sa. Feiertage.

Die gotische Kirche im Norden der Altstadt gehört zu den architektonischen Schätzen Setúbals. Der hohe Innenraum, von Diogo Boitac 1494 entworfen, ist mit aus drei Strängen »verflochtenen« Säulen aus rosafarbenem Arrábida-Kalkstein und seilartigen Steinstreben am Dach ausgestattet. Er gilt als das früheste Beispiel des manuelinischen Stils.

Im angrenzenden Klostertrakt in der Rua do Balneário ist ein **Museum** mit 14 Gemälden zum Leben Christi untergebracht. Die sehenswerten Werke werden den Schülern Jorge Afonsos (1520–30) zugeschrieben und sind von der flämischen Schule beeinflußt.

Museu de Arqueologia e Etnografia

Avenida Luísa Todi 162. 265-23 93 65. Di–Sa. Feiertage.

Das archäologische Museum stellt eine Fülle von Ausgrabungsfunden um Setúbal aus, wie bronzezeitliche Töpfe, römische Münzen-, Weinamphoren und *garum*, eine Sauce aus mariniertem Fisch, die in Rom als Delikatesse galt. Die ethnographische Ausstellung zeigt lokale Kunst, Kunsthandwerk und wichtige Gewerbe wie Salz- oder Korkverarbeitung.

Castelo de São Filipe

Estrada de São Filipe. 265-52 38 44. tägl.

Die sternförmige Burg wurde 1595 von Felipe II von Spanien während der spanischen Herrschaft erbaut, um Piraten, englische Invasoren und die Bevölkerung im Auge zu behalten. Eine massive Toreinfahrt führt ins Innere, in dem nun eine *pousada* *(siehe S. 119)* untergebracht ist sowie eine kleine Kapelle mit Kachelszenen aus dem Leben des heiligen Philipp von Policarpo de Oliveira Bernardes (1695–1778). Von der Terrasse hat man einen großartigen Blick auf die Stadt und die Sado-Mündung.

Fischerboot im seichten Gewässer der Reserva Natural do Estuário do Sado

UMGEBUNG: Von Setúbal aus kann man eine Autotour in die unberührte **Reserva Natural do Estuário do Sado** unternehmen, eine Flußniederung mit flachen Lagunen, Salzmarschen und ein paar Pinienwäldchen, die seit 3500 v. Chr. kultiviert und bewohnt ist. Es gibt dort Otter, Wasservögel, Austern und eine Vielzahl an Fischen. Die alte Flutwassermühle in Mouriscas, fünf Kilometer östlich von Setúbal, nutzt Ebbe und Flut als Antrieb. Heute sind Reisanbau und Fischerei die Haupterwerbszweige.

Reserva Natural do Estuário do Sado
Praça da República, Setúbal (265-54 11 40).

Península de Tróia ⓱

Tróia. Complexo Turístico de Tróia (265-49 41 51).

Fischerhaus mit Reetdach in Carrasqueira

Hochaufragende Apartmenthäuser dominieren die Spitze der Halbinsel, die von Setúbal leicht mit der Fähre zu erreichen ist. An den unberührten Sandstränden der Küste, die sich 18 Kilometer nach Süden erstreckt, tummeln sich im Sommer die Sonnenanbeter.

In der von Römern an einer geschützten Lagune gegründeten Stadt **Cetóbriga** wurde einst Fischpökeln betrieben. Die Steinbecken und Ruinen kann man besichtigen. Weiter südlich entstehen entlang der Lagune schicke Ferienhäuser und Golfplätze.

Carrasqueira ist ein altes Fischerdorf, in dem man noch immer die traditionellen Häuser sehen kann, deren Wände und Dächer mit Schilf gedeckt sind. Die schmalen Fischerboote, die im Flachwasser dümpeln, erreicht man über Fußwege auf Pfählen. Die Straße nach Alcácer do Sal ist von Pinien gesäumt. Von dort sieht man bereits die Korkeichen, die so typisch für den Alentejo sind.

Blick von der Burg über Alácer do Sal und den Sado

Cetóbriga
N253-1. 265-49 43 18. *tägl.*

Alcácer do Sal ⓲

15 000. Rua da Republica 76 (265-61 00 70).
1. Sa im Monat.

Abseits der Hauptstrasse liegt die alte Stadt Alcácer do Sal (*al-kasr* ist arabisch für »Burg«, *do sal* bezieht sich auf den Salzhandel) friedlich am Nordufer des Sado. Die imposante Burg war bereits im 6. Jahrhundert v. Chr. eine Festung.

Die Phönizier gründeten hier einen Handelshafen; später wurde die Burg zu einer Festung der Römer. Nach dem Wiederaufbau durch die Mauren wurde sie schließlich 1217 von Afonso II erobert. Heute ist in den restaurierten Gebäuden eine *pousada* (*siehe S. 118*) untergebracht, von der man einen weiten Blick über die Dächer und Storchennester hat.

An der Flußpromenade gibt es hübsche Cafés und einige historische Kirchen. Die kleine Espírito Santo beherbergt nun das **Museu Arqueológico** mit lokalen Fundstücken. In der Kirche **Santo António** befindet sich die marmorne Kapelle der 11 000 Jungfrauen. Im Sommer lockt die Stierkampfarena mit vielen Darbietungen, im Oktober eine Landwirtschaftsmesse.

Museu Arqueológico
Igreja do Espírito Santo, Praça Pedro Nunes. 265-61 00 70. *tägl. 9–12.30 u. 14–17.30 Uhr*

Vogelwelt der Tejo- und Sado-Mündung

Im Mündungsgebiet von Tejo und Sado mit Brackwasser und ausgetrockneten Lagunen entdeckt man zahlreiche Wasservögel wie Stelzen, Säbelschnäbler, Regenpfeifer oder Brachschwalben. Auch die Schilfgürtel bieten Nistplätze für zahlreiche Rohrdommeln, Purpurreiher und Weihen. Zwischen September und März ist das Mündungsgebiet des Tejo für Wildvögel und überwinternde Stelzvögel von größter Bedeutung.

Schwarzflügelige Stelze, die an Tejo und Sado nistet

Zu Gast in Lissabon

Übernachten

Lissabon und seine Umgebung bieten eine Vielzahl an Unterkünften: von umgebauten, eleganten Palästen bis zu einfachen Herbergen in Familienbesitz. Die Lissabonner Hotels können modern und luxuriös, aber auch von verblichener Pracht sein. In den zentralen Vierteln der Stadt gibt es genügend Hotels und Pensionen.

Gepäckträger in einem Lissabonner Hotel

Die Hotels in Estoril und Cascais sind meist zweckmäßige Bauten, die im Sommer sehr gut besucht sein können. Im Landesinneren wartet Sintra mit einigen vorzüglichen Übernachtungsmöglichkeiten auf; die Stadt eignet sich gut zur Erkundung der Gebiets nordwestlich von Lissabon. *Pousadas,* meist historische Gebäude – Paläste, Herrenhäuser oder Klöster –, die zu einem Hotel umgewandelt wurden, stellen eine weitere Alternative dar. Für Selbstverpfleger steht eine Reihe von Apartments und Bauernhäusern bereit.

Ein Zimmer im Hotel York House *(siehe S. 116)*, einem umgebauten Kloster

Lage

Die Mehrzahl von Lissabons Luxushotels befindet sich in der Nähe des Parque Eduardo VII am nördlichen Ende der Avenida da Liberdade.

Sehr zentral wohnt man in der Baixa oder in der Alfama, in denen zahllose kleine *pensões* beheimatet sind.

Lapa und Rato, zwei ruhige, elegante Viertel westlich der Innenstadt, bieten eine Reihe von ausgesprochen exklusiven Hotels.

Auch in den anderen Gegenden gibt es genügend Unterkunftsmöglichkeiten, wenngleich ein Mangel an Mittelklassehotels auffällt.

Hotelarten

Die Lissabonner Hotels unterscheiden sich hinsichtlich Qualität, Preis und Ausstattung. Außerdem gibt es in Portugal sogenannte *albergarias* (Herbergen), die bei etwa gleicher Qualität wie ein Hotel weniger kosten. Pensionen *(pensões)* bilden die dritte Gruppe von Unterkunftsmöglichkeiten; sie offerieren in der Regel eine preisgünstige Übernachtung in schöner Lage; im einfachsten Fall handelt es sich um ein spärlich möbliertes Zimmer, und das Bad müssen Sie sich mit weiteren Gästen teilen. Am anderen Ende der Skala stehen Vier-Sterne-Pensionen, die es mit guten Hotels aufnehmen können. Eine *residencial* unterscheidet sich von einer Pension insofern, als das Frühstück meist im Preis inbegriffen ist.

Außerhalb Lissabons empfehlen sich die staatseigenen *pousadas,* die meist in historischen Gebäuden untergebracht sind.

Hotelketten

Zwei kleine Hotelketten bieten luxuriöse Unterkünfte in schöner Lage an. Den 1917 gegründeten **Hoteis Alexandre de Almeida**, der älteren der beiden Ketten, gehört das Hotel Metrópole *(siehe S. 115)* in der Baixa. Die Gruppe **Hoteis Tivoli** besitzt sieben Hotels, die in umgebauten Palästen untergebracht sind, einige davon auch in Lissabon und Sintra.

Preiswerter sind die **Choice Hotels Portugal**, die sowohl Hotels als auch Suiten führen; die Suiten weisen in der Regel die gediegenere Ausstattung auf, doch sind die Hotels besser auf behinderte Reisende eingestellt.

Die Häuser der Gruppe **Best Western** warten mit dem für eine internationale Kette üblichen gehobenen Standard auf.

Die eindrucksvolle Fassade des Lapa Palace *(siehe S. 116)*

◁ **Frühstück in der Pousada de Palmela**

Blick vom Palácio de Seteais, heute ein Luxushotel *(siehe S. 119)*

Kategorien

Die einzelnen Unterkünfte werden von der portugiesischen Tourismusbehörde mit ein bis fünf Sternen bewertet. Je mehr Sterne, desto ansprechender sind Größe, Komfort und Ausstattung; allerdings sagt die Zahl der Sterne nichts über Lage und Zustand aus. Um ihren einmal erreichten Stand zu halten, muß jede Unterkunft bestimmte Kriterien erfüllen. Die Zahl der Sterne hat nur begrenzten Aussagewert: Eine Drei-Sterne-Pension ist möglicherweise komfortabler als ein Ein- oder Zwei-Sterne-Hotel.

Preise

Jedes Hotel und jede Pension darf die Unterkunftspreise frei festsetzen – die Preise müssen jedoch an der Rezeption und in den Zimmern gut erkennbar angebracht sein. Im Übernachtungspreis ist in der Regel ein Frühstück inbegriffen; auch die Mehrwertsteuer ist im Preis enthalten. Weitere Mahlzeiten werden separat berechnet. Grundsätzlich gilt, daß ein Einzelzimmer zwischen 60 und 75 Prozent eines Doppelzimmers kostet. In der Nebensaison sind die Übernachtungspreise deutlich reduziert. In den *Pousadas* unterscheidet man zwischen Neben- (Nov–März, außer Neujahr und Karneval) und Hauptsaison (Apr–Okt).

Buchungen

Hotels in den Seebädern Estoril und Cascais müssen Sie in der Hauptsaison rechtzeitig buchen. Hotelzimmer in Lissabon selbst sind teilweise schnell ausgebucht, deshalb sollten Sie hier ebenfalls im voraus buchen. An den Rezeptionen der Hotels spricht man in der Regel kein Deutsch, doch mit Englisch kommen Sie überall zurecht. Die Hotels akzeptieren die gängigen Kreditkarten.

Übernachtungen in *pousadas* können Sie über die **Direcção Geral do Turismo** *(siehe S. 146)* oder **Enatur** buchen. Das staatliche Fremdenverkehrsbüro gibt zwei Informationsbroschüren heraus, die jährlich aktualisiert werden: *Guia do Alojamento Turístico* (für Übernachtungen) und *Turismo no Espaço Rural* (für Tourismus auf dem Land). Beide enthalten ausführliche Unterkunftsverzeichnisse, geben aber keine Empfehlungen.

Reisen mit Kindern

Portugiesen sind im allgemeinen sehr kinderlieb, so daß es weder in Hotels noch in Restaurants Probleme geben sollte, wenn Sie mit Kindern reisen. Wahrscheinlich kommen Sie über Ihre Kinder leicht mit portugiesischen Familien in Kontakt.

Behinderte Reisende

Die portugiesische Tourismusbehörde gibt ein Verzeichnis mit behindertengerecht ausgestatteten Hotels und Pensionen heraus. Einige Jugendherbergen und Campingplätze verfügen über Einrichtungen für Behinderte; Informationen erteilt das **Secretariado Nacional de Reabilitação**.

Auf einen Blick

Hotelketten

Best Western
☎ *800-839 361*
(gebührenfrei).

Choice Hotels Portugal
☎ *800-201 166*
(gebührenfrei).

Hotéis Alexandre de Almeida
Rua Dr. Álvaro de Castro 73, 1600-058 Lissabon.
☎ *21-799 19 35.*
FAX *21-793 04 45.*

Hotéis Tivoli
Avenida da Liberdade 185, 1250-050 Lissabon.
☎ *21-319 89 00.*
FAX *21-319 89 50.*

Buchungen

Direcção Geral do Turismo
Avenida António Augusto de Aguiar 86, 1050 Lissabon.
☎ *21-358 64 0; 800-296 296.*
FAX *21-358 66 66.*

Enatur
☎ *21-848 90 78.*
FAX *21-848 92 57.*

Behinderte Reisende

Secretariado Nacional de Reabilitação
Avenida Conde de Valbom 63, 1050 Lissabon.
☎ *21-793 65 17.*
FAX *21-795 82 74.*

Hotelauswahl

Die in diesem Führer genannten Hotels wurden in verschiedenen Preisklassen wegen ihrer guten Einrichtungen und ihrer günstigen Lage ausgewählt. Viele Hotels besitzen ein Restaurant. Die Aufstellung beginnt mit Lissabon, anschließend folgen Hotels in der Umgebung. Die Restaurantauswahl finden Sie auf den Seiten 128 ff.

Lissabon

Hotel	Preis	Kreditkarten	Restaurant	Garten	Swimmingpool	Zahl der Zimmer
Bairro Alto: *Borges* Rua Garrett 108–205, 1200. **Karte** 7 A4. *21-346 19 51.* FAX *21-342 66 17.* Das Borges ist eines der wenigen Hotels im Chiado und verbindet ein hübsches Ambiente mit eleganter Möblierung.	€€	AE DC EC V				100
Bairro Alto: *Pensão Londres* Rua Dom Pedro V 53, 2º E, 1250-092. **Karte** 4 F2. *21-346 22 03.* FAX *21-346 56 82.* Dies ist eine der besseren einfachen Pensionen in der Gegend. Vor dem nächtlichen Lärm des Bairro Alto ist man hier einigermaßen geschützt.	€€	DC EC V				36
Baixa: *Beira Minho* Praça da Figueira 6, 2º E, 1150. **Karte** 7 B3. *21-346 18 46.* FAX *21-886 78 11.* Die spektakuläre Aussicht gen Bairro Alto entschädigt in dieser Pension für die einfachen Zimmer und die fehlenden Einrichtungen.	€					24
Baixa: *Norte* Rua dos Douradores 159, 1100-205. **Karte** 7 B3. *21-887 89 41.* FAX *21-886 84 62* In zentraler Lage nahe der Praça da Figueira wartet diese einfache Pension mit freundlichen Zimmern auf. Gutes Preis-Leistungs-Verhältnis. TV	€	EC V				36
Baixa: *Alegria* Praça da Alegria 12, 1250-004. **Karte** 4 F1. *21-322 06 70.* FAX *21-347 80 70.* Die kleine, preiswerte Pension mit sauberen Zimmern grenzt an den Rotlichtbezirk, obwohl sich direkt nebenan eine Polizeiwache befindet.	€€	AE DC EC V				36
Baixa: *Coimbra e Madrid* Praça da Figueira 3, 3º, 1100-240. **Karte** 7 B3. *21-342 17 60.* FAX *21-342 32 64.* Ordentliche Pension mit spärlicher Ausstattung. Von einigen Zimmern haben Sie einen tollen Blick auf das Castelo de São Jorge.	€€					32
Baixa: *Duas Nações* Rua da Vitória 41, 1100-618. **Karte** 7 B4. *21-346 07 10.* FAX *21-347 02 06.* Das einladende Hotel befindet sich geradewegs in der Baixa; die Zimmer zur Rua Augusta sind eher laut.	€€	AE DC EC V				69
Baixa: *Florescente* Rua das Portas de S. Antão 99, 1150-266. **Karte** 7 A2. *21-342 66 09.* FAX *21-342 77 33.* Diese Pension hat erstaunlich gut ausgestattete Zimmer. In der Straße haben sich viele hervorragende Restaurants niedergelassen. TV	€€	AE EC V				60
Baixa: *Nova Goa* Rua do Arco do Marquês de Alegrete 13, 1100-034. **Karte** 7 C3. *21-888 11 37.* FAX *21-886 78 11.* Die Pension bei der Praça da Figueira unterscheidet sich kaum von anderen in der Gegend; die Zimmer sind sauber und hell. TV	€€					42
Baixa: *Restauradores* Praça dos Restauradores 13, 4º, 1250-187. **Karte** 7 A2. *21-347 56 60.* Recht einfache Pension auf der vierten Etage eines Hauses mitten im geschäftigen Zentrum der Stadt. Kein Frühstück.	€€					30
Baixa: *Suíço Atlântico* Rua da Glória 3–19, 1250-114. **Karte** 7 A2. *21-346 17 13.* FAX *21-364 90 13.* Die Zimmer in dem Hotel in einer Nebenstraße beim Elevador da Glória sind geräumig. Steingewölbe und Holzgebälk in den Aufenthaltsräumen.	€€	AE DC EC V				90
Baixa: *Internacional* Rua da Betesga 3, 1100-090. **Karte** 7 B3. *21-346 64 01.* FAX *21-347 86 35.* Dieses moderne Hotel besitzt große Zimmer. Gäste können in der großen, heimeligen TV-Lounge und der kleine Bar entspannen. TV	€€	AE DC EC V				52

Preiskategorien in Euro für ein Doppelzimmer inklusive Frühstück pro Nacht:
€ unter 35 Euro
€€ 35–60 Euro
€€€ 60–100 Euro
€€€€ 100–150 Euro
€€€€€ über 150 Euro

Restaurant
Das Hotel verfügt über ein oder mehrere Restaurants (teilweise nur für Gäste des Hauses).

Garten
Die Hotelgäste können Garten, Innenhof oder Terrasse benutzen.

Swimmingpool
Zum Hotel gehört ein Schwimmbad.

Kreditkarten
Folgende Kreditkarten werden akzeptiert: *AE* American Express, *DC* Diners Club, *EC* Eurocard, *V* Visa.

Hotel	Kreditkarten	Restaurant	Garten	Swimmingpool	Zahl der Zimmer
Baixa: *Portugal* €€€ Rua João das Regras 4, 1100-294. **Karte** 7 C3. Tel. *21-887 75 81.* FAX *21-886 73 43.* Angesichts des einfachen Äußeren dieses Hotels bei der Praça Martim Moniz überrascht einen das elegante, stilvolle Interieur.	*AE DC EC V*				60
Baixa: *Roma* €€€ Travessa da Glória 22a, 1°, 1250-118. **Karte** 7 A2. Tel. *21-346 05 57.* FAX *21-346 05 57.* Die einfache Pension gleich bei der Avenida da Liberdade liegt günstig zu den Sehenswürdigkeiten und Geschäften.	*AE EC V*				24
Baixa: *Metrópole* @ sales@almeidahotels.com €€€€ Praça Dom Pedro IV 30, 1100-200. **Karte** 7 B3. Tel. *21-321 90 30.* FAX *21-346 91 66.* Das Gebäude vom Anfang des 20. Jahrhunderts wurde in einem Stil renoviert, der an die 20er Jahre erinnert – ein einladendes, elegantes Hotel. Hier erhalten Sie die berühmten Weine aus Buçaco *(siehe S.210).*	*AE DC EC V*				36
Baixa: *Orion Eden* @ lisbon@citadines.com €€€€ Praça dos Restauradores 24, 1250-187. **Karte** 7 A2. Tel. *21-321 66 00.* FAX *21-321 66 66.* Im modernen Orion Eden finden Sie Apartments und Studios, sämtlich mit eigener Küche. Drei behindertengerechte Studios.	*AE DC EC V*			●	134
Baixa: *Tivoli Lisboa* @ htlisboa@mail.telepac.pt €€€€ Avenida da Liberdade 185, 1269-050. **Karte** 4 F1. Tel. *21-319 89 00.* FAX *21-319 89 50.* Dieses große, elegante Hotel verfügt über moderne Zimmer und sehr geräumige Suiten. Die riesige Lounge ist zweigeschössig.	*AE DC EC V*	●	■	●	329
Baixa: *Avenida Palace* @ hotel.av.palace@mail.telepac.com €€€€€ Rua 1° de Dezembro 123, 1200-359. **Karte** 7 B3. Tel. *21-346 01 51.* FAX *21-342 28 84.* Das zentral gelegene Avenida Palace mit seiner klassizistischen Fassade wartet mit Eleganz und allen Annehmlichkeiten eines Luxushotels auf.	*AE DC EC V*				82
Baixa: *Sofitel Lisboa* @ h1319@accor-hotels.com €€€€€ Avenida da Liberdade 127, 1269-038. **Karte** 4 F1. Tel. *21-322 83 00.* FAX *21-322 83 10.* Zu den Annehmlichkeiten des einladenden, modernen Hotels zählt die Pianobar Molière.	*AE DC EC V*	●			170
Baixa: *Tivoli Jardim* €€€€€ Rua Júlio Cesar Machado, 1250-135. **Karte** 4 F1. Tel. *21-353 99 71.* FAX *21-355 65 66.* In dem hübschen Hotel verfügen alle Zimmer über besonders große Bäder und eine Minibar. Ein runder Swimmingpool ziert den Garten; viele Sportmöglichkeiten.	*AE DC EC V*	●	■	●	119
Campo Pequeno: *Lar do Areeiro* €€ Praça Francisco Sá Carneiro 4, 1000-159. **Karte** 6 E1. Tel. *21-849 31 50.* Gemütliche, saubere Pension in der Nähe vieler Geschäfte. Gutes Preis-Leistungs-Verhältnis.	*AE DC EC V*				44
Castelo: *Ninho das Águias* €€ Costa do Castelo 74, 1100-179. **Karte** 7 C3. Tel. *21-885 40 70.* Einfache Pension unterhalb der Burg. Tolle Aussicht von der Terrasse.			■		16
Castelo: *Solar do Castelo* W www.heritage.pt €€€€€ Rua das Cozinhas 2, 1100-181. **Karte** 7 C3. Tel. *21-321 82 00.* FAX *21-347 16 30.* Dieses kleine Luxushotel ist in einem Herrenhaus aus dem 19. Jahrhundert untergebracht und befindet sich innerhalb der Burg.			■		14
Entrecampos: *Quality Hotel Lisboa* €€€€ Campo Grande 7, 1700-087. Tel. *21-791 76 00.* FAX *21-795 75 00.* Freundliches Hotel, ideal für Geschäftsreisende. Es besitzt Fitneßcenter und Whirlpool.	*AE DC EC V*	●			84

Zeichenerklärung siehe hintere Umschlagklappe

Preiskategorien in Euro für ein Doppelzimmer inklusive Frühstück pro Nacht:
- € unter 35 Euro
- €€ 35–60 Euro
- €€€ 60–100 Euro
- €€€€ 100–150 Euro
- €€€€€ über 150 Euro

Restaurant
Das Hotel verfügt über ein oder mehrere Restaurants (teilweise nur für Gäste des Hauses).

Garten
Die Hotelgäste können Garten, Innenhof oder Terrasse benutzen.

Swimmingpool
Zum Hotel gehört ein Schwimmbad.

Kreditkarten
Folgende Kreditkarten werden akzeptiert: *AE* American Express, *DC* Diners Club, *EC* Eurocard, *V* Visa.

	Kreditkarten	Restaurant	Garten	Swimmingpool	Zahl der Zimmer
Estefânia: *Caravela* €€ Rua Ferreira Lapa 38, 1150-159. **Karte** 6 D4. Tel. *21-353 90 15.* FAX *21-357 17 51.* Mit angenehm altmodisch eingerichteten Zimmern lockt diese Pension, die eine Bar und einen TV-Raum hat. TV	AE DC EC V				45
Graça: *Mundial* @ mundial.hot@mail.telepac.pt €€€€ Rua Dom Duarte 4, 1100-198. **Karte** 7 B3. Tel. *21-884 20 00.* FAX *21-884 21 10.* Die Zimmer dieses Hotels bei der Praça da Figueira sind recht komfortabel. Vom Restaurant hat man einen schönen Blick. TV P	AE DC EC V	●			255
Graça: *Senhora do Monte* €€€€ Calçada do Monte 39, 1170-250. **Karte** 7 D1. Tel. *21-886 60 02.* FAX *21-887 77 83.* Die *albergaria* liegt ein wenig abseits, dafür aber bieten die einfachen Zimmer eine grandiose Aussicht. Vom Dachgarten und der Bar dort hat man sogar die besten Blick in der ganzen Stadt. TV	AE DC EC V				28
Lapa: *As Janelas Verdes* W www.heritage.pt €€€€€ Rua das Janelas Verdes 47, 1200-021. **Karte** 4 D3. Tel. *21-396 81 43.* FAX *21-396 81 44.* Diese entzückende *pensão* befindet sich in einem efeubewachsenen Herrenhaus aus dem 18. Jahrhundert, das einst dem Schriftsteller Eça de Queirós gehörte. TV P	AE DC EC V		■		29
Lapa: *Lapa Palace* W www.orient-express.com €€€€€ Rua do Pau da Bandeira 4, 1249-021. **Karte** 3 C3. Tel. *21-394 94 94.* FAX *21-395 06 65.* Mitten im Diplomatenviertel liegt dieses anmutige, freundliche Hotel. Jedes Zimmer ist in einem anderen Stil eingerichtet – vom Klassizismus des 18. Jahrhunderts bis zu Art déco. TV P	AE DC EC V	●	■	●	94
Lapa: *York House* €€€€€ Rua das Janelas Verdes 32, 1200-691. **Karte** 4 D4. Tel. *21-396 24 35.* FAX *21-397 27 93.* Der Convento dos Marianos aus dem 17. Jahrhundert beherbergt diese Pension. Die eleganten Zimmer sind mit Antiquitäten möbliert. TV	AE DC EC V	●	■		34
Rato: *13 da Sorte* €€ Rua do Salitre 13, 1250-198. **Karte** 4 F1. Tel. *21-353 18 51.* FAX *21-353 18 51.* Zentral gelegene Pension zwischen Avenida da Liberdade und Jardim Botanico. Frühstück ist nicht im Preis inbegriffen. TV	EC V				22
Rato: *Amazónia* €€€ Travessea da Fábrica dos Pentes 12–20, 1250-106. **Karte** 5 B5. Tel. *21-387 70 06.* FAX *21-387 90 90.* Nicht weit vom Stadtzentrum entfernt, besitzt das stilvolle Hotel hübsche Aufenthaltsräume, große Zimmer und eine Pianobar. TV P	AE DC EC V			●	192
Rato: *Lisboa Plaza* W www.heritage.pt €€€€ Travessa do Salitre 7, 1250-205. **Karte** 4 F1. Tel. *21-321 82 18.* FAX *21-347 16 30.* Der portugiesische Designer Graça Viterbo entwarf das Interieur des 1953 erbauten Hotels nahe der Praça da Alegria. TV	AE DC EC V	●			112
Rato: *Altis* @ reservations@hotel-altis.pt €€€€€ Rua Castilho 11, 1269-072. **Karte** 4 F1. Tel. *21-310 60 00.* FAX *21-310 62 62.* In diesem modernen Hotel finden Sie alle Annehmlichkeiten, einschließlich eines gut augestatteten Fitneßclubs mit Hallenbad. TV P	AE DC EC V	●		●	303
Rato: *Ritz Four Seasons* W www.fourseasons.com €€€€€ Rua Rodrigo da Fonseca 88, 1099-039. **Karte** 5 B5. Tel. *21-381 14 00.* FAX *21-383 17 83.* Das legendäre Ritz ist ein elegantes, freundliches Hotel. Viele Zimmer haben einen Balkon mit Blick auf den Parque Eduardo VII. TV P	AE DC EC V	●	■		283
Rotunda: *Castilho* € Rua Castilho 57, 4°, 1250-068. **Karte 4 F1.** Tel. *21-386 08 22.* FAX *21-386 29 10.* Äußerst preiswerte Pension mit sauberen, netten Zimmern (manche mit drei und vier Betten). TV	DC EC V				25

ROTUNDA: *Jorge V* www.hoteljorgev.com €€€ Rua Mouzinho da Silveira 3, 1250-165. **Karte** 5 C5. *21-356 25 25.* FAX *21-315 03 19.* Einladendes Hotel mit gutem Preis-Leistungs-Verhältnis. Etwa die Hälfte der Zimmer hat einen Balkon. TV	AE DC EC V				51
ROTUNDA: *Nacional* hotelnacional@mail.telepac.pt €€€ Rua Castilho 34, 1250-070. **Karte** 5 B5. *21-355 44 33.* FAX *21-356 11 22.* Das attraktive, gut ausgestattete Hotel mit Glasfront verfügt über komfortable Zimmer und zwei Suiten. TV P	AE DC EC V				61
ROTUNDA: *Britânia* www.heritage.pt €€€€ Rua Rodrigues Sampaio 17, 1150-278. **Karte** 5 C5. *21-315 50 16.* FAX *21-315 50 21.* Das Hotel in einem von dem Architekten Cassiano Branco 1944 gebauten Haus besitzt eine schöne marmorne Lobby. TV P	AE DC EC V				30
ROTUNDA: *Capitol* sanaclassic.capitol@sanahotels.com €€€€ Rua Eça de Queirós 24, 1050-096. **Karte** 5 C4. *21-353 68 11.* FAX *21-352 61 65.* Hübsches Hotel in einer Querstraße der Avenida Duque de Loulé. In allen Zimmern gibt es Satellitenfernseher und eine Minibar. TV P	AE DC EC V	●			57
ROTUNDA: *Diplomático* www.diplomatico.com €€€€ Rua Castilho 74, 1250-071. **Karte** 5 B5. *21-383 90 20.* FAX *21-386 21 55.* Das gepflegte Hotel wartet mit geräumigen Zimmern und moderner Einrichtung auf. TV P	AE DC EC V	●	■		90
ROTUNDA: *Rex* sanaclassic.rex@sanahotels.com €€€€ Rua Castilho 169, 1070-051. **Karte** 5 B4. *21-388 21 61.* FAX *21-388 75 81.* Das Rex am Parque Eduardo VII verfügt über einen Konferenzraum im letzten Stockwerk mit schöner Aussicht. TV	AE DC EC V	●			68
ROTUNDA: *Veneza* www.3khotels.com €€€€ Avenida da Liberdade 189, 1250-141. **Karte** 5 C5. *21-352 26 18.* FAX *21-352 66 78.* Architektonischer Höhepunkt des freundlichen Hotels ist das mit Wandmalereien von Pedro Luís Gomes verzierte Treppenhaus. TV P	AE DC EC V				36
ROTUNDA: *Le Méridien Lisboa* www.lemeridien-lisbon.com €€€€€ Rua Castilho 149, 1099-034. **Karte** 5 B4. *21-381 87 00.* FAX *21-389 05 05.* Schön am Parque Eduardo VII gelegen, bietet das Luxushotel große Zimmer und einen spektakulären Ausblick. TV P	AE DC EC V	●			330
SALDANHA: *Marisela* € Rua Filipe Folque 19, 1050-111. **Karte** 5 C3. *21-353 32 05.* FAX *21-316 04 23.* Recht einfache, preiswerte Pension in einer ruhigen Seitenstraße zwischen dem Parque Eduardo VII und der Praça do Duque de Saldanha. TV	AE EC V				19
SALDANHA: *Horizonte* €€ Avenida António Augusto de Aguiar 42, 1050-017. **Karte** 5 B4. *21-353 95 26.* FAX *21-353 84 74.* Große, günstige Pension, die Zimmer nach vorne sind z.T. laut. TV	AE DC EC V				52
SALDANHA: *VIP* €€ Rua Fernão Lopes 25, 1000-132. **Karte** 5 C3. *21-356 86 00.* FAX *21-315 87 73.* Das einfache Hotel über Geschäften macht einen freundlichen Eindruck; altmodische Einrichtung. TV	AE DC EC V	●			54
SALDANHA: *Hotel Marquês de Sa* marquessahotel@mail.telepac.pt €€€ Av. Miguel Bombarda 130, 1050-167. **Karte** 6 B2. *21-791 10 14.* FAX *21-793 69 86.* Angenehmes Hotel in einem der elegantesten Viertel Lissabons. In der Nähe befindet sich das Museum Gulbenkian *(siehe S. 76 ff).* TV P	AE DC EC V				97
SALDANHA: *Príncipe* confortprincipe@mail.telepac.pt €€€ Avenida Duque de Ávila 201, 1050-082. **Karte** 5 B3. *21-353 61 51.* FAX *21-353 43 14.* In dem modernen Hotel haben die meisten Zimmer einen Balkon. Kleine Bar. TV P	AE DC EC V	●			67
SALDANHA: *Real Parque* info@hoteisreal.com €€€€€ Avenida Luís Bivar 67, 1069-146. **Karte** 5 C3. *21-319 90 00.* FAX *21-382 29 30.* Das eindrucksvolle, moderne Hotel in einer ruhigen Gegend besitzt sechs behindertengerecht ausgestattete Zimmer. TV P	AE DC EC V	●			153
SALDANHA: *Sheraton Lisboa* €€€€€ Rua Latino Coelho 1, 1069-025. **Karte** 5 C3. *21-312 00 00.* FAX *21-354 71 64.* Lissabons Sheraton bietet geräumige Zimmer, Bar und Restaurant mit schöner Aussicht und ein Fitneß- und ein Kommunikationscenter. TV P	AE DC EC V	●		●	375

Zeichenerklärung siehe hintere Umschlagklappe

Preiskategorien in Euro für ein Doppelzimmer inklusive Frühstück pro Nacht:
€ unter 35 Euro
€€ 35–60 Euro
€€€ 60–100 Euro
€€€€ 100–150 Euro
€€€€€ über 150 Euro

RESTAURANT
Das Hotel verfügt über ein oder mehrere Restaurants (teilweise nur für Gäste des Hauses).

GARTEN
Die Hotelgäste können Garten, Innenhof oder Terrasse benutzen.

SWIMMINGPOOL
Zum Hotel gehört ein Schwimmbad.

KREDITKARTEN
Folgende Kreditkarten werden akzeptiert: *AE* American Express, *DC* Diners Club, *EC* Eurocard, *V* Visa.

UMGEBUNG VON LISSABON

Hotel	Kreditkarten	Restaurant	Garten	Swimmingpool	Zahl der Zimmer
ALCÁCER DO SAL: *Pousada Dom Alfonso II* W www.pousadas.pt €€€€€ Alcácer do Sal, 7850. *265-61 30 70.* FAX *265-61 30 74.* Diese stilvolle historische *pousada* ist in einem Schloß auf einem Hügel untergebracht. Blick über die Stadt und das Umland. TV P	*AE DC EC V*	●	■	●	35
CARCAVELOS: *Praia Mar* €€€€ Rua do Gurué 16, 2775-581. *21-458 51 00.* FAX *21-457 31 30.* Dieses schöne Hotel steht am längsten Sandstrand der Costa do Sol. Die Zimmer sind geräumig und komfortabel, und Sie erhalten hier die renommierten Weine aus Buçaco. TV P	*AE DC EC V*	●	■	●	158
CASCAIS: *Solar Dom Carlos* €€€ Rua Latino Coelho 8, 2750-408. *21-482 81 15.* Das einladende Hotel – früher die Sommerresidenz König Carlos I – verfügt über einen Park, eine alte Kapelle und komfortable Zimmer. TV	*AE DC EC V*		■		18
CASCAIS: *Casa da Pérgola* €€€€ Avenida Valbom 13, 2750-508. *21-484 00 40.* FAX *21-483 47 91.* Das südländische Herrenhaus verfügt über Zimmer mit Stuckdecke und kunstvollen Möbeln. Geschlossen vom 15. Dez bis 31. Jan.			■		11
CASCAIS: *Cidadela* €€€€ Avenida 25 de Abril, 2750. *21-482 76 00.* FAX *21-486 72 26.* Das Cidadela, wenige Gehminuten von der Stadtmitte entfernt, ist von einem Park umgeben. Viele Zimmer mit tollem Meerblick. TV P	*AE DC EC V*	●	■	●	113
CASCAIS: *Albatroz* €€€€€ Rua Federico Arouca 100, 2750-353. *21-484 73 80.* FAX *21-484 48 27.* Im 19. Jahrhundert ließ sich die Königsfamilie das Haus als Landsitz erbauen. Direkter Blick aufs Meer. Die luxuriöse Ausstattung und der perfekte Service ergänzen sich. TV P	*AE DC EC V*	●	■	●	46
CASCAIS: *Estoril Sol* €€€€€ Parque de Palmela, 2750-461. *21-483 90 00.* FAX *21-483 22 80.* Neben einem tollen Ausblick auf Cascais hat das Estoril Sol ein Meerwasserbecken und ein Fitneßcenter zu bieten. TV P	*AE DC EC V*	●		●	310
COSTA DA CAPARICA: *Praia do Sol* €€ Rua dos Pescadores 12, 2825-386. *21-290 00 12.* FAX *21-290 25 41.* Das kleine Hotel unweit des Strands verfügt über freundliche, gut ausgestattete Zimmer. TV	*AE DC EC V*				53
COSTA DA CAPARICA: *Costa da Caparica* €€€€ Avenida General Delgado 47, 2829-506. *21-291 89 00.* FAX *21-291 06 87.* Hübsches Hotel am Strand mit sieben behindertengerechten Zimmern. TV P	*AE DC EC V*	●	■	●	353
ERICEIRA: *Vilazul* €€€ Calçada da Baleia 10, 2655-238. *261-86 00 00.* FAX *261-86 29 27.* Von der Terrasse und einigen Zimmern dieses Hotels, das nur 500 Meter vom Meer entfernt ist, haben Sie einen tollen Blick. TV P	*AE DC EC V*	●			21
ESTORIL: *São Cristóvão* €€ Avenida Marginal 7079, 2765-480. *21-468 09 13.* FAX *21-468 09 13.* Hübsche Pension in einer alten Villa mit schöner Aussicht. P			■		14
ESTORIL: *Hotel Alvorada* €€€ Rua de Lisboa 3, 2765-240. *21-464 98 60.* FAX *21-468 72 50.* Das Hotel liegt nur wenige Gehminuten vom Strand entfernt – helle, schön möblierte Zimmer und zuvorkommender Service. TV P	*AE DC EC V*				52

ESTORIL: *Hotel da Inglaterra* Rua do Porto 1, 2765-271. *21-468 44 61.* FAX *21-468 21 08.* Einige Zimmer des beeindruckenden Herrenhauses aus dem frühen 20. Jahrhundert bieten einen schönen Blick über die Bucht von Cascais oder die umliegenden Hügel.	€€€€	AE DC EC V	●	■	●	52
ESTORIL: *Palácio* palacioestoril@mail.telepac.pt Rua do Parque, 2769-504. *21-464 80 00.* FAX *21-468 48 67.* Das Luxushotel liegt zentral zwischen Strand und Kasino und verfügt über einen 18-Loch-Golfplatz und Tennisplätze.	€€€€€	AE DC EC V	●	■	●	162
GUINCHO: *Forteleza do Guincho* www.guinchotel.pt Estrada do Guincho, 2750-642. *21-487 04 91.* FAX *21-487 04 31.* Einst eine Festung über dem Meeres, besitzt das Hotel mit seinem mittelalterlichen Dekor eine einzigartige Atmosphäre.	€€€€€	AE DC EC V	●			29
GUINCHO: *Senhora da Guia* Estrada do Guincho, 2750-374. *21-486 92 39.* FAX *21-486 92 27.* Die hübsche *estalagem* ist in einem großzügigen, von einem Park umgebenen Herrenhaus untergebracht. Meerwasserpool.	€€€€€	AE DC EC V	●	■	●	42
MAFRA: *Castelão* Avenida 25 de Abril, 2640-456. *261-81 60 50.* FAX *261-81 60 59.* Das kleine Hotel eignet sich gut für einen Aufenthalt in Mafra; saubere, freundliche Zimmer.	€€	AE DC EC V	●			35
PALMELA: *Pousada do Castelo de Palmela* www.pousadas.pt Castelo de Palmela, 2950-997. *21-235 12 26.* FAX *21-233 04 40.* Die befestigten Mauern der Burg aus dem 12. Jahrhundert umschließen eine ruhige *pousada* mit hellen Zimmern und vielen Pflanzen.	€€€€€	AE DC EC V	●	■		28
QUELUZ: *Pousada da Dona Maria I* www.pousadas.pt Largo do Palácio Nacional, 2745-191. *21-435 61 58.* FAX *21-435 61 89.* Eindrucksvolle *pousada* beim Palácio de Queluz.	€€€€€	AE DC EC V	●			26
SESIMBRA: *Hotel do Mar* www.hoteldomar.pt Rua General Humberto Delgado 10, 2970-628. *21-228 83 00.* FAX *21-223 38 88.* Üppige Gärten umgeben das Hotel auf den Klippen.	€€€€	AE DC EC V	●	■	●	168
SETÚBAL: *IBIS Setúbal* Rua Alto da Guerra, 2914-518. *265-77 22 00.* FAX *265-77 24 47.* Das Hotel verbindet Komfort und Preis-Leistungs-Verhältnis der IBIS-Kette mit schöner Lage in einem Park.	€€	AE DC EC V	●	■	●	102
SETÚBAL: *Pousada de São Filipe* www.pousadas.pt Castelo de São Filipe, 2900-300. *265-55 00 70.* FAX *265-53 25 38.* Die elegante *pousada* befindet sich in einer Burg, die Felipe II von Spanien 1590 erbauen ließ – tolle Aussicht.	€€€€€	AE DC EC V	●	■		16
SINTRA: *Central* Praça da República 35, 2710-625. *21-923 09 63.* Freundliches, charakterktervolles Hotel mit schönen alten Möbeln in der Stadtmitte.	€€€	AE DC EC V	●			10
SINTRA: *Residencial Sintra* pensao.residencial.sintra@clix.pt Travessa dos Avelares 12, 2710. *21-923 07 38.* FAX *21-923 07 38.* Nette Pension östlich des Zentrums von Sintra.	€€€	EC V		■	●	10
SINTRA: *Tivoli Sintra* www.fivolihotels.com Praça da República, 2710-616. *21-923 35 05.* FAX *21-923 15 72.* Vom modernen Tivoli Sintra, das an einer Ecke des Hauptplatzes der Stadt steht, hat man eine gute Aussicht auf das Tal.	€€€€	AE DC EC V	●			76
SINTRA: *Caesar Park* www.caesarparkpenhalonga.com Estrada da Lagoa Azul, Linhó 2714-511. *21-924 90 11.* FAX *21-924 90 07.* Der riesige Luxuskomplex besitzt einen von Robert Trent Jones jun. entworfenen 9- und einen 18-Loch-Golfplatz sowie ein Fitneßcenter.	€€€€€	AE DC EC V	●	■	●	177
SINTRA: *Palácio de Seteais* www.fivolihotels.com Av. B. du Bocage 8, 2710-517. *21-923 32 00.* FAX *21-923 42 77.* Luxuriöses Hotel in einem prachtvollen Palast aus dem 18. Jahrhundert mit hübschem Interieur und schönem Garten.	€€€€€	AE DC EC V	●	■	●	30

Zeichenerklärung siehe hintere Umschlagklappe

Restaurants, Cafés und Bars

Genießen Sie den portugiesischen Wein

Dank der Nähe zum Atlantik kann man in praktisch jedem Lissabonner Restaurant frischen Fisch und frische Meeresfrüchte – gegrillt, gekocht, überbacken oder in Form von Suppen oder Eintöpfen – genießen. Daneben bieten die Restaurants auch viele Fleischgerichte an.

In Lissabon finden Sie nicht nur traditionelle portugiesische Restaurants, sondern auch solche mit chinesischer, indischer, brasilianischer und afrikanischer Küche – ein Erbe der kolonialen Vergangenheit des Landes.

Die zahlreichen Cafés in Lissabon und in den Seebädern servieren nicht nur Kaffee und Kuchen, sondern halten zu den Essenszeiten eine reguläre Speisekarte bereit.

Wissenswertes über portugiesische Restaurants erfahren Sie in dieser Einführung; die Restaurantauswahl folgt auf den Seiten 128 ff.

Restaurants

Restaurants gibt es in Lissabon in den unterschiedlichsten Größen und Preiskategorien. Am günstigsten ist eine kleine *tasca,* eine Taverne mit wenigen Tischen, die oft von einer Familie betrieben wird. Vor allem zur Mittagszeit treffen sich hier die Einheimischen. In einer *casa de pasto* erhält man meist ein preiswertes Drei-Gänge-Menü, während ein *restaurante* aus einem gepflegteren Speisesaal besteht und eine größere Auswahl an Gerichten anbietet. In einer *marisqueira* verarbeitet man überwiegend Fisch und Meeresfrüchte, und eine *churrasqueira* – ursprünglich in Brasilien beheimatet –, tischt leckeres gegrilltes Fleisch auf. Sollte es Sie nach Bier gelüsten, sind Sie in einer gemütlichen *cervejaria* (Bierlokal) richtig. Grundsätzlich gilt, daß portugiesische Hotelrestaurants, so wie die Restaurants in den staatseigenen *pousadas (siehe S. 112),* erstklassige traditionelle Gerichte offerieren.

Der hübsche Innenhof des Restaurants Lautasco *(siehe S. 128)* in der Alfama

Essenszeiten

Für ein südländisches Land ißt man in Portugal verhältnismäßig früh. Das Mittagessen nimmt man zwischen 13 und 15 Uhr ein, und die Restaurants servieren das Abendessen von etwa 19 bis 22 Uhr. Noch später erhalten Sie nur noch in einer *cervejaria* etwas zu essen. Eine Alternative stellt ein Dinner in einem der bis in die Morgenstunden geöffneten Fado-Häuser dar.

Der prächtige Speisesaal des Cozinha Velha *(siehe S. 133)* in Queluz

Reservierungen

Vor allem in den teureren Restaurants empfiehlt es sich, einen Tisch im voraus zu reservieren. Auf jeden Fall sollten behinderte Reisende vorher anrufen, ob geeignete Einrichtungen vorhanden sind. Im allgemeinen fehlen behindertengerechte Zugänge.

Die Speisekarte

In manchen Restaurants gibt es eine *ementa turística,* ein preiswertes Drei-Gänge-Menü mit einem Getränk und einer Tasse Kaffee. Hier erwarten Sie keine versteckten Kosten für Gedeck und Service. Häufig wird das Mittagessen *(almoço)* als zweigängiges

In Cascais haben viele Restaurants und Cafés Tische im Freien

Menü angeboten, wobei Fisch oder Fleisch mit Beilage (Reis oder Kartoffeln) als Hauptgang serviert wird. Um eine regionale Spezialität kennenzulernen, sollten Sie nach dem *prato do dia,* dem Tagesgericht, fragen.

Das Abendessen *(jantar)* besteht aus zwei oder drei Gängen inklusive Dessert oder Käse.

Charakteristisch für die portugiesische Küche sind Gerichte, die in einer großen Form serviert werden; das können herzhafte Fleischeintöpfe oder im Ganzen zubereitete Fische sein, deren Preis sich nach dem Gewicht berechnet. Dies gilt vor allem für die in einer *cataplana,* der feuerfesten, dicht schließenden Kasserolle aus dem Süden Portugals, gekochten Gerichte ebenso wie für das beliebte *porco à alentejana* (mariniertes Schweinefleisch mit Muscheln).

Sie werden feststellen, daß die Portionen in portugiesischen Restaurants grundsätzlich sehr groß sind. Ist Ihnen eine ganze Portion zuviel, können Sie bedenkenlos nach einer halben Portion *(meia dose)* fragen.

Vergessen Sie nicht, daß Sie die unaufgefordert gereichten Vorspeisen – wie Oliven, Käse, Schinken, Pasteten – bezahlen müssen, und zwar abhängig vom Verzehr. Separat in Rechnung gestellt wird Ihnen in jedem Fall das Gedeck, das immer Brot und Butter beinhaltet.

***Pasteis de nata* (Cremetörtchen)**

Vegetarier

Vegetarier haben es in Portugal nicht so gut wie Fischliebhaber. Doch in Lissabon und in der Algarve gibt es genügend ethnische Restaurants, die Fleischloses anbieten. In portugiesischen Restaurants besteht ein fleischloses Gericht meist aus einem Omelett oder einem Salat.

Getränke

Portugal ist berühmt für zwei Getränke, die aus Wein gewonnen werden: Portwein *(siehe S. 126f)* und Madeira – wenn Sie Alkohol nicht generell ablehnen, sollten Sie beide während Ihres Aufenthalts kosten. Der weiße Portwein wird leicht gekühlt als Aperitif getrunken, während der schwerere rote ein vorzüglicher Dessertwein ist.

Als Getränk zu den Mahlzeiten empfiehlt sich der einheimische Wein *(siehe S. 124f);* selbst in den einfachsten Restaurants ist der Hauswein von einer bemerkenswerten Qualität. Außerdem ist überall Bier erhältlich – weit verbreitet sind die Lagerbiere Sagres und Super Bock. In *cervejarias* wie der beliebten Cervejaria da Trindade im Bairro Alto erhalten Sie viele Biere vom Faß.

Zum Durstlöschen bietet sich das einheimische Mineralwasser an, das es *com gás* (mit Kohlensäure) und *sem gás* (still) gibt.

Bezahlen

In den meisten restaurants wird das Gedeck extra berechnet. Ist der Service nicht im Gesamtpreis enthalten, sollten Sie ein Trinkgeld von 10 Prozent der Rechnungssumme geben.

Kinder

In Portugal stört man sich nicht an Kindern in Restaurants – für Portugiesen gehören Kinder einfach dazu. Kindergerichte oder spezielle Kinderportionen zu ermäßigtem Preis sind fast immer zu erhalten.

Rauchen

Rauchen ist in Portugal überall erlaubt, sofern kein Schild mit der Aufschrift *Proibido fumar* dies verbietet. In Restaurants gibt es kaum Nichtraucherecken.

Kaffee

Kaffee – zu jeder Tages- und Nachtzeit getrunken – gibt es in vielen Varianten. Eine kleine Tasse starken Kaffees ist *um café* oder *uma bica;* einen Espresso nennt man *uma italiana.* Etwas schwächer ist *uma carioca de café.* Ein Espresso mit einem Schuß Milch heißt *um garoto escuro,* mit etwas mehr Milch *um garoto claro.* Einen Milchkaffee bestellt man als *café com leite.* Mögen Sie Kaffee mit viel Milch, sollten Sie *um galão* ordern; er wird in einem hohen Glas serviert und enthält mehr Milch als Kaffee. Auch hier haben Sie die Wahl zwischen *claro* (viel Milch) und *escuro.*

Uma bica

Um galão

Was ißt man in Lissabon?

Butterkäse

LISSABON IST EIN SPIEGELBILD der kulinarischen Vielfalt Portugals. Die Speisen der einzelnen Regionen des Landes kann man hier genießen, und dank seiner Lage nahe dem Atlantik sind in Lissabon Fisch und Meeresfrüchte stets frisch. Getrockneten Kabeljau *(bacalhau)* bereitet man auf unzählige verschiedene Weisen zu – auch gegrillte Sardinen gehören zum Standardangebot der Restaurants. Ein weiteres beliebtes Gericht ist *porco à alentejana,* mariniertes Schweinefleisch mit Muscheln. Die im Überfluß vorhandene Milch von Schafen und Ziegen wird zu zahlreichen wohlschmeckenden Käsesorten verarbeitet.

Obst *gibt es in Hülle und Fülle in Lissabon; sehr schmackhaft sind die Orangen der Algarve.*

Pasteis de bacalhau *sind kleine Kroketten aus Kabeljau, die zu jeder Gelegenheit gegessen werden.*

Caldo verde*, die berühmteste Suppe Portugals, erhält ihre charakteristische Farbe durch* couve galega, *Grünkohl.*

Geräucherte Wurst und Schinken *spielen eine wichtige Rolle in der portugiesischen Küche.*

Leitão à Bairrada, *knusprig geröstetes Spanferkel, genießt man warm oder kalt – es ist fast überall erhältlich.*

Frango à piri-piri, *gegrilltes Hühnchen, stammt aus den afrikanischen Kolonien Por-tugals.*

Bife à café *ist ein zartes Steak mit Spiegelei; als Beilage reicht man üblicherweise Pommes frites.*

Bacalhau à Gomes de Sá *stammt aus Porto und besteht aus Schichten von Kabeljau, Kartoffeln und Zwiebeln, garniert mit Eiern und Oliven.*

Porco à alentejana, *mariniertes Schweinefleisch mit Muscheln, wird mit Weißwein, Knoblauch, Petersilie, Paprika und weiteren Gewürzen zubereitet.*

Käse *aus Schafs- oder Ziegenmilch ißt man mit frischen Brötchen; sehr delikat ist Requeijão.*

***Meeresfrüchte** werden in ganz Portugal geschätzt. In Lissabon gibt es zahlreiche Restaurants, die Hummer, Krebs oder Languste vorzüglich zube-reiten, ebenso wie Krabben, Garnelen und Austern. Für* arroz de marisco, *Reis mit Meeresfrüchten, verwendet man verschiedene Muscheln.*

***Açorda de marisco** ist eine Brotsuppe mit Koriander und Knoblauch und Meeresfrüchten als Einlage.*

***Sardinhas assadas** werden auf dem Holzkohlengrill zubereitet und sind eine sommerliche Delikatesse.*

***Mousse de chocolate** aus dunkler Schokolade ist ein beliebtes Dessert in Portugal.*

***Arroz doce**, ein sahniger Milchreis, wird mit Zitronenschalen und Vanille bestreut.*

***Törtchen** wie* pasteis de nata *werden zu jeder Gelegenheit verzehrt; eine häufige Zutat sind Mandeln.*

GETRÄNKE

Portugal ist die Heimat einiger erstklassiger Weine *(siehe S. 124f)*, aus denen Erzeuger wie JM da Fonseca *aguardente* (Schnaps) herstellen. Mineralwässer wie das aus Luso sind überall erhältlich. Auch Bier wird in Lissabon viel getrunken; dies erklärt die Existenz der zahlreichen *cervejarias* (Bierlokale). Der *licor de Amêndoa Amarga* ist ein bitterer Mandellikör.

Aguardente Velha Reserva

Mineralwasser aus Luso

Licor de Amêndoa Amarga

Sagres-Bier

Die Weine Portugals

OBWOHL PORTUGIESISCHE Weine nach wie vor im Schatten des berühmten Portweins stehen, sollte man auch ihnen Beachtung schenken. Inzwischen haben viele Rotweine – wie die vollmundigen aus dem Duoro (zum Teil aus denselben Trauben wie Portwein) – zu einem eigenen, interessanten Stil gefunden. Erstklassige Weißweine sind selten, dennoch gibt es in jeder Region ein paar davon. Nicht zu vergessen ist der Vinho Verde, der meist leicht kohlensäurehaltige Weißwein aus dem Norden.

***Moussierende Roséweine** wie Mateus und Lancers sind Portugals Exportschlager. Vielleicht wurden die besseren Tafelweine aus Portugal wegen diesen Produkten lange verkannt.*

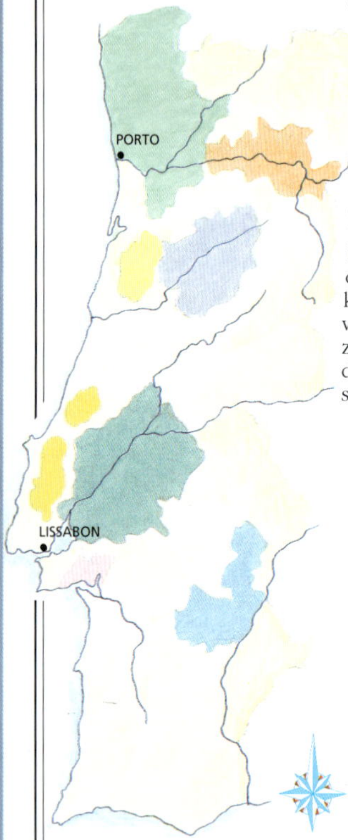

Weinbaugebiete

Jede Weinbauregion bewahrt sich durch die Spezialisierung auf bestimmte portugiesische Rebsorten ihren eigenen Stil. Durch moderne Weinherstellungstechniken wurde auch die Qualität verbessert, und bislang hat die zunehmende Traubeneinfuhr die Individualität portugiesischer Sorten nicht verdrängt.

Legende

- Vinhos Verdes
- Douro
- Dão
- Bairrada
- Estremadura
- Ribatejo
- Setúbal
- Alentejo

0 Kilometer 50

Vinho-Verde-Anbaugebiet bei Lapela unweit von Monção im Minho

In der Kellerei des Palace Hotel do Buçaco in Coimbra lagern berühmte Rotweine

Was das Etikett aussagt

Tinto bedeutet rot, *branco* weiß, *seco* trocken und *doce* lieblich. Weitere wesentliche Informationen sind der Name des Winzers, des Anbaugebiets und der Jahrgang. Der Wein besteht zu mindestens 80 % aus der auf dem Etikett genannten Rebsorte. *Denominação de Origem Controlada* (DOC) bezeichnet Wein, der nach strengen Regel hergestellt wurde, was aber - wie so oft - keine höhere Qualität als bei den nominell einfacheren, als *Vinho Regional* bezeichneten Weinen voraussetzt. Das Rückenetikett macht oft hilfreiche Angaben zu Rebsorte und Herstellungsweise.

Dieser Wein kommt aus dem Douro und wurde nach DOC-Standard hergestellt.

Der Name dieses Weins bedeutet "Von den Hängen des Flußes Tua", wodurch die Herkunft erklärt wird.

***Reserva* heißt**, daß der wein whrscheinlich in Eichenfässern gereift ist. Außerdem wird dem Wein eine höhere Qualität als den nicht als Reserva bezeichneten Weinen desselben Winzers bescheinigt.

Die Sociedade Agrícola e Comercial dos Vinhos Vale da Corça, Lda, hat diesen Wein gekeltert und abgefüllt.

Vinho verde, *„grüner Wein" aus der Region Minho, kann rot oder weiß sein, ist jedoch immer moussierend; trockene rote Varianten gibt es vereinzelt. Typischer weißer* Vinho Verde *ist sehr trocken, leicht moussierend und hat einen geringen Alkohol- aber hohen Säuregehalt. Er sollte im Jahr nach der Ernte getrunken werden. Eine schwerere weiße Variante wird aus der Alvarinho-Traube gewonnen.*

Bairrada *ist ein Weinbaugebiet, in dem man hauptsächlich die kleine, dickhäutige Rebsorte Baga findet. Daraus werden schwere Weine gewonnen, die manchmal einen leicht rauchigen oder pinienähnlichen Geschmack aufweisen. Wie die Dão-Weine müßen sie erst noch weicher werden. Neuerdings gibt es mehr und mehr bekömmlichere rote (oft mit* Vinho Regional das Beiras *bezeichnet) und frischere weiße Varianten.*

Ribatejo *heißt das fruchtbare Tejo-Tal im Norden und Osten Lissabons. Nach Estremadura ist es der produzierten Menge nach Portugals zweitgrößtes Weinbaugebiet, die Güte seiner Qualitätsweine wird jedoch erst almählich erkannt. Der beste Wein wird hauptsächlich im der Gegend von Almeirim hergestellt, aber wie in Estremadura sind die als* Vinho Regional *bezeichneten oft besser als DOC-Weine.*

Das Douro-Tal *ist als Herkunftsgebiet von Portwein bekannt, aber zumeist wird etwa die Hälfte des hier hergestellten Weins trocken zu Tafelwein vergärt, und diese Weine sind in Portugal führend. Der Vorreiter, Barca Velha, trat vor 50 Jahren zum ersten Mal in Erscheinung und ist heute hochgeschätzt und auch sehr teuer. Weitere erstklassige Winzer sind Calheiros Cruz, Domingos Alves de Sousa, Quinta das Castas, Quinta do Crasto und Ramos-Pinto.*

Weinlese für *Vinho Verde* in Nordportugal

Setúbal*, im Süden von Lissabon, ist berühmt für seinen süßen, kräftigen Muskatellerwein, den Moscatel de Setúbal. Zudem wird in der Region hervorragender, meist roter Tafelwein hergestellt. Zwei Winzer dominieren den Markt: José Maria da Fonseca* (siehe S.107) *und J.P. Vinhos. Die Genosenschaft in Santo Isidro de Pegões vertreibt preiswerte Weine, kleinere Weingüter wie die von V.C. Lima, H. do Castanheiro und E. Freitas sind jedoch auch nicht zu verachten.*

Aus dem ***Dão-Tal*** *stammen einige der besten Weine Portugals. Kleine Güter wie Quinta dos Roques, Quinta da Pellada und Quinta de Cabriz und die große Sogrape-Genossenschaft stellen fruchtige Rotweine, die jung getrunken werden, frische, trockene Weiß- und vollmundige Rotweine her. Ganz im Gegensatz zu den schweren und oft mit Sauerstoff versetzten Weinen von früher.*

Estremadura *ist das westlichste Weinbaugebiet in Portugal und erst seit kurzem als eigenständiges Anbaugebiet anerkannt. Einige Winzer produzieren guten, neuartigen* Vinho Regional. *Zu empfehlen sind die Weine von DFJ, Casa Santos Lima, Quinta de Pancas und Quinta do Monte d'Oiro. Der interessanteste DOC ist der aus Alenquer. Aus Bucelas im Süden kommen einige gute, leichte Weißweine.*

Der Wein aus ***Alentejo*** *hat in den letzten Jahren, was die Qualität betrifft, den größten Sprung nach vorn gemacht. Lange als Herkunft von einfachen, roten Hausweinen für Restaurants verachtet, werden hier mittlerweile einige der edelsten Rotweine des Landes und exzellente Weiße hergestellt. Zu den besten Produzenten zählen Herdade do Esporão, Herdade dos Coelheiros, Cortes de Cima und João Portugal Ramos.*

Die Geschichte des Portweins

PORTWEIN WURDE IM 17. JAHRHUNDERT »entdeckt«, als englische Kaufleute den Wein aus dem nördlichen Douro mit Schnaps versetzten, damit er beim Transport nicht sauer würde. Je stärker und süßer der Wein war, desto besser der Geschmack. In den wichtigsten Kellereien werden die Lager- und Verschnittmethoden noch heute verfeinert. Croft war einer der ersten großen Spediteure, gefolgt von anderen englischen und schottischen Firmen. Der Portweinhandel ist heute noch überwiegend in britischer Hand und einige Firmen sind noch immer Familienbetriebe.

Ein *barco rabelo* mit Portwein auf dem Douro

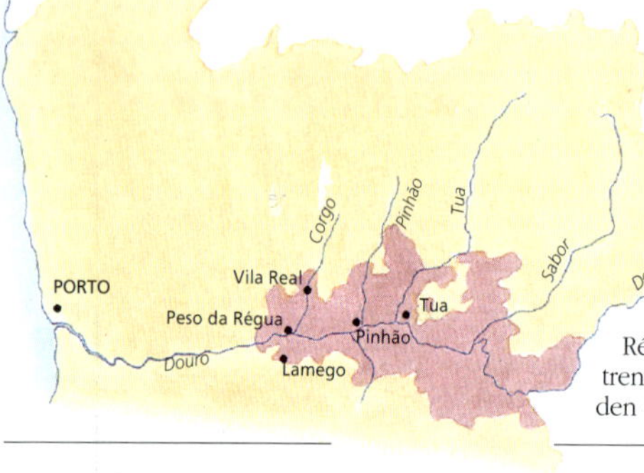

DAS ANBAUGEBIET

Portwein stammt ausschließlich aus einer abgegrenzten Region im oberen Douro-Tal, die sich 100 Kilometer Richtung Spanien erstreckt. Peso c Régua und Pinhão sind die Produktionszen tren, doch die besten Weinberge gehören zu den Gütern im rauhen Osten.

PORTWEINARTEN

Hochwertigen Portwein unterteilt man im wesentlichen in zwei Kategorien. Flaschengereifter Portwein ist farblich intensiver und reift nach dem Abfüllen. Holzgereifter Portwein nach dem Abfüllen sofort trinkfertig. Der »Rub und der ungereifte »Tawny« sind leichtere Variante weißer Portwein dagegen eine eigene Katagorie.

»Vintage«

***Der Vintage**, der Wein der besten Lagen eines einzigen Jahrgangs, reift zwei Jahre in Eichenfässern, bevor er verschnitten und in Flaschen abgefüllt wird, in denen er weiteraltert.*

LBV

***Der LBV (Late Bott led Vintage)** ist Wein eines Jahrgangs. Vier bis sechs Jahre nach der Ernt abgefüllt, braucht gefilteter LBV nicht dekantiert zu werden, oft hat er aber weniger Geschmack als ungefilterter.*

»Aged Tawny«

***Der »Aged Tawny«** ist ein Verschnitt aus hochwertigen Weinen, die lange in Holzfässern gereift sind. Die Altersangaben stimmen nicht exakt, aber je älter, desto blasser, milder und weniger fruchtig - und auch teurer.*

»Tawny«

***Der »Tawny«** ohne Altersangabe reift oft nicht lange genug in Holz, um geschmacklich an den »Aged Tawny« heranzureichen. Er ist leicht und recht billig, manchmal ein Verschnitt aus rotem und weißem Wein.*

»Ruby«

***Dieser rubinrote**, überaus fruchtige Portwein reift zwei bis drei Jahre und teilweise in Holzfässern. Geschmacklich ist er weniger komplex als der LBV und der Vintage, aber dafür auch weit billiger.*

Weiß

***Weißer** Portwein wird aus weißen Trabuen gewonnen und ist mehr oder weniger süß. Meist wird er gekühlt als Aperitif getrunken. Bisweilen enthält weißer Portwein etwas weniger als die üblichen 20% Alkohol.*

Die Trauben werden in Weidenkörben zur Kellerei gebracht

So entsteht Portwein

Ende September erreicht das Jahr der Douro-Weinbauern seinen Höhepunkt. Zahlreiche Weinleser kommen dann zur Lese. Mehr als vierzig Sorten werden zu Portwein verarbeitet, fünf davon sind jedoch besonders herausragend.

Das Traubentreten *in Steinbottichen (lagares) ist in traditionsbewußten Gütern noch üblich, weil es dem Wein wohl eine besondere Qualität verleiht.*

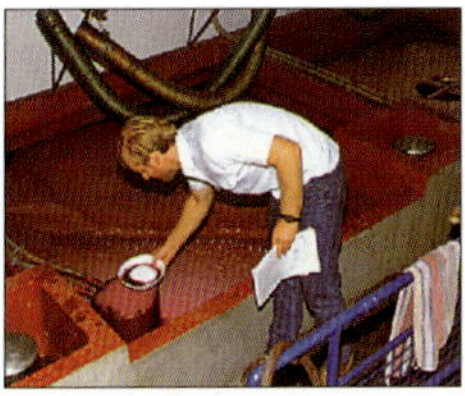

Die Fermentierung *in Zement- oder Stahltanks ist eine gängigere Methode. Das Kohlendioxid im Tank drückt den Most nach oben in eine offene Rinne. Das Gas entweicht, und der Most läuft über die Traubenkerne und -schalen wieder zurück nach unten.*

Beim Verstärken *läuft der halbvergorene Most in einen zweiten Behälter, in dem Tresterbranntwein zugesetzt wird. Die Gärung wird unterbunden, und die natürliche Fruchtsüße des Weins bleibt erhalten.*

Tausende Flaschen *von Grahams »Vintage« 1977 warten in der Kellerei de Vila Nova de Gaia auf die optimale Reife.*

Hochwertiger »Tawny« *altert in den Kellereien in Eichenfässern. Der abgefüllte Portwein ist trinkfertig und muß nicht dekantiert werden.*

»Vintage«-Portwein

Um den enorm hohen Qulitätsstandard zu halten und den Markt nicht zu übersättigen, erklären die Portweinwinzer nicht jedes Jahr einen Wein zum »Vintage«. Jedes Jahr wird der Wein aus den besten Lagen 18 Monate lang genau beobachtet, und andere Winzer beurteilen seine Qualität, bevor ein Entschluß gefaßt wird. Wird ein Wein nicht zum »Vintage« erklärt, verbleibt er in den Holzfässern, um später zum »Tawny« oder LBV verschnitten zu werden, oder aber er wird als »Single Quinta« Portwein - sozusagen als »Zweite-Wahl-Vintage« - abgefüllt. Ein Winzer erklärt durchschnittlich in zehn Jahren drei Weine zum »Vintage«.

Um seinen vollen Geschmack zu entfalten, muß ein guter »Vintage« nach der Abfüllung noch mindestens 15 Jahre reifen, wenngleich viele Ungeduldige nicht so lange warten; so wurde das Trinken von jungem »Vintage« sogar zur Mode. Zur Liste der wirklich erstklassigen »Vintages« kommen ständig neue hinzu. Weinkenner halten den von 1963 jedoch übereinstimmend für unübertroffen.

»Vintages« bis 1939:
1927, 1931, 1935:
Erstklassig, jedoch sehr selten.

»Vintages« ab 1945:
1945, 1947, 1948, 1955: Nur für sehr Reiche und mit viel Glück zu haben.
1963 Vielleicht der beste »Vintage« seit 1945.
1970 Wachsendes Ansehen, mittlerweile dem 1963er ebenbürtig.
1994 Ein edler »Vintage«, besonders der von Dow, Taylor und Quinta do Noval.
1997 Ebenfalls hervorragend.
2000 Ein vielversprechender Jahrgang.

Taylors »Vintage« 1994

Restaurantauswahl

Die Restaurants in diesem Führer wurden wegen ihrer bemerkenswerten Küche, ihres guten Preis-Leistungs-Verhältnisses und ihrer günstigen Lage ausgewählt. Die Aufstellung beginnt – nach Vierteln gegliedert – mit Lissabon; die Restaurants der Umgebung folgen auf den Seiten 132f.

Lissabon

Restaurant	Kreditkarten	Lange Öffnungszeiten	Tische im Freien	Gute Weinkarte
Alcântara: *Espalha Brasas* €€€ Doca de Santo Amaro, Armazém 12. **Karte 3 A5.** *21-396 20 59.* Späzialität des Restaurants in der lebhaften Hafengegend sind Fisch und Cocktails. Im Sommer empfiehlt sich ein Tisch im Freien. *mittags (Aug), So.*	AE DC EC V	■	●	
Alfama: *Hua-Ta-Li* €€ Rua dos Bacalhoeiros 109–115. **Karte 7 C4.** *21-887 91 70.* Großes chinesisches Restaurant unweit der Docks. Schneller, guter Service.				
Alfama: *Lautasco* €€ Beco do Azinhal 7a (nahe Rua de São Pedro). **Karte 8 E4.** *21-886 01 73.* Das Lautasco, ein ländlich eingerichtetes Restaurant, konzentriert sich auf unverfälschte portugiesische Küche. *So; 20. Dez–15. Jan.*	AE DC EC V	■	●	
Alfama: *Metre André* €€€ Calçadinha de Santo Estevão 6. **Karte 8 E3.** *21-887 14 87.* In dem beliebten portugiesischen Restaurant stehen köstliche Schweine- und Fischgerichte sowie hervorragendes *Churrasco* (Fleisch vom Spieß) *(siehe S.120)* auf der Speisekarte. *So.*	AE	■	●	
Alfama: *Restô do Chapitô* €€€ Costa do Castelo 7. **Karte 7 C3.** *21-886 73 34.* Auf der langen Speisekarte finden sich auch zahlreiche internationale Gerichte. Lebhaftes Restaurant mit schönem Blick über den Hafen. *Mo.*		■	●	■
Alfama: *Sol Nascente* €€€ Rua de São Tomé 86. **Karte 8 D3.** *21-887 72 13.* In diesem Restaurant genießen Sie nicht nur hervorragende Meeresfrüchte, sondern auch den Blick auf den Tejo. *Mo.*	AE DC EC V	■	●	
Alfama: *Casa do Leão* €€€€ Castelo de São Jorge. **Karte 8 D3.** *21-887 59 62.* Im Castelo de São Jorge *(siehe S.38f)* verwöhnt das erstklassige Restaurant seine Gäste mit traditioneller portugiesischer Küche und tadellosem Service. *Mo–Fr.*	AE DC EC V		●	■
Alfama: *Faz Figura* €€€€ Rua do Paraíso 15b. **Karte 8 F2.** *21-886 89 81.* Schickes Restaurant mit einer Terrasse, von der aus Sie einen tollen Blick auf Tejo und Stadt haben. Empfehlenswert sind die *cataplana*-Gerichte und *picanha* (gegrilltes Steak). *Sa mittags, So.*	AE DC EC V		●	■
Almada: *Atira-te ao Rio* €€€ Cais do Ginjal 69–70. *21-275 13 80.* Brasilianische Küche auf der anderen Seite des Tejo. Freitags und samstags spielt eine Combo Samba-Musik. *Mo.*		■	●	
Bairro Alto: *Bota Alta* €€€ Travessa da Queimada 35–37. **Karte 7 A3.** *21-342 79 59.* Die Wände des Restaurants zieren originale Gemälde; traditionelle portugiesische Küche. *Sa mittags, So.*	AE DC EC V			
Bairro Alto: *Casanostra* €€€ Travessa do Poço da Cidade 60. **Karte 7 A3.** *21-342 59 31.* Die Karte des italienischen Restaurants enthält zahlreiche Spezialitäten; das Interieur ist in Grün, Weiß und Schwarz gehalten. *Mo, Sa mittags.*	AE DC EC V			
Bairro Alto: *El Último Tango* €€€ Rua Diário de Notícias 62. **Karte 7 A4.** *21-342 03 41.* In dem argentinischen Restaurant ißt man bevorzugt über dem Feuer gegrilltes Fleisch. *So; mittags; 2 Wochen im Juni, 2 Wochen im Okt.*	EC V	■	●	

Preiskategorien für ein Drei-Gänge-Menü, inklusive einer halben Flasche Wein, Gedeck und Service:

€ unter 10 Euro
€€ 10–15 Euro
€€€ 15–20 Euro
€€€€ 20–30 Euro
€€€€€ über 30 Euro

LANGE ÖFFNUNGSZEITEN
Die Küche ist bis nach 22 Uhr geöffnet; Essens-bestellungen sind in der Regel bis 23 Uhr möglich.

TISCHE IM FREIEN
Man kann auf einer Terrasse oder in einem Garten essen, oft mit schöner Aussicht.

GUTE WEINKARTE
Das Restaurant verfügt über eine große Auswahl guter Weine.

KREDITKARTEN
Folgende Kreditkarten werden akzeptiert: *AE* American Express, *DC* Diners Club, *EC* Eurocard und *V* Visa.

	Kreditkarten	Lange Öffnungszeiten	Tische im Freien	Gute Weinkarte
BAIRRO ALTO: *Massima Culpa* €€€ Rua da Atalaia 35–37. **Karte** 4 F2. ☎ *21-342 01 21.* Eine ungezwungene Atmosphäre herrscht in dem einfach eingerichteten italienischen Restaurant; es gibt viele Antipasti und Pastagerichte. ● *mittags, Mo.* ▤	AE DC EC V	■		
BAIRRO ALTO: *Canto do Camões* €€€€ Travessa da Espera 38. **Karte** 7 A4. ☎ *21-346 54 64.* Das kleine Fado-Restaurant tischt portugiesische und internationale Gerichte auf. ● *So (Nov–März).* ▤ ♫	AE DC EC V	■		
BAIRRO ALTO: *Pap' Açorda* €€€€ Rua da Atalaia 57. **Karte** 4 F2. ☎ *21-346 48 11.* Wegen der *açorda de mariscos* (Brotsuppe mit Meeresfrüchten) und anderer portugiesischer Spezialitäten kommen Einheimische wie Touristen gleichermaßen gern hierher. ● *Mo mittags, So; 2 Wochen im Juli, 2 Wochen im Okt.* ▤	AE DC EC V			■
BAIRRO ALTO: *Tavares* €€€€€ Rua da Misericórdia 35–37. **Karte** 7 A4. ☎ *21-342 11 12.* Das älteste Restaurant Lissabons – gegründet 1784 – rühmt sich einer phantastischen *foie gras* und überbackenem Seebarsch mit Krabben. ● *Sa, So mittags.* ▤ ♿	AE DC EC V			■
BAIXA: *Casa do Alentejo* €€ Rua das Portas de Santo Antão 58. **Karte** 7 A2. ☎ *21-346 92 31.* Das schöne Haus aus dem 19. Jahrhundert beherbergt ein Restaurant, das sich der Küche des Alentejo widmet. ● *1.–19. Aug.*	EC V			
BAIXA: *Ribadouro* €€ Rua do Salitre 2–12. **Karte** 4 F1. ☎ *21-354 94 11.* Spezialität dieser Cervejaria an der Ecke der Avenida da Liberdade sind Meeresfrüchte. ▤	AE DC EC V	■		
BAIXA: *Lagosta Real* €€€ Rua das Portas de Santo Antão 37. **Karte** 7 A2. ☎ *21-342 39 95.* In erster Linie ißt man hier Fisch und Meeresfrüchte, natürlich auch Languste. ▤	AE DC EC V	■	●	■
BAIXA: *Paris* €€€ Rua dos Sapateiros 126. **Karte** 7 B4. ☎ *21-346 97 97.* In dem seit fast fünfzig Jahren bestehenden Restaurant serviert man eine Mischung aus portugiesischer und galicischer Küche. ▤ ♿	AE DC EC V			
BAIXA: *Solar dos Presuntos* €€€ Rua das Portas de Santo Antão 150. **Karte** 7 A2. ☎ *21-342 42 53.* Man sieht schon in der Auslage, was empfehlenswert ist: Fisch und Meeresfrüchte. ● *So; 2 Wochen im Aug, 1 Woche an Weihnachten.* ▤	AE DC EC V			
BAIXA: *Gambrinus* €€€€€ Rua das Portas de Santo Antão 23. **Karte** 7 A2. ☎ *21-342 14 66.* Das in ganz Portugal bekannte Restaurant wartet mit einer vorzüglichen zeitgenössischen Küche und einem perfekten Service auf. Die Weinkarte enthält auch schöne alte Portweine. ● *1. Mai.* ▤	AE V	■		■
BAIXA: *Já Sei* €€€ Avda Brasilia 202. **Karte** 1 A5. ☎ *21-301 59 69.* Restaurant mit wunderbarer Lage direkt am Fluss. Besonders im Sommer empfehlenswert. Ganzjährig Gerichte mit Meeresfrüchten. ● *So abends, Mo.* ▤ ♫	AE DC EC V		●	■
BELÉM: *São Jerónimo* €€€€ Rua dos Jerónimos 12. **Karte** 1 C4. ☎ *21-364 87 97.* Das São Jerónimo ist ein elegantes, geräumiges Restaurant, das im Stil der 30er Jahre eingerichtet ist. Auf der Karte stehen ambitionierte portugiesische und französische Gerichte. ● *Sa mittags, So.* ▤	AE DC EC V			■

Zeichenerklärung siehe hintere Umschlagklappe

Preiskategorien für ein Drei-Gänge-Menü, inklusive einer halben Flasche Wein, Gedeck und Service:

€ unter 10 Euro
€€ 10–15 Euro
€€€ 15–20 Euro
€€€€ 20–30 Euro
€€€€€ über 30 Euro

Lange Öffnungszeiten
Die Küche ist bis nach 22 Uhr geöffnet; Essens-bestellungen sind in der Regel bis 23 Uhr möglich.

Tische im Freien
Man kann auf einer Terrasse oder in einem Garten essen, oft mit schöner Aussicht.

Gute Weinkarte
Das Restaurant verfügt über eine große Auswahl guter Weine.

Kreditkarten
Folgende Kreditkarten werden akzeptiert: *AE* American Express, *DC* Diners Club, *EC* Eurocard und *V* Visa.

Belém: *Vela Latina* €€€€
Doca do Bom Sucesso. **Karte** 1 B5. *21-301 71 18.*
Die Spezialität des Restaurants, das sich unweit des Tejo befindet, ist *cataplana rica do mar* (Meeresfrüchte). *So.*

Belém: *O Nobre* €€€€€
Rua das Mercês 71a–b. **Karte** 2 D3. *21-363 38 27.*
Das elegante Restaurant serviert herzhafte portugiesische Küche – köstlich zubereitet. *So, Sa mittags.*

Campo Pequeno: *Chimarrão* €€€
Campo Pequeno 79. **Karte** 5 C1. *21-793 97 60.*
Brasilianisches Restaurant, das gute Fleischgerichte wie *rodízio* anbietet.

Campo Pequeno: *António Clara – Clube dos Empresários* €€€€
Avenida da República 38. **Karte** 5 C1. *21-799 42 80.*
Allein das Ambiente – eine hübsche alte Villa – lohnt den Besuch; makellose französische Küche. *So.*

Chiado: *Adega do Ribatejo* €€€
Rua Diário de Noticias 23. **Karte** 7 A4. *21-346 83 43.*
Entzückende Taverne mit Grill- und Fischspezialitäten. Hier finden häufig tolle *Fado*-Konzerte statt. *So.*

Chiado: *Tágide* €€€€€
Largo da Academia Nacional de Belas Artes 18–20. **Karte** 7 B5. *21-342 07 20.*
Elegantes Restaurant, das mit *azulejos* aus dem 18. Jahrhundert geschmückt ist und in dem ein Brunnen aus dem 17. Jahrhundert plätschert. Delikate portugiesische Küche, die ihren Preis wert ist. *Sa mittags, So.*

Entrecampos: *A Gôndola* €€€
Avenida de Berna 64. **Karte** 5 B2. *21-797 04 26.*
Das freundliche italienische Restaurant tischt neben italienischen Gerichten auch portugiesische Leckereien auf. Im Sommer können Sie im prächtigen Garten speisen. *So.*

Estefânia: *Espiral* €
Praça da Ilha do Faial 14a. **Karte** 6 D3. *21-357 35 85.*
Das einfache vegetarische Restaurant liegt an einem schönen Platz und bietet eine große Speisekarte, einschließlich frisch gepreßter Säfte und biologischer Weine. *1. Jan, 1. Mai.*

Estefânia: *Clara Restaurante* €€€€€
Campo dos Mártires da Pátria 49. **Karte** 6 D5. *21-885 30 53.*
Das geräumige und luxuriöse Restaurant ist in einem grüngekachelten Herrenhaus untergebracht; auf der sorgfältig zusammengestellten Karte überwiegt traditionell Portugiesisches. *Sa mittags, So; 1.–15. Aug.*

Estrela: *Conventual* €€€€
Praça das Flores 44–45. **Karte** 4 E2. *21-390 91 96.*
Die Karte des mit religiösen Gegenständen geschmückten Restaurants enthält originelle Fisch- und Fleischgerichte. *Sa mittags, So, Mo.*

Graça: *Via Graça* €€€
Rua Damasceno Monteiro 9b. **Karte** 8 D1. *21-887 08 30.*
Das Via Graça bietet eine schöne Aussicht auf Burg und Baixa und delikat zubereitete portugiesische Speisen. *Sa mittags, So.*

Lapa: *Café d'Arte* €
Rua das Janelas Verdes, Museu de Arte Antiga. **Karte** 4 D4. *21-396 09 30.*
Das aufregendste an diesem Lokal ist die großartige Lage beim Tejo; preiswerte Mittagsgerichte. *Mo, Di u. abends (schließt mit dem Museum).*

	Kreditkarten	Lange Öffnungszeiten	Tische im Freien	Gute Weinkarte
Vela Latina	AE DC EC V	■	●	■
O Nobre	AE EC V	■		■
Chimarrão	AE DC EC V	■		■
António Clara	AE DC EC V			■
Adega do Ribatejo	EC V	■		
Tágide	AE DC EC V			■
A Gôndola	AE EC V		●	■
Espiral	AE EC V			
Clara Restaurante	AE DC EC V		●	■
Conventual	AE DC EC V			■
Via Graça	AE DC EC V	■		■
Café d'Arte	AE EC V		●	

LAPA: *Picanha* Rua das Janelas Verdes 96. **Karte** 4 D4. *21-397 54 01.* Im Picanha serviert man nur ein Gericht: *picanha,* gegrilltes Rumpsteak mit Kartoffeln, Reis, Salat und Bohnen. *Sa, So mittags.*	€€€		■		■
LAPA: *Nariz de Vinho Tinto* Rua do Conde 75. **Karte** 4 D3. *21-395 30 35.* Das Restaurant bietet erstklassige Speisen und ist bekannt für seine Schmorgerichte und regionale Küche, u.a. auch Wild (nach Saison). *Mo.*	€€€€	AE V	■		■
LAPA: *A Confraria* Rua das Janelas Verdes 32. **Karte** 4 D4. *21-396 24 35.* Das hübsche, gekachelte Hotelrestaurant mit abwechslungsreicher Speisekarte. Innen beeindrucken die gekachelten Wände, im Hof die vielen Blumen.	€€€€€	AE DC EC V		●	■
LAPA: *Ristorante Hotel Cipriani* Lapa Palace, Rua do Pau da Bandeira 4. **Karte** 3 C3. *21-394 94 34.* Hier wird italienische und mediterrane Küche in einem eleganten Ambiente serviert. Es gibt einen Nichtraucherbereich.	€€€€€	AE DC EC V			■
LAPA: *Sua Excelência* Rua do Conde 34. **Karte** 4 D3. *21-390 36 14.* In legerer Atmosphäre genießen Sie hier klassische portugiesische Küche, hervorragend zubereitet. *Sa u. So mittags, Mi; Sep.*	€€€€€	AE DC EC V		●	■
RATO: *Os Tibetanos* Rua do Salitre 117. **Karte** 4 F1. *21-314 20 38.* Das vegetarische Restaurant, das sich in einem buddhistischen Zentrum befindet, tischt preiswertes tibetisches Essen auf. *Sa, So.*	€€	AE EC V		●	
RATO: *Casa da Comida* Travessa das Amoreiras 1. **Karte** 5 B5. *21-388 53 76.* Exquisites Restaurant mit nettem Patio und köstlichen traditionellen Gerichten. *Sa mittags, So.*	€€€€€	AE DC EC V	■	●	■
ROTUNDA: *Restaurante 33A* Rua Alexandre Herculano 33a. **Karte** 5 C5. *21-354 60 79.* Dem gepflegten Ambiente entspricht die hervorragende portugiesische Küche. *Sa mittags, So.*	€€€€	AE DC EC V		●	■
ROTUNDA: *Pabe* Rua Duque de Palmela 27a. **Karte** 5 C5. *21-353 74 84.* Im Pabe mit seinem mittelalterlichen Dekor steht Portugiesisches auf der Speisekarte.	€€€€€	AE DC EC V	■		■
ROTUNDA: *O Terraço* Hotel Tivoli Lisboa, Avenida da Liberdade 185. **Karte** 4 F1. *21-319 89 61.* Mittags serviert das im obersten Stockwerk gelegene Restaurant innovative Tagesgerichte. Von der Terrasse aus hat man einen wunderbare Aussicht.	€€€€€	AE DC EC V		●	■
SALDANHA: *António* Rua Tomás Ribeiro 63. **Karte** 5 C3. *21-353 87 80.* Einfache, unprätentiöse Küche – ideal für ein schnelles Mittagessen. *So.*	€€	V		●	
SALDANHA: *Cervejaria Portugalia* Avendida Almirante Reis 117. **Karte** 6 E5. *21-314 00 02.* Das Restaurant mit Bierhalle hat Stil und ist besonders bei Familien beliebt. Sehr zu empfehlen sind Schalentiere und Steaks.	€€	AE DC EC V	■		
SALDANHA: *Café Creme* Avenida Conde de Valbom 52a. **Karte** 5 B2. *21-796 43 60.* Das Café Creme ist ein angenehmes, geräumiges Restaurant mit Pasta-, Fisch- und Fleischgerichten. *Sa mittags, So.*	€€€	AE DC EC V	■		
SALDANHA: *O Polícia* Rua Marquês Sá da Bandeira 112a. **Karte** 5 B3. *21-796 35 05.* Das freundliche Restaurant - benannt nach dem Großvater des Besitzers, der Polizist war - präsentiert jeden Tag eine andere Karte. *Sa abends, So.*	€€€	AE EC V			
XABREGAS: *D'Avis* Rua do Grilo 96–98. *21-868 13 54.* Zu den Spezialitäten des östlich der Innenstadt gelegenen Restaurants gehört *bacalhau* mit Koriander. *So.*	€€€	AE DC EC V			■

Preiskategorien für ein Drei-Gänge-Menü, inklusive einer halben Flasche Wein, Gedeck und Service:

€ unter 10 Euro
€€ 10–15 Euro
€€€ 15–20 Euro
€€€€ 20–30 Euro
€€€€€ über 30 Euro

LANGE ÖFFNUNGSZEITEN
Die Küche ist bis nach 22 Uhr geöffnet; Essens-bestellungen sind in der Regel bis 23 Uhr möglich.

TISCHE IM FREIEN
Man kann auf einer Terrasse oder in einem Garten essen, oft mit schöner Aussicht.

GUTE WEINKARTE
Das Restaurant verfügt über eine große Auswahl guter Weine.

KREDITKARTEN
Folgende Kreditkarten werden akzeptiert: *AE* American Express, *DC* Diners Club, *EC* Eurocard und *V* Visa.

UMGEBUNG VON LISSABON

Restaurant	Kreditkarten	Lange Öffnungszeiten	Tische im Freien	Gute Weinkarte
CASCAIS: *Dom Manolo* €€ Avenida Marginal 11. ☎ *21-483 11 26.* Die günstige, gemischte Karte enthält *frango no churrasco* (geröstetes Hühnchen) und *pasteis de bacalhau* (Kabeljaukroketten). ● *Jan.* ▤			●	
CASCAIS: *Estrela da Índia* €€ Rua Freitas Reis 15b. ☎ *21-484 65 40.* Das einfache indische Restaurant bietet auch viele vegetarische Gerichte an. ● *Mo.* ▤	AE EC V			
CASCAIS: *Os Navegantes* €€ Travassa dos Navegantes 13. ☎ *21-486 86 31.* Dieses portugiesische Restaurantist bei Einheimischen sehr beliebt und bekannt für frischen Fisch Blick und Fleisch vom Spieß. ● *So.*	AE V	■		■
CASCAIS: *Esplanada Santa Marta* €€€ Travassa do Enviado de Inglaterra 1d, e, f. ☎ *21-352 11 94.* Das Restaurant ist bekannt für seine große Auswahl an Fisch und Schalentiergerichten sowie traditionell Portugiesischem. Im Sommer steht eine Terrasse mit Meerblick zur Verfügung. ▤ ♿	AE EC V	■	●	■
CASCAIS: *Buchanan's Café, Bar und Restaurant* €€€€ Travessa da Alfarrobeira 2. ☎ *21-484 75 90.* Im obersten Stockwerk des Gebäudes bietet Buchanan's einen atemberaubenden Blick auf den neuen Hafen. Ausgezeichnete moderne europäische Küche mit vielen vegetarischen Gerichten und exzellenten Weinen. ● *Mo (Okt–März).* ▤	AE EC V	■	●	■
CASCAIS: *Casa Velha* €€€€ Avenida Valbom 1. ☎ *21-483 25 86.* Zur Einrichtung des hübschen Speisesaals gehört ein Boot; zu essen gibt es regionale Küche. ● *Mo.* ▤ ♿	AE EC V	■		■
CASCAIS: *Eduardo's* €€€€ Largo das Grutas 3. ☎ *21-483 19 01.* Versteckt gelegen, serviert man in diesem Restaurant eine ungewöhnliche Verbindung von belgischer und portugiesischer Küche. ● *Mo.*	AE EC V		●	■
CASCAIS: *O Pescador* €€€€€ Rua das Flores 10b. ☎ *21-483 20 54.* Das bekannte Fisch-und-Meeresfrüchte-Restaurant schmücken Fischerutensilien und Fotos früherer Gäste. ● *So.* ▤	AE DC EC V	■	●	■
ERICEIRA: *O Barco* €€€ Rua Capitão João Lopes 14. ☎ *261-86 27 59.* Zu den Spezialitäten des Hauses zählen *feijoada de marisco* (Meeresfrüchte-Bohnen-Eintopf) und ein Meeresfrüchtecurry. ● *Do; 2 Wochen im Juli u. Dez.* ▤	AE DC EC V			
ESTORIL: *Pinto's* €€ Arcadas do Parque 18b. ☎ *21-468 72 47.* Pinto's, unweit des Hotels Palácio, ist eine Kombination aus Bar, Cafeteria und Restaurant; gute Pasta- und Meeresfrüchtegerichte. ▤	AE DC EC V	■	●	
ESTORIL: *Four Seasons* €€€€€ Hotel Palácio, Rua do Parque. ☎ *21-464 80 00.* In jeder Hinsicht ist dies ein sehr stilvolles Restaurant – Einrichtung und Essen genügen höchsten Ansprüchen. ▤ ♫ ♿	AE DC EC V			■
GUINCHO: *Estalagem Muchaxo* €€€€ Praia do Guincho. B5. ☎ *21-487 02 21.* Mit Blick auf das Cabo da Roca ißt man hier leckere Fisch- und Meeresfrüchte. ▤ ♫ *Sa u. So mittags.* ♿	AE DC EC V	■	●	■

GUINCHO: *Porto de Santa Maria* Estrada do Guincho. *21-487 94 50.* Eines der besten Fisch- und Meeresfrüchte-Restaurants der Gegend - die Tagesspezialitäten sind auf einem Marmortisch ausgebreitet. *Mo.*	€€€€€	AE EC DC V			■
MONTE ESTORIL: *O Sinaleiro* Avenida de Sabóia 595. *21-468 54 39.* Das bei Einheimischen beliebte Restaurant serviert unter anderem *escalopes à zíngara* (Schnitzel in Madeira-Sahne-Sauce). *Mo; 2 Wochen im Apr u. Okt.*	€€	AE DC EC V		●	
MONTE ESTORIL: *O Festival* Avenida de Sabóia 515d. *21 468 85 63.* Die Küche dieses einladenden Restaurants ist stark französisch geprägt. *Mo, Di mittags.*	€€€€	EC V	■	●	■
PAÇO D'ARCOS: *La Cocagne* Avenida Marginal (Curva dos Pinheiros). *21-441 42 31.* Als eines der besten französischen Restaurants Portugals wartet das La Cocagne mit prächtiger Einrichtung, tadellosem Service und natürlich phantastischem Essen auf.	€€€€€	AE DC EC V		●	■
PALMELA: *Pousada de Palmela* Pousada de Palmela, Castelo de Palmela. *21-235 12 26.* Im umgebauten Refektorium des Klosters (15. Jh.) gibt es eine leckere regionale Küche. *Fr u. Sa.*	€€€€€	AE DC EC V		●	■
PORTINHO DA ARRÁBIDA: *Beira-Mar* Portinho da Arrábida. *21-218 05 44.* Zu den Spezialitäten des schön gelegenen Restaurants gehören Reisgerichte mit Fisch oder Meeresfrüchten. *Mo (Okt–März); 15. Dez–15. Jan.*	€€€	AE DC EC V		●	
QUELUZ: *Cozinha Velha* Largo Palácio Nacional de Queluz. *21-435 61 58.* Das geräumige Restaurant im Palast von Queluz ist berühmt für seine ausgezeichnete portugiesische Küche.	€€€€€	AE DC EC V		●	■
SESIMBRA: *Ribamar* Avenida dos Náufragos 29. *21-223 48 53.* Genießen Sie den herrlichen Meerblick sowie die innovativen Fisch- und Meeresfrüchtegerichte.	€€€€	AE EC V		●	■
SETÚBAL: *Copa d'Ouro* Rua João Soveral 17. *265-52 37 55.* Köstlichkeiten des Hauses sind *caldeirada à Setubalense* (Meeresfrüchte-eintopf) und *cataplana de tamboril* (gedünsteter Seeteufel). *Di; Sep.*	€€	AE EC V	■	●	
SETÚBAL: *Pousada de São Filipe* Pousada de São Filipe, Castelo de São Filipe. *265-55 00 70.* Das Restaurant der *pousada* liegt oberhalb von Setúbal und der Sado-Mündung und serviert hervorragende portugiesische Küche.	€€€€	AE DC EC V		●	■
SINTRA: *Tulhas* Rua Gil Vicente 4–6. *21-923 23 78.* Das ländliche, mit *azulejos* geschmückte Restaurant kocht deftige regionale Gerichte. *Mo.*	€€	AE DC EC V			
SINTRA: *Lawrence's* Rua Consiglieri Pedroso 39–40, Sintra. *21-910 55 00.* Das Restaurant im Lawrence's Hotel bietet eine täglich wechselnde Karte mit einer großen Auswahl an internationalen und portugiesischen Gerichten.	€€€€	AE V		●	■
SINTRA: *Panorâmico* Hotel Tivoli Sintra, Praça da República. *21-923 35 05.* Neben einer Standardkarte offeriert das ausgezeichnete Restaurant jeden Abend eine andere Spezialität.	€€€€	AE DC EC V			
SINTRA: *Restaurante Palácio de Seteais* Rua Barbosa du Bocage 8, Seteais. *21-923 32 00.* Das Restaurant in einem Palast aus dem 18. Jahrhundert präsentiert eine wechselnde Karte mit internationalen und portugiesischen Gerichten.	€€€€€	AE DC EC V			■
VILA FRESCA DE AZEITÃO: *O Manel* Largo Dr. Teixeira 6a. *21-219 03 36.* Preiswertes Restaurant in Familienbesitz; gute Fischgerichte. *So; Okt.*	€€	AE EC V			

Zeichenerklärung siehe hintere Umschlagklappe

Cafés und Bars

DA DIE PORTUGIESEN KAFFEE LIEBEN, hat sich eine Art Kultur um das schwarze Getränk entwickelt *(siehe S. 121)*. In einem Café einen Kaffee zu trinken gehört einfach zu einem Lissabonbesuch dazu.

Berühmt ist auch das portugiesische Gebäck; am beliebtesten sind *pasteis de nata* (Cremetörtchen) aus Belém. Aus Sintra stammen *queijadas,* mit Zimt gewürzte Käsetörtchen *(siehe S. 123)*.

Die meisten Lissabonner Restaurants und Cafés befinden sich im Bairro Alto und am Tejo; viele warten mit einer schönen Lage auf.

Äußerst vielfältig ist das Angebot an Diskotheken und Bars; von lärmenden Klubs bis zu gepflegten Etablissements ist alles vorhanden.

Außerhalb von Lissabon gibt es zahlreiche Bars und Cafés in den Seebädern Estoril und Cascais, und in Sintra locken die Cafés mit dem bekannten einheimischen Gebäck.

LISSABON

ALCÂNTARA: *Alcântara Café*
Rua Maria Luísa Holstein 15.
Karte 3 A4. 21-363 71 76.
Die schicke Bar wird von einem eleganten, trendbewußten Publikum besucht. Essen gibt es nur abends.

ALFAMA: *Bar Cerca Moura*
Largo das Portas do Sol 4.
Karte 8 D3. 21-887 48 59.
Ein nette Bar für einen Drink mit einer prächtigen Aussicht auf die Alfama und den Tejo. Serviert werden Salate und Snacks.

ALFAMA: *Bar das Imagens*
Calçada Marquês de Tancos 1b.
Karte 7 C3. 21-888 46 36.
Dieses Bar-Restaurant kocht köstliche afrikanische Gerichte; hier haben Sie einen tollen Blick auf Lissabon. Vornehm-zurückhaltende, doch legere Atmosphäre.

ALFAMA: *Restô do Chapitô*
Costa do Castelo 7. **Karte** 7 C3.
21-886 73 34.
Zur lebhaften Bar gehört auch ein Restaurant, in dem interessante und einfallsreiche Gerichte serviert werden. Herrlicher Blick auf die Alfama und den Fluß.

BAIRRO ALTO: *Clube da Esquina*
Rua da Barroca 30. **Karte** 4 F2.
21-342 71 49.
Der zweistöckige Clube da Esquina ist eine vielbesuchte Bar mit Inneneinrichtung aus Holz. Auch Cocktails werden angeboten.

BAIRRO ALTO: *Mesón El Gordo Tapas Bar*
Rua de São Boaventura 16–18.
Karte 4 F2. 21-342 42 66.
Das ansprechend ausgestattete Bar-Restaurant wartet mit 73 verschiedenen Tapas auf; portugiesische Spitzenweine werden glasweise ausgeschenkt.

BAIRRO ALTO: *Pavilhão Chinês*
Rua Dom Pedro V 89. **Karte** 4 F2.
21-342 47 29.
Dies ist eine der bekanntesten Bars von Lissabon. Dekoriert ist sie mit sowohl nüchternen als auch schrillen Kunstwerken aus aller Welt.

BAIRRO ALTO: *Solar do Vinho do Porto*
Rua de São Pedro de Alcântara 45.
Karte 4 F2. 21-347 57 07.
Das schöne Herrenhaus *(siehe S. 54)* beherbergt das Portweininstitut, in dem Sie vielerlei verschiedene Tropfen kosten können.

BAIRRO ALTO: *Tertúlia*
Rua do Diário de Notícias 60. **Karte** 7 A4. 21-346 27 04.
Die Preise in diesem Café/Bar sind akzeptabel. Große Auswahl an Zeitungen und Zeitschriften. Hier finden auch Kunstausstellungen statt.

BAIXA: *A Gingjinha*
Largo de São Domingos 8.
Karte 7 B3. 21-388 08 50.
Die kleinste Bar Lissabons schenkt nur Ginginha (Kirschlikör) aus.

BAIXA: *Café Martinho da Arcada*
Praça do Comércio 3. **Karte** 7 C5.
21-886 62 13.
In dem traditionellen Lissabonner Café an der Praça do Comércio war der Dichter Fernando Pessoa Stammgast.

BAIXA: *Café Nicola*
Praça Dom Pedro IV 24–25. **Karte** 7 B3. 21-346 05 79.
Als eines der ältesten und berühmtesten Cafés Lissabons eignet sich das Nicola gut zum Beobachten der Menschenmenge auf dem Rossio. Innen illustrieren Wandgemälde das Leben des Dichters Manuel Barbosa du Bocage (1765–1805), der hier regelmäßig einkehrte.

BAIXA: *Chiadomel Restaurant Bar*
Alto do Elevador de Santa Justa.
Karte 7 B3. 21-346 95 98.
Auf der obersten Plattform des Elevador de Santa Justa befindet sich das Bar-Restaurant, in dem internationale Biersorten und Snacks serviert werden.

BAIXA: *Confeitaria Nacional*
Praça da Figueira 18b. **Karte** 7 B3.
21-342 44 70.
Wunderschöne Art-déco-Konditorei mit hervorragenden Kuchen und köstlichem Gebäck.

BAIXA: *Pastelaria Suiça*
Praça Dom Pedro IV 96–101. **Karte** 7 B3. 21-321 40 90.
Das beliebte Café stellt vorzügliches Gebäck in großer Auswahl her. Ideal für ein Frühstück im Freien - und zum Leutebeobachten.

BELÉM: *Antiga Casa dos Pasteis de Belém*
Rua de Belém 84–88. **Karte** 1 C4.
21-363 74 23.
Wenn Sie in Belém sind, sollten Sie nicht versäumen, in diesem gekachelten Café Rast zu machen; die Spezialität des Hauses sind natürlich *pasteis de nata* (Cremetörtchen).

CAIS DO SODRE: *O'Gilins*
Rua dos Remolares 8. **Karte** 7 A5.
21-342 18 99.
In dem irischen Pub mit Holzvertäfelung herrscht, besonders an Abenden mit Live-Musik, eine lebhafte Atmosphäre. Es gibt original irische Stouts und andere Biere.

CAMPO PEQUENO: *Galeto*
Avenida da República 14. **Karte** 5 C1.
21-354 44 44.
Das freundliche Restaurant mit Snackbar auf zwei Ebenen ist bis nach Mitternacht geöffnet.

CAMPO PEQUENO: *Versailles*
Avenida da República 15a. **Karte** 5 C1.
21-354 63 40.
Das bekannte Café wurde um die Wende vom 19. zum 20. Jahrhundert eröffnet und ist im schönsten Pariser Stil eingerichtet. Mittags und abends gibt es eine Karte mit portugiesischen Spezialitäten; Snacks wie *pasteis de bacalhau* (Kabeljaukroketten) kann man jederzeit an der Theke verzehren.

CHIADO: *A Brasileira*
Rua Garrett 120. **Karte** 7 A4.
21-346 95 41.
Das 1895 gegründete Café ist eines der ältesten und berühmtesten der Stadt; bis heute verkehren hier viele Künstler.

CHIADO: *Bar Pintái*
Largo da Trindade 22. **Karte** 7 A3.
21-342 48 02.
In der höhlenartigen Bar erklingt jeden Abend brasilianische Musik; dazu trinkt man unzählige *caipirinhas* (Zuckerrohrschnaps, Lime, Zucker und zerstoßenes Eis).

CHIADO: *Café Pastelaria Bénard*
Rua Garrett 104. **Karte** 7 A4.
21-347 31 33.
Das Café mit Terrasse offeriert eine schöne Auswahl an Kuchen und Gebäck.

CHIADO: *Café Rosso*
Galerias Garrett Rua Ivens 53–61.
Karte 7 A4. *21-347 15 24.*
Das nette Café im Innenhof einer Ladenpassage bietet Pizzas und andere Gerichte an.

CHIADO: *Cervejaria Trindade*
Rua Nova da Trindade 20c.
Karte 7 A4. *21-342 35 06.*
Großes Bierlokal mit schönen *azulejos;* empfehlenswert sind Fisch und Meeresfrüchte.

DOCAS: *Doca de Santo*
Doca de Santo Amaro. **Karte** 3 A5.
21-396 35 22.
In einem der zahlreichen Speicherhäuser am Tejo, die in den letzten Jahren umgebaut wurden, befindet sich diese Bar mit schönem Blick auf den Hafen und en Fluß.

DOCAS: *Rock City*
Rua Cintura do Porto de Lisboa 225.
21-342 86 36.
Riesiges amerikanisches Bar-Restaurant mit Live-Musik.

DOCAS: *Salsa Latina*
Gare Marítima de Alcántara 30. **Karte** 3 B4. *21-395 05 55.*
Das herausgeputzte Bar-Restaurant mit schöner Terrasse versorgt eine wohlhabende Kundschaft. An vielen Abenden wird lateinamerikanische Musik gespielt.

GRAÇA: *Bar da Graça*
Travessa da Pereira 43. **Karte** 8 E2.
21-886 37 44.
Schicke Bar mit Live-Musik, Kunstausstellungen und Theateraufführungen. Ausländisches Bier.

PENHA DA FRANÇA: *Portugália*
Avenida Almirante Reis 117.
Karte 6 E5. *21-314 00 02.*
Besonders bei Familien beliebtes, bierhallenartiges Restaurant. An der Bar bekommt man Snacks. Preiswert.

RATO: *Real Fábrica*
Rua da Escola Politécnica 275.
Karte 4 E1. *21-385 20 90.*
In der geschmackvoll renovierten Keramikfabrik befindet sich im Erdgeschoß eine Bar und im Obergeschoß ein elegantes Restaurant.

UMGEBUNG VON LISSABON

CASCAIS: *Bar 24*
Rua Marquês Leal Pancada 24.
21-482 12 71.
Die winzige, stets überfüllte Bar 24 zieht ein junges Publikum an; große, vielseitige Getränkeauswahl.

CASCAIS: *Bar Trem Velho*
Alameda Duquesa de Palmela.
21-486 73 55.
Die legere Bar in einem umgebauten Zugdepot nahe dem Bahnhof von Cascais serviert Snacks sowie Bier in *girafas* (Literkrügen).

CASCAIS: *Beefeaters*
Rua Visconde da Luz 1a.
21-484 06 96.
Zu Ale, Guinness oder holländischem Bier ißt man hier traditionelle britische Pubgerichte.

CASCAIS: *Casa do Largo*
Largo da Assunção 6. *21-483 18 56.*
Untergebracht in einem alten Haus mit Bildern von Booten und Naturszenen, trifft sich im Casa do Largo ein schickes Publikum aus allen Altersstufen.

CASCAIS: *John Bull*
Largo Luís de Camões 14.
21-483 33 19.
Dies ist eine britische Institution auf zwei Ebenen mit Holzvertäfelung; portugiesische und ausländische, vor allem britische Biere vom Faß.

ESTORIL: *Deck Bar*
Arcadas do Parque 21–22.
21-468 03 66.
Eines der beliebtesten Terrassencafés Estorils. Mahlzeiten sind bis 1 Uhr morgens erhältlich. Montags geschlossen.

ESTORIL: *Frolic*
Avenida Clotilde, Estoril.
21-468 12 19.
Das gemütliche Frolic ist Bar, Café und Restaurant in einem. Gutes Gebäck. Unten befindet sich eine beliebte, jede Nacht bis 4 Uhr geöffnete Disko. Tische im Freien.

ESTORIL: *Tamariz Bar*
Praia do Tamariz.
In die lebhafte Bar mit Blick auf die Praia do Tamariz geht man wegen der Live-Musik am Wochenende. Zu essen gibt es Salate und Burger; die Getränkekarte enthält verschiedene *caipirinhas* und Sangria. Nur im Sommer geöffnet.

SINTRA: *Café da Natália*
Rua 1 de Dezembro 3–5, São Pedro de Sintra. *21-923 56 79.*
Ein altes Herrenhaus beherbergt dieses gemütliche Café, das regionale Küche und einheimische Weine serviert. Sonntags geschlossen.

SINTRA: *Café Paris*
Largo Rainha Dona Amélia 32.
21-923 23 75.
Das elegante Terrassencafé liegt direkt am Hauptplatz, gegenüber dem Palácio Nacional; mittags und abends kann man hier auch essen.

SINTRA: *Casa da Sapa*
Volta do Duche 12. *21-923 04 93.*
Die kleine Bäckerei stellt seit der Mitte des 18. Jahrhunderts die leckeren *queijadas* (Käsetörtchen) her; von hier haben Sie einen schönen Talblick.

SINTRA: *Pastelaria Piriquita*
Rua das Padarias 1–3.
21-923 06 26.
Die *pastelaria* ist eines der ältesten Cafés von Sintra und befindet sich in einer kleinen Straße, die vom Hauptplatz abgeht. Probieren Sie die leckeren *travesseiros* (Mandelplätzchen).

SINTRA: *Restaurante Café Cintia*
Avenida Miguel Bombarda 49.
21-923 27 12.
Typisch portugiesisches Café mit dunklem Interieur, von dem aus man einen Panoramablick hat. Sehr gut auch hier die *travesseiros* (Mandelplätzchen).

Zeichenerklärung siehe hintere Umschlagklappe

LÄDEN UND MÄRKTE

Lissabon hält mit seiner Mischung aus eleganten Läden, Flohmärkten und modernen Einkaufszentren eine große Vielfalt an Einkaufsmöglichkeiten bereit. Die Pflastersteinstraßen der Baixa und der schicke Chiado sind die Haupteinkaufsgegenden. Zahlreiche Märkte in Lissabon, Sintra und Cascais eignen sich für einen abwechslungsreichen Einkaufsbummel. Suchen Sie etwas typisch Portugiesisches, bieten sich die handgefertigten Wandteppiche und Spitzenarbeiten an. Werfen Sie einen Blick auf Keramikprodukte, wie die *azulejos* oder das Vista-Alegre-Porzellan. Die Weinhändler Lissabons offerieren die besten Weine des Landes.

Portugiesischer Keramikhahn

Ein Delikatessengeschäft im Bairro Alto

ÖFFNUNGSZEITEN

Die üblichen Ladenöffnungszeiten sind von Montag bis Freitag von 9 bis 13 und von 15 bis 19 Uhr sowie an Samstagen von 9 bis 13 Uhr.

Den Erwartungen der Kunden entsprechend bleiben inzwischen viele Läden, insbesondere diejenigen der Baixa, während der Mittagszeit und auch Samstag nachmittags geöffnet. Spezialisierte Läden haben üblicherweise zwischen 12.30 und 14.30 Uhr geschlossen. Einkaufszentren sind täglich von 10 bis 24 Uhr geöffnet, wobei die meisten Läden um 23 Uhr schließen. Geschäfte mit Waren des täglichen Bedarfs, wie die Kette **Select**, haben normalerweise täglich von 7 bis 2 Uhr geöffnet.

In Portugal gibt es keine landesweit einheitlichen Ladenschlußgesetze, so daß viele Geschäfte auch sonntags öffnen.

BEZAHLEN

An Kreditkarten akzeptieren die meisten Läden Visa und in geringerem Umfang American Express und MasterCard/Eurocard. Dies gilt jedoch nicht für kleinere Läden abseits der Haupteinkaufsgegenden. Alternativ können Sie sich an den zahlreichen Geldautomaten *(Multibancos)* über die Kreditkarte mit Bargeld versorgen. Neben den Umtauschgebühren für das abgehobene Geld werden eventuell weitere Kosten berechnet.

MEHRWERTSTEUER

Reisende aus Ländern außerhalb der EU sind in Portugal von der IVA (Mehrwertsteuer) befreit, sofern sie sich nicht länger als 180 Tage im Land aufhalten. In kleinen Geschäften oder in weniger touristischen Gegenden kann es schwierig sein, einen Nachlaß zu erhalten. Es ist einfacher, in Läden einzukaufen, die das auf die Mehrwertsteuererstattung hinweisende »Tax-Free-Schild« sichtbar angebracht haben. Fragen Sie einfach nach dem Formular *Isençao na Exportação*. Dieses legen Sie bei Ihrer Ausreise den Zollbehörden vor. Das Original wird dem Verkäufer zurückgegeben, der für die Erstattung zuständig ist.

EINKAUFSZENTREN

Moderne Einkaufszentren erfreuen sich in Lissabon zunehmender Beliebtheit. Das **Amoreiras-Einkaufszentrum** ist ein riesiger Komplex mit Kinos, Läden, Restaurants und Tiefgarage.

Die **Galerias Monumental** vereinen vier Kinos, einen Supermarkt, ein Restaurant und eine Bar, einige Boutiquen sowie eine Tiefgarage unter ihrem Dach. Großen Zulauf hat das **Armazéns do Chiado** im Chiado. Hinter der historischen Fassade verbirgt sich ein modernes Einkaufszentrum. **El Corte Inglés** am oberen Ende des Parque Eduardo VII ist die erste Fi-

Das Amoreiras-Einkaufszentrum, das Filialen zahlreicher internationaler Ketten beherbergt

Einkaufsbummler durchstöbern den Nippes auf einem Flohmarkt

liale der gleichnamigen spanischen Kette. Mit seinen zahlreichen Geschäften lädt auch das **Vasco da Gama** im Parque das Nações zum Einkaufen ein. **Cascaishopping** ist mit 130 Läden, sieben Kinos, und Restaurants das größte Einkaufszentrum außerhalb Lissabons. Es befindet sich zwischen Sintra und Estoril. Zum riesigen **Centro Colombo** in Benfica gehört auch ein Vergnügungspark.

Märkte

In Lissabon finden Märkte jeder Couleur statt. Von städtischen Frischwarenmärkten bis zum berühmten **Flohmarkt** auf dem Campo de Santa Clara in der Alfama *(siehe S. 35)*. In dem großen Angebot an Nippes, an Second-Hand-Kleidung sowie an Handwerks- und Kunsthandwerksartikeln lassen sich durchaus Schnäppchen entdecken.

Frischer Fisch auf einem der städtischen Märkte

Auf der **Feira Numismática** auf der Praça do Comércio wird eine faszinierende Sammlung alter portugiesischer Münzen und Geldscheine angeboten. Im Parque das Nações finden die **Feira de Antiguidades Velharas**, ein Antiquitätenmarkt, sowie die **Feira dos Alfarrabistas** (Markt für alte Bücher) statt.

Auf der **Feira de São Pedro** in Sintra wird von neuer Kleidung bis zu Nippes, Käse und lärmendem Vieh so gut wie alles feilgeboten.

Die sich an der Küste erstreckende **Feira de Cascais** und auch die **Feira de Carcavelos** bieten preiswerte Kleidungsstücke. Kommen Sie früh am Morgen, wenn das Gedränge sich noch in Grenzen hält.

Lebensmittel

Es ist fast unmöglich, in Feinkostgeschäften *(charcutarias)* einen Bummel zu unternehmen, ohne etwas zu kaufen. Darunter fällt die **Charcutaria Brasil** mit köstlichen Schlemmereien, die von phantastischen Käsesorten über appetitliches Räucherfleisch bis zu exquisiten Süßigkeiten reichen. Hier erhalten Sie auch regionale Spezialitäten, von Käse, wie Serra und Ilhas, bis zu Jagdwild wie Rebhuhn. Mögen Sie Süßes, so probieren Sie die köstlichen *ovos moles* (süße Eier) oder getrocknete oder kandierte Früchte, nicht zu vergessen die köstlichen Elvas-Pflaumen.

Weitere empfehlenswerte Lebensmittelläden sind die **Charcutaria Carvalho & Morais** und die **Manteigaria Londrina**, die sich auf Käse und andere Molkereiprodukte spezialisiert hat. **Celeiro Dieta** ist ein guter Naturkostladen, der für sein großes Angebot an biologischen Produkten bekannt ist.

Wein und Spirituosen

Dem Weinkenner bietet sich in Lissabon eine große Auswahl, von den leichten Vinhos Verdes und Roséweinen bis zu den reiferen *tintos* (Rotweinen) und den fruchtigen Muskateller-Dessertweinen.

Weitere Dessertweine, wie Portwein *(siehe S. 126f)* und Madeira, sind überall erhältlich und variieren erheblich in der Geschmacksnote. Zu den beliebtesten (und stärksten) Spirituosen gehören Bagaceira Velha und Maceira. **Napoleão**, der bekannteste Weinhändler Lissabons, unterhält in der ganzen Stadt Niederlassungen. Die älteste von ihnen befindet sich in der Baixa. Für den Kauf von Portwein ist der **Solar do Vinho do Porto** *(siehe S. 54)* im Bairro Alto die beste, wenngleich nicht die billigste Adresse. Hier können Sie ausgezeichnete Jahrgänge verkosten. Bei **Garrafeira** am Campo de Ourique scheinen die Händler immer etwas Interessantes auf Lager zu haben. Die Weinhändler sind zwar schlecht organisiert, gehören aber zu den besten von Lissabon. Oder besuchen Sie den Weinkeller von **J. M. da Fonseca** in Azeitão, in dem Sie zahlreiche unterschiedliche Weine probieren und kaufen können.

Musik und Multimedia

Die Musikszene Portugals hat in den letzten Jahren

Der Livraria Bertrand, einer der ältesten Buchläden von Lissabon

eine beachtliche Entwicklung vollzogen, und die von der afrikanischen Musik der früheren Kolonien beeinflußte portugiesische Rockmusik hat internationales Ansehen erlangt. Zu den berühmtesten portugiesischen Gruppen im In- und Ausland zählt Madredeus, die eine originelle Kombination von Fado, Volksmusik und Popklängen zu ihrem Markenzeichen gemacht hat.

FNAC unterhält in der Stadt zwei Megastores, die zugleich die am besten sortierte Musikläden Lissabons sein sollen. Neben CDs und Kassetten sind Zeitschriften, Computerspiele, CD-ROMs, Videos und T-Shirts erhältlich. Die Filialen von **Valentim de Carvalho** liegen in der ganzen Stadt verstreut; das Hauptgeschäft befindet sich in der Rua do Carmo. Das Angebot reicht von portugiesischer Musik über aktuelle internationale Hits bis zum traditionellen Fado und klassischer Musik.

Terrakottaerzeugnisse in Setúbal

Buchhandlungen

Portugal erfreut sich einer großen literarischen Tradition, zu der zahlreiche Autoren der Vergangenheit und der Gegenwart zählen, darunter Luís de Camões, Fernando Pessoa, José Saramago und António Lobo Antunes.

Drei der ältesten Buchläden von Lissabon sind die **Livraria Bertrand**, die **Livraria Portugal**, die sich beide im Chiado befinden, und die **Livraria Buchholz** nahe der Avenida da Liberdade. Hier finden Sie auch eine große Auswahl an fremdsprachigen Büchern, von Reiseführern über Belletristik bis zu Wörterbüchern sowie Taschenbücher und gebundene Ausgaben einer breiten Themenpalette, darunter Kunst, Geschichte und Literatur.

Ein interessantes modernes Antiquariat mit großer Auswahl ist die **Feira dos Alfarrabistas,** ein Markt, der an den letzten zwei Sonntagen im Monat im Parque das Nações stattfindet.

Mode

In Lissabon sind zahlreiche internationale Einkaufsketten. Die meisten von ihnen befinden sich in den immer zahlreicheren, eigens hierfür errichteten Einkaufszentren der Stadt *(siehe S. 136)*.

Exklusive Geschäfte, so **Rosa & Teixeira**, ein etablierter Schneider für klassische Herrenbekleidung, runden das Angebot ab.

Loja das Meias, ein Bekleidungsgeschäft, unterhält in ganz Lissabon seine Zweigstellen. Besonderes, das jedoch entsprechend teuer ist, finden Sie bei **Ana Salazar**, einer der berühmtesten Designerinnen Portugals.

Keramik

Portugals Keramikwaren sind wegen ihrer hohen Qualität und Vielseitigkeit berühmt.

Das äußerst feine **Vista-Alegre**-Porzellan ist international bekannt. Auch die handbemalten Keramikartikel genießen internationalen Ruhm, insbesondere die Kacheln der **Fábrica Cerâmica Viúva Lamego** sowie von **Santana** und **Cerâmica Artística de Carcavelos**. Die *azulejos* (Kacheln) werden meist als vollständiges Gemälde von 16 oder 25 Stück verkauft. Das **Ceramicarte** in Cascais stellt eines der größten Einkaufszentren für Keramik dar. Allgegenwärtig sind die Töpferwaren aus Barcelos, das durch seinen bemalten Hahn, der zum inoffiziellen Nationalsymbol geworden ist, Berühmtheit erlangt hat.

In Lissabon wird Kunsthandwerk aus ganz Portugal feilgeboten

Regionales Kunsthandwerk

Portugal kann auf eine lange Tradition von regionalem Kunsthandwerk *(artesanato)* zurückblicken, insbesondere Stickerei, Spitzenklöppelei und handgestrickte Wollartikel sowie aufwendiger Schmuck aus Silber und Gold. In Lissabon bemühen sich zahlreiche Kunsthandwerks- und Geschenkeläden rund um die Praça dos Restauradores und den Rossio um die Touristen. Für echtes Kunsthandwerk ist **Arte Rústica** in der Baixa eine hervorragende Adresse.

Auch **Regionália** in Estoril und **Sintra Bazar** in Sintra sind für Kunsthandwerk bekannt. VIm Juli und August kann man bei der **Kunsthandwerksmesse von Estoril** eine große Auswahl an Kunsthandwerk aus ganz Portugal bewundern. Die **Casa Quintão** hat sich auf handgewebte Teppiche und Wandbehänge spezialisiert. Korkschnitzereien und Töpferarbeiten finden Sie bei **Santos Ofícios**.

Antiquitäten

Antiquitäten sind in Portugal häufig überteuert. Dies gilt insbesondere für Lissabon. Günstigere Angebote finden Sie in den kleineren Städten. Achten Sie auf Läden, die Mitglied der APA *(Associação Portuguesa de Antiquários)* sind. Dies wird durch ein Schild im Schaufenster angezeigt.

Die Mehrzahl der Antiquitätenhändler in Lissabon, wie **Antiguidades Moncada** und **Brique-à-Braque de São Bento**, befindet sich in der Rua Dom Pedro V im oberen Teil des Bairro Alto, in der Rua de São Bento, in der Nähe des Parlamentsgebäudes sowie rund um die Kathedrale in der Alfama. In der Gegend werden auch zahlreiche religiöse Artefakte angeboten, und **Solar** hat sich auf *azulejos* aus den zurückliegenden Jahrhunderten spezialisiert.

Einige Antiquariate des Bairro Alto bieten wunderschöne Drucke *(gravuras)* kostengünstig an. Die **Livraria Olisipo** führt Bücher und außerdem alte Drucke, die Landschaften, Tiere oder Karten zeigen.

Ein Besuch der Auktionen von **Cabral Moncada Leilões** (Montag abends) lohnt sich wegen der großen Auswahl an Antiquitäten. Dies gilt auch für die beliebte Antiquitätenmesse, die jedes Jahr im April in Lissabon stattfindet.

Auf einen Blick

Einkaufszentren

Amoreiras
Avenida Eng. Duarte Pacheco, Amoreiras.
Karte 5 A5.
21-381 02 00.

Armazéns do Chiado
Rua do Carmo,
Chiado. **Karte** 7 B4.
21-321 06 00.

Cascaishopping
Estrada Nacional 9,
Alcabideche – Estoril.
21-467 90 98.

Centro Colombo
Avenida Lusíada
Colombo.
21-711 36 36.

El Corte Inglés
Avenida António Augusto Aguiar. **Karte** 5 B5.
21-371 17 00.

Galerias Monumental
Avenida Fontes Pereira de Melo 51e, Saldanha.
Karte 5 C4.
21-351 05 00.

Vasco da Gama
Avenida Dom João II,
Parque das Nações.
Karte 5 C4.
21-893 06 01.

Märkte

Feira dos Alfarrabistas
Parque das Nações.

Feira de Antiguidades Velharas
Parque das Nações.

Feira de Carcavelos
Carcavelos.

Feira de Cascais
Cascais.

Flohmarkt
Alfama.
Karte 8 E3.

Feira Numismática
Praça do Comércio.
Karte 7 C5.

Feira de São Pedro
Sintra.

Lebensmittel

Celeiro Dieta
Rua 1° de Dezembro 65,
Rossio. **Karte** 7 B3.
21-342 24 63.

Charcutaria Brasil
Rua Alexandre Herculano 90–92, Rato. **Karte** 5 C5.
21-388 56 44.

Charcutaria Carvalho & Morais
Avenida João XXI 54,
Areeiro.
Karte 6 E1.
21-797 34 12.

Manteigaria Londrina
Rua das Portas de Santo Antão 53–55.
Karte 7 A2.
21-342 74 48.

O Celeiro
Rua 1 de Dezembro 67–83. **Karte** 7 B3.
21-342 74 95.

Wein und Spirituosen

Garrafeira
Rua Tomás de Anunciação 29a, Campo de Ourique.
21-397 34 94.

José Maria da Fonseca
Vila Nogueira de Azeitão,
Azeitão.
21-219 15 00.

Napoleão
Rua dos Fanqueiros 72–76,Baixa.
Karte 7 C4.
21-887 20 42.

Solar do Vinho do Porto
Rua São Pedro de Alcântara 45 r/c,
Bairro Alto. **Karte** 7 A3.
21-347 57 07.

Musik und Multimedia

FNAC
Rua Nova do Almada 110,
Chiado. **Karte** 7 B4.
21-322 18 00.

Valentim de Carvalho
Rua do Carmo, Edificio Grandella 59. **Karte** 7 B4.
21-324 15 70.

Buchhandlungen

Livraria Bertrand
Rua Garrett 73,
Chiado. **Karte** 7 A4.
21-342 19 41.

Livraria Buchholz
Rua Duque de Palmela 4.
Karte 5 C5.
21-317 05 80.

Livraria Portugal
Rua do Carmo 70–74,
Chiado. **Karte** 7 B4.
21-347 49 82.

Mode

Ana Salazar
Rua do Carmo 87,
Chiado. **Karte** 7 B3.
21-347 22 89.

Loja das Meias
Praça Dom Pedro IV 1.
Karte 7 B3.
21-347 41 81.

Rosa & Teixeira
Avenida da Liberdade 204.
Karte 5 C5.
21-311 03 50.

Keramik

Cerâmica Artística de Carcavelos
Avenida Loureiro 47b,
Carcavelos.
21-456 32 67.

Ceramicarte
Largo da Assunção 3–4,
Cascais.
21-484 01 70.

Santana
Rua do Alecrim 95,
Chiado. **Karte** 7 A5.
21-342 25 37.

Vista Alegre
Largo do Chiado 18,
Chiado. **Karte** 7 A4.
21-346 14 01.

Viúva Lamego
Calçada do Sacramento 29,
Chiado. **Karte** 7 B4.
21-346 96 92.

Regionales Kunsthandwerk

Arte Rústica
Rua Áurea 246–248,
Baixa. **Karte** 7 B4.
21-342 11 27.

Casa Quintão
Rua Serra Pinto 12,
Chiado. **Karte** 7 A4.
21-346 58 37.

Regionália
Arcadas do Parque 27,
Estoril.
21-468 16 19.

Santos Ofícios
Rua da Madalena 87,
Baixa. **Karte** 7 C4
21-887 20 31.

Sintra Bazar
Praça da República 37,
Sintra. *21-924 82 45.*

Antiquitäten

Antiguidades Moncada
Rua Dom Pedro V 34,
Bairro Alto. **Karte** 4 F2.
21-346 82 95.

Brique-à-Braque de São Bento
Rua de São Bento 542,
São Bento. **Karte** 4 E1.
21-390 70 01.

Cabral Moncada Leilões
Rua Miguel Lupi 12, Estrela.
Karte 4 E2.
21-395 47 81.

Livraria Olisipo
Largo Trindade Coelho 7–8,
Bairro Alto. **Karte** 7 A3.
21-346 27 71.

Solar
Rua Dom Pedro V 68–70,
Bairro Alto. **Karte** 4 F2.
21-346 55 22.

UNTERHALTUNG

Obwohl Lissabon im Vergleich zu anderen europäischen Metropolen recht klein ist, bietet es eine überwältigende Zahl an kulturellen Veranstaltungen. 1994 zur Kulturhauptstadt Europas gekürt, reicht das Angebot von klassischer Musik über Ballett und Oper bis hin zu Straßenfesten und Stierkämpfen. Pop- und Rockkonzerte machen dem traditionellen Fado *(siehe S. 142f)* Konkurrenz, der dennoch viel Zulauf genießt. Fußballfans feuern im Stadion die Mannschaften Benfica oder Sporting an. Das Nachtleben konzentriert sich auf die Klubs und Bars am Tejo und im Bairro Alto.

Kartenvorverkauf

Tickets können durch einen Anruf bei der Agência de Bilhetes para Espectáculos Públicos **(ABEP)** reserviert werden. Beim Abholen ist Barzahlung erwünscht. Kinos und Theater nehmen keine Kreditkartenreservierungen an.

ABEP-Kiosk: Kartenvorverkauf an der Praça dos Restauradores

Programmzeitschriften

Veranstaltungstermine und eine Auflistung von Bars und Klubs erscheinen in verschiedenen Magazinen. In den Touristenzentren liegen kostenlose englischsprachige Programme aus. Ebenfalls kostenlos, aber auf portugiesisch, ist die monatlich erscheinende *Agenda Cultural*.

Kino und Theater

Cineasten (die auch Englisch verstehen) finden in Lissabon reiche Auswahl. Die Filme laufen im Original mit portugiesischen Untertiteln, und der Eintritt ist preiswert. Es gibt sehr viele Kinos, und das futuristische **Amoreiras-Einkaufszentrum** *(siehe S. 74)* beherbergt zehn Säle, in denen die neuesten Hollywood-Produktionen zu sehen sind. Kult- und Kunstfilme bietet die **Cinemateca Portuguesa**, die einen monatlichen Filmkalender herausgibt, den Sie im Fremdenverkehrsbüro erhalten. Montags kann man mit Preisnachlaß rechnen.

Theaterfreunde können im **Teatro Nacional Dona Maria II** und **Teatro da Trinidade** Aufführungen portugiesischer und anderssprachiger Stücke genießen. Weniger förmlich, aber höchst unterhaltsam geht es im **Chapitô** in der Alfama zu, einer Zirkusschule und Theater mit gelegentlichen Open-air-Veranstaltungen.

Klassische Musik, Oper und Tanz

Das **Centro Cultural de Belém** *(siehe S. 68)* und die **Fundação Calouste Gulbenkian** *(siehe S. 76ff)* sind Schauplatz einer Vielzahl nationaler und internationaler Veranstaltungen, darunter Konzerte sowie Ballett- und Opernaufführungen. Programme erhalten Sie an vielen Stellen in der Stadt. Opern und klassische Konzerte finden auch im **Teatro Nacional de São Carlos** *(siehe S. 53)* und im **Coliseu dos Recreios** statt.

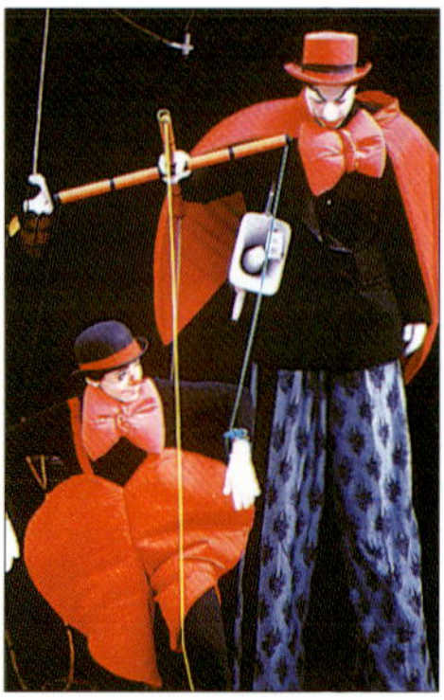
Clowns im Chapitô, der Zirkusschule in der Alfama

World Music, Jazz, Folk und Rock

Lissabons Seele ist der Fado, doch swingt die Stadt auch zu anderen Klängen – von zeitgenössischem Jazz über Rock bis hin zu afrikanischen und südamerikanischen Rhythmen. Das **B. Leza** und das **Lontra** sind bekannt für afrikanische Musik.

Im Sommer veranstaltet die Fundação Calouste Gulbenkian ein Jazzfestival. Der **Hot Clube** ist ein beliebter Jazz-

Das Orchester der Fundação Calouste Gulbenkian

Brasilianische Klänge im Pé Sujo

keller, und im **Speakeasy** wird, vor allem wochentags spät in der Nacht, Live-Jazz gespielt. Die Abende am Wochenende hingegen gehören dem Blues.

Internationale Pop- und Rockstars spielen in Stadien oder auf großen Bühnen wie dem **Pavilhão Atlanticô,** dem **Praça Sony** und dem **Coliseu dos Recreios.**

Bars und Klubs

Der Bairro Alto ist bei Nachtschwärmern das beliebteste Viertel, obwohl die meist kleinen Bars dort nur selten eine Tanzfläche haben und erst sehr spät öffnen. Zu den Ausnahmen gehört auch der älteste Club im Bairro Alto, das **Frágil**.

Größere und auf Mainstream ausgelegte Klubs sind das **Kremlin** und das **Kapital**, ersteres ein fast historischer House-Klub, letzteres eine etwas gemäßigtere Diskobar.

Weiter westlich beim Hafen der Doca de Santo Amaro befindet sich in einem sehenswerten Haus eine der wenigen Salsabars der Stadt, das **Salsa Latina**. Weiter in der Alcântara stößt man auf das anspruchsvolle **W**, während man weiter östlich – beim Bahnhof Santa Apolónia – den bekanntesten Klub der Stadt, das **Lux**, findet.

Einzelheiten zu Bars in Lissabon, Estoril, Cascais und Sintra finden Sie auf den Seiten 134f.

Sport

Sportfreunde müssen fast immer die Stadt verlassen. Lissabon hat zwei renommierte Fußballteams, Benfica und Sporting: Benfica spielt im **Estádio da Luz**, Sporting im **Estádio José Alvalade**. Portugal ist Gastgeber der Fußball Europameiserschaft 2004. Die zwei Stadien wurden speziell für dieses Ereignis umgebaut.

Die Stierkämpfarena, der Campo Pequeno, bleibt wegen Renovierung bis 2003 geschloßen *(siehe S. 80)*.

Auf einen Blick

Karten-vorverkauf

ABEP
Praça dos Restauradores.
Karte 7 A2.
☎ *21-347 58 24.*

Kino und Theater

Amoreiras-Einkaufszentrum
Avenida Engenheiro Duarte Pacheco.
Karte 5 A5.
☎ *21-381 02 00.*

Chapitô
Costa do Castelo 1–7.
Karte 7 C3.
☎ *21-886 14 10.*

Cinemateca Portuguesa
Rua Barata Salgueiro 39.
Karte 5 C5.
☎ *21-354 62 79.*

Teatro da Trinidade
Rua Nova da Trinidade 9.
Karte 7 A3.
☎ *21-342 32 00.*

Teatro Nacional Dona Maria II
Praça Dom Pedro IV.
Karte 7 B3.
☎ *21-347 22 46.*

Klassische Musik, Oper und Tanz

Centro Cultural de Belém
Praça do Império.
Karte 1 C5.
☎ *21-361 24 00.*

Fundação Calouste Gulbenkian
Avenida de Berna 45.
Karte 5 B2.
☎ *21-793 51 31.*

Teatro Nacional de São Carlos
Rua Serpa Pinto 9.
Karte 7 A4.
☎ *21-346 84 08.*

World Music, Jazz, Folk und Rock

B. Leza
Largo do Conde Barão 50.
Karte 4 E3.
☎ *21-396 37 35.*

Coliseu dos Recreios
Rua das Portas de Santo Antão 92. **Karte** 7 A2.
☎ *21-324 05 80.*

Hot Clube
Praça da Alegria 39.
Karte 4 F1.
☎ *21-346 73 69.*

Lontra
Rua de São Bento157.
Karte 4 E1.
☎ *21-369 10 83.*

Praça Sony
Parque das Nações.
☎ *21-891 90 00.*

Pavilhão Atlântico
Parque das Nações.
Karte 4 E1.
☎ *21-891 84 40.*

Speakeasy
Cais das Oficinas, Armzém 115, Rocha Conde d'Óbidos. **Karte** 4 D4.
☎ *21-395 73 08.*

Bars und Klubs

Frágil
Rua da Atalaia 128.
Karte 4 F2.
☎ *21-346 95 78.*

Kapital
Avenida 24 de Julho 68.
Karte 4 E3.
☎ *21-395 71 01.*

Kremlin
Escadinhas da Praia 5.
Karte 4 D3.
☎ *21-395 71 01.*

Lux
Avenida Infante Dom Henrique.**Karte** 8 D5.
☎ *21-882 08 90.*

Salsa Latina
Gare Marititima de Alcântra.**Karte** 3 A5/B5.
☎ *21-395 05 55.*

W
Rua Maria Luísa Holstein 13.**Karte** 3 A4.
☎ *21-363 68 30.*

Sport

Estádio José Alvalade
Rua Francisco Stromp 2.
☎ *21-756 79 30.*

Estádio da Luz
Avenida General Norton Matos.
☎ *21-726 61 29.*

Fado: Die Musik Lissabons

Guitarrista

GENAU WIE DER BLUES ist der Fado Ausdruck von Sehnsucht und Trauer. Die Bezeichnung, die wörtlich übersetzt »Schicksal« bedeutet, wird für ein einzelnes Lied ebenso benutzt wie für die Gattung. Viel verdankt diese Musik der *saudade*, jenem Lebensgefühl gewordenen Seelenschmerz des Portugiesen, der die verzweifelte Suche nach etwas nie Gehabtem oder für immer Verlorenem widerspiegelt. Seit mehr als 150 Jahren klingen die melancholischen Töne des Fado nahezu unverändert durch Lissabons Gassen. Er wird von Männern oder Frauen gesungen, immer aber von Gitarre und *Guitarra* begleitet.In Coimbra hat sich eine leichtere Form des Fado entwickelt.

In den 20er Jahren galt diese Musik als etwas dekadent

***Maria Severa** (1810–36) war die erste große* fadista *und Titelfigur des ersten portugiesischen Tonfilms (1931). Ihr skandalumwittertes Leben und ihr früher Tod haben die Geschichte des Fado wesentlich geprägt und neben Liedern auch Gedichte, Romane und Theaterstücke inspiriert.*

Argentina Santos ist eine legendäre Fado-Sängerin und Fado-Haus-Besitzerin. Zum Gedenken an Maria Severa tragen weibliche *fadistas* stets einen schwarzen Schal.

Der *guitarrista* spielt die Melodie und legt gelegentlich ein Instrumentalsolo ein.

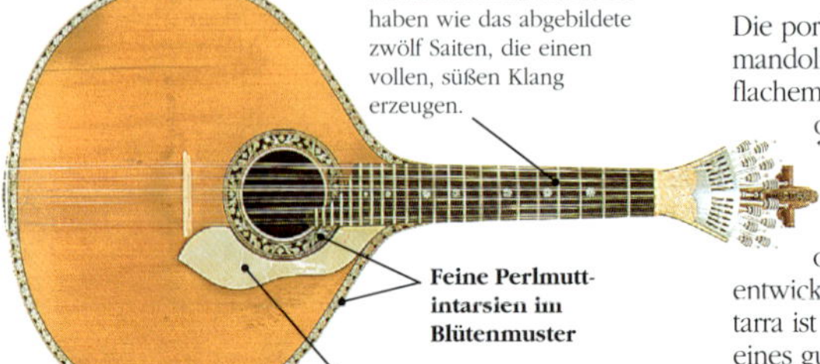

Die meisten Instrumente haben wie das abgebildete zwölf Saiten, die einen vollen, süßen Klang erzeugen.

Feine Perlmuttintarsien im Blütenmuster

Perlmuttenes Schlagblatt

DIE GUITARRA

Die portugiesische Guitarra ist ein mandolinenförmiges Instrument mit flachem Korpus und acht, zehn oder zwölf Saiten, das sich im Lauf des letzten Jahrhunderts von einem schmucklosen zu einem oft kostbar dekorierten Stück entwickelt hat. Der Klang der Guitarra ist wesentlicher Bestandteil eines guten Fado und untermalt und vertieft die Melodie des Gesangs.

er Fado *kann sich auf die unterschied-chsten Themen beziehen. Dieses Lied von 910 beispielsweise feiert die junge liberale epublik. Obwohl schon 1904 die ersten challplatten aufgenommen wurden, sorg-n vor allem solche Notenblätter für die eite Verbreitung.*

Alfredo Duarte *(1891–1982) hat viele Fados geschrieben, die von Liebe, Tod, Sehnsucht, Trauer und Triumph handeln. Er wird noch heute sehr verehrt, und seine Texte gehören ins Repertoire eines jeden Fado-Interpreten.*

Amália Rodrigues *(geb. 1921–99), die dieser Musik in den Nachkriegsjahren ihre eigene Prägung gab und den Fado weltweit bekannt gemacht hat, wird in Portugal wie eine Nationalheldin verehrt.*

Die Gitarre dient ausschließlich zur rhythmischen Begleitung.

Die schmerzvollen Klänge *haben Schriftsteller und Maler inspiriert.* O Fado *(1910) von José Malhôa* (1855–1933) *zeigt, wie der* fadista *die Zuhörerin vollkommen fesselt und sie ganz in seinen Bann zieht.*

ADO-LOKALE

ie besten Fado-Lokale werden in er Regel von *fadistas* geführt, bei enen die Liebe zur Musik das ommerzielle Interesse überwiegt – as Parreirinha de Alfama etwa ehört Argentina Santos *(oben)*. In nen lebt die Tradition des urprünglichen Fado fort, der in der lfama entstand, wo Cafés der Muk des Volkes ein Zuhause boten. n solchen authentischen Lokalen ekommt man außer Unterhaltung uch gutes Essen und Einblick in ie Volksseele geboten. Das älteste t das Luso (aus den 30er Jahren).

WEGWEISER ZUM FADO IN LISSABON

Alle Lokale bieten gutes Essen, Wein und Musik. Lohnenswert ist ein Besuch der Casa do Fado mit der Ausstellung über die Geschichte des Fado.

Adega Machado
Rua do Norte 91.
Karte 7 A3. ☎ *21-322 46 40.*

Casa do Fado
Largo do Chafariz de Dentro 1.
☎ *21-882 34 70.* 🚌 *8, 28, 35, 50, 107.* ◯ *Mi–Mo 10–18 Uhr.*

Lisboa à Noite
Rua das Gáveas 69.
Karte 7 A3. ☎ *21-346 85 57.*

Luso
Travessa da Queimada 10.
Karte 7 A3. ☎ *21-342 22 81.*

Parreirinha de Alfama
Beco do Espírito Santo 1.
Karte 7 E4. ☎ *21-886 82 09.*

Senhor Vinho
Rua do Meio à Lapa 18.
Karte 4 D3. ☎ *21-397 74 56.*

GRUND-
INFORMATIONEN

Praktische Hinweise

Lissabon gewinnt als touristisches Ziel zunehmend an Beliebtheit. Die beste Zeit für einen Besuch sind Frühjahr und Herbst. Die *postos de turismo* (Fremdenverkehrsbüros) halten Informationen zur Region sowie Stadtpläne und Einzelheiten zu aktuellen Veranstaltungen und zu Unterkunftsmöglichkeiten bereit. Viele Museen haben von Dienstag bis Sonntag geöffnet, Sie sollten sich jedoch vor einem Besuch nach den Öffnungszeiten erkundigen. Die Banken haben von Montag bis Freitag geöffnet, Geldautomaten sind rund um die Uhr betriebsbereit und akzeptieren zahlreiche international verbreitete Kreditkarten.

Zeichen der Fremdenverkehrsbüros

Zoll

Es bestehen keine Beschränkungen hinsichtlich der Warenmenge, die Besucher aus anderen EU-Mitgliedsstaaten importieren können. Bei Alkohol, Parfüm und Tabakwaren sind dieselben Mengen wie in anderen EU-Staaten zollfrei. Informationen zu den Zollbestimmungen stellen die Konsulate zur Verfügung. Informationen zur Mehrwertsteuer finden Sie auf Seite 136.

Visum

Bürger der EU können sich mit gültigem Reisepaß oder Personalausweis bis zu sechs Monate ohne Visum im Land aufhalten. Wer in Portugal studieren oder arbeiten will, muß schriftlich einen Studien- bzw. Arbeitsplatz vorweisen.

Auskunft

Die Öffnungszeiten der Fremdenverkehrsbüros entsprechen weitgehend denen der örtlichen Geschäfte. Büros in der Innenstadt sind im Kartenteil *(siehe S. 164 ff)* markiert. Sie befinden sich auch am Flughafen Portela und am Bahnhof Santa Apolónia. Die Anschriften der Fremdenverkehrsbüros in der Umgebung von Lissabon können den Informationen entnommen werden, die sich zu Beginn der Einträge zu den jeweiligen Orten befinden.

Eintrittspreise

Die meisten Museen und Denkmäler, abgesehen von Kirchen, verlangen Eintritt (im Sommer meist höher). Sonn- und feiertags ist der Eintritt oft kostenlos. Senioren und Kinder unter 14 Jahren erhalten eine Ermäßigung von 40 Prozent. Reisende unter 26 Jahren mit einem *Cartão Jovem* (Jugendausweis) oder einem internationalen Studentenausweis (ISIC) erhalten Ermäßigungen von 50 Prozent. Die LISBOA-Karte ermöglicht den kostenlosen Besuch staatlicher Museen und die kostenlose Benutzung der öffentlichen Verkehrsmittel.

Öffnungszeiten

Eintrittskarten

Viele Museen haben täglich von 10–17 Uhr geöffnet und schließen mittags zwischen 12.30 und 14.30 Uhr. Kleinere Museen haben abweichende Öffnungszeiten. Staatliche Museen und einige Sehenswürdigkeiten schließen montags und an Feiertagen. Größere Kirchen gewähren tagsüber Zutritt, manche schließen zwischen 12 und 14 Uhr. Kleinere Kirchen haben oft nur zu Gottesdiensten geöffnet.

Einrichtungen für Behinderte

Die Situation für Behinderte bessert sich zusehends. Behindertengerechte Toiletten in den Flughäfen und den größeren Bahnhöfen sowie reservierte Parkplätze sind selbstverständlich. Rampen und Fahrstühle werden an öffentlichen Orten eingerichtet.

Sprache

Das Portugiesische ist dem Spanischen sehr ähnlich. Wenn Sie mit dem Spanischen vertraut sind, sollte Ihnen die Lektüre des Portugiesischen keine Schwierigkeiten bereiten. Die Aussprache ist jedoch anders. Die Portugiesen sind sehr stolz auf ihre eigene Sprache und mögen es nicht, auf Spanisch angesprochen zu werden. Einen Sprachführer finden Sie auf Seite 191 ff.

Frontansicht des Museu Nacional de Arqueologia in Lissabon

◁ **Blick auf Lissabon, im Vordergrund der Elevador de Santa Justa**

Korrekt gekleidete Portugiesen beim Verlassen der Kirche

Umgangsformen

Die Portugiesen honorieren jede Bemühungen der Besucher, sich auf Portugiesisch mitzuteilen. Einfache Ausdrücke wie *bom dia* (guten Tag; wird bis 12 Uhr gebraucht), *boa tarde* (guten Tag; nach 12 Uhr) oder *boa noite* (gute Nacht) können Wunder vollbringen. Die Portugiesen sind im allgemeinen freundlich und offen. Es gilt als höflich, einander mit *senhor* oder *senhora* anzusprechen; ein Händedruck wird von Ihnen erwartet, wenn Sie jemandem vorgestellt werden, obwohl unter Frauen und bei jungen Leuten ein Kuß auf beide Wangen üblicher ist. Man zieht sich bequem an, die Anstandsregeln sollten jedoch beachtet werden. Insbesondere beim Besuch von Kirchen sind Arme und Beine bedeckt zu halten.

Tageszeitungen

Zeit

Portugal folgt dem Beispiel Großbritanniens: im Winter gilt die Greenwich Mean Time (GMT), im Sommer werden die Uhren eine Stunde vorgestellt. Gegenüber den mitteleuropäischen Ländern sind die Uhren in Portugal also eine Stunde zurück.

Elektrizität

Die elektrische Spannung beträgt 220 Volt. Badezimmer in Hotels verfügen meistens über entsprechende Steckdosen für Rasierapparate.

Zeitungen, Radio und Fernsehen

Die grossen deutschsprachigen Zeitungen wie *Frankfurter Allgemeine Zeitung*, *Süddeutsche Zeitung* oder *Neue Zürcher Zeitung* sind in der Regel einen Tag nach ihrem Erscheinen an den Kiosken Lissabons erhältlich, manchmal auch schon am Abend des Erscheinungstags. Darüber hinaus führen die Kioske zahlreiche deutsche Illustrierte. Zu den portugiesischen Tageszeitungen zählen der *Diário de Notícias* und der *Público*. Die *Anglo-Portuguese News (APN)* ist Lissabons wichtigste Publikation in englischer Sprache. Das wöchentlich erscheinende Blatt bietet Informationen für die in Lissabon lebenden Briten. Portugal besitzt zwei staatliche Fernsehanstalten, RTP1 und RTP2, sowie zwei private Kanäle, SIC und TVI. Ebenfalls werden Programme über Satelliten in verschiedenen Sprachen ausgestrahlt. Die *Anglo-Portuguese News* enthält eine Übersicht über die in englischer Sprache gesendeten Programme. Im Sommer sendet das portugiesische Radio Beiträge in Englisch, Französisch und Deutsch mit zahlreichen nützlichen Informationen für Touristen.

Zeitungskiosk im Café A Brasiliera *(siehe S. 53)*

Auf einen Blick

Botschaften und Konsulate

Deutschland
Campo dos Mártires de Patria 38, 1100 Lissabon. **Karte** 6 D5.
☎ *21-881 02 10.*

Österreich
Rua das Amoreiras 70–73, 1200 Lissabon. **Karte** 5 A5.
☎ *21-387 41 61.*

Schweiz
Travessa do Patrocínio 1, 1300 Lissabon. **Karte** 3 C2.
☎ *21-397 31 21.*

Staatliche Fremdenverkehrsbüros Portugals

In Lissabon:
Lisboa Welcome Center, Rua do Arsenal 15,1100–038, Lissabon. **Karte** 7 B5.
☎ *21-031 27 00; kostenfrei: 800-296 296.*
W www.atl-turismolisboa.pt

Im Lissabonner Flughafen:
☎ *städtisch: 21-845 06 60.*
ICEP-Portugal: 21-849 43 23

In Deutschland:
Portugiesisches Touristik- und Handelsbüro,Schäfergasse 17, 60313 Frankfurt.
☎ *069-23 40 94.*
FAX *069-23 14 33.*

In Österreich:
Stubenring 16/3,1010 Wien.
☎ *01-585 44 50.*
FAX *01-585 44 45.*

In der Schweiz:
Badenerstr. 15,8004 Zürich.
☎ *01-241 00 01.*
FAX *01-241 00 12.*

Sicherheit und Notfälle

Trotz geringer Kriminalität sollte man auch in Portugal die übliche Vorsicht walten lassen: keine Wertsachen im geparkten Auto, Vorsicht vor Taschendieben in Menschenmengen und in öffentlichen Verkehrsmitteln. Bei ernsthaften medizinischen Problemen wähle man die unten angegebene Notrufnummer, bei kleineren Beschwerden berät die Apotheke über das in Frage kommende Mittel.

Notruftelefon an der Autobahn

Im Notfall

Die Notrufnummer ist 112. Nachdem man die Nummer gewählt hat, gibt man an, welche Hilfe man benötigt: Polizei *(polícia)*, Krankenwagen *(ambulância)* oder Feuerwehr *(bombeiros)*. Ist ärztliche Hilfe nötig, fährt man zur Notfallaufnahme *(serviço de urgência)* des nächsten Krankenhauses. Auf Autobahnen und Hauptverkehrsstraßen kann man bei einem Unfall Hilfe über das orangefarbene Notruftelefon anfordern. Es wird Portugiesisch gesprochen; man drückt den Knopf, die Vermittlung wird Sie dann verbinden.

Apothekenschild

Medizinische Vorsorge

Impfungen sind nicht notwendig, eine Typhusimpfung und eine Polio-Auffrischung sind aber empfehlenswert. Leitungswasser kann man überall im Land bedenkenlos trinken. Im Sommer sollte man ein Mittel gegen Insektenstiche in der Reiseapotheke haben. Zwar gefährden Moskitostiche nicht die Gesundheit, können aber sehr unangenehm sein.

Apotheken

Apotheken *(farmácias)* sind bei der Diagnose kleinerer gesundheitlicher Probleme behilflich und können auch die entsprechende Behandlung vorschlagen. Apotheker dürfen Medikamente verkaufen, die in anderen Ländern rezeptpflichtig sind. Ein grünes Kreuz auf weißem Hintergrund weist auf eine Apotheke hin. Öffnungszeiten sind von 9 bis 13 und von 15 bis 19 Uhr. Ein Aushang zeigt die nächste Apotheke mit Notdienst an und enthält eine Liste von Apotheken, die bis 22 Uhr geöffnet sind.

Medizinische Versorgung

Eine private Auslandsreise-Krankenversicherung ist für alle Reisende aus den EU-Staaten empfehlenswert. Wahrscheinlich müssen Sie im Notfall die medizinische Behandlung und eventuelle Arzneimittel vor Ort bezahlen, bekommen diese jedoch später gegen Vorlage der entsprechenden Rechnungen ersetzt. Erkundigen Sie sich vor der Reise ausführlich bei Ihrer Krankenkasse. Im **British Hospital** in Lissabon sprechen die Ärzte Englisch, ebenso in den internationalen Gesundheitszentren in Estoril und Cascais an der Costa do Estoril. An der Algarve gibt es eventuell auch deutschsprachige Ärzte. Entsprechende Hinweise enthalten die Tageszeitungen.

Polizei

In Lissabon und anderen größeren Städten sorgt die *Polícia de Segurança Pública* (PSP) für die öffentliche Sicherheit und Ordnung. Auf dem Land ist dies Aufgabe der *Guarda Nacional Republicana* (GNR). Eine Abteilung der GNR, *die Brigada de Trânsito* (Verkehrspolizei), erkennbar an ihrer roten Armbinde, ist die Verkehrspolizei.

Persönliche Sicherheit

Gewaltverbrechen sind in Lissabon äußerst selten, und der Großteil der Touristen kommt damit nicht in Berührung, dennoch sollte man auch hier die üblichen Vorsichtsmaßnahmen treffen. Vor Reiseantritt sollte man eine Gepäckversicherung ab-

Verkehrspolizist

PSP-Polizist

PSP-Polizistin

Feuerwehrwagen

Krankenwagen

Polizeiwagen

schließen. In bestimmten Vierteln sind nach Einbruch der Dunkelheit Diebe aktiv. Das gilt besonders für Alfama, Bairro Alto und Cais do Sodré, ebenso für einige Gegenden in den Badeorten an der Küste. Man sollte keine Wertsachen im Auto lassen, auch nicht das Autoradio. Fußgängern ist zu raten, Portemonnaie und Brieftasche zu verbergen sowie Taschen und Kameras immer auf der der Straße abgewandten Seite zu tragen, um Taschenraub aus Autos heraus oder vom Motorrad nicht zu provozieren. Werden Sie dennoch Opfer eines Raubs, leisten Sie keine Gegenwehr, und händigen Sie sofort die Wertsachen aus.

Ein Verbrechen anzeigen

Jeden Diebstahl sollten Sie sofort auf dem nächsten Polizeirevier anzeigen, von Dokumenten, wie einem Reisepaß, zudem dem Konsulat. Viele Versicherungsgesellschaften verlangen, daß Sie den Diebstahl binnen 24 Stunden melden. Den Polizeibericht müssen Sie der Versicherung zur Kostenerstattung vorlegen. In den Städten ist die PSP, auf dem Land die GNR zuständig. Bewahren Sie Ruhe, und bleiben Sie höflich, um unnötige Verzögerungen zu vermeiden. Bei einem Autounfall in ländlichen Gegenden könnte man sie auffordern, den anderen Fahrer zur Erledigung der notwendigen Formalitäten zum nächsten Polizeirevier zu begleiten. Bitten Sie um einen Dolmetscher, falls niemand Deutsch spricht.

Damentoilette

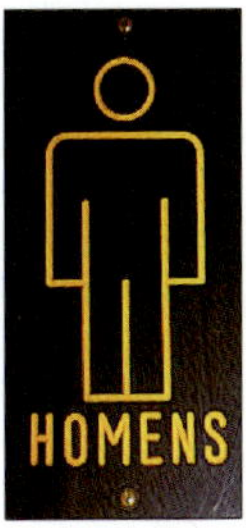

Herrentoilette

Auf einen Blick

Wichtige Notrufnummern

Allgemeiner Notfall (Feuerwehr, Polizei, Krankenwagen)
112.

Assistentes Intérpretes de Portugal
Avenida da República 41, 3°, 1269-098 Lissabon.
21-399 43 60.

British Hospital
Rua Saraiva de Carvalho 49, 1269-098 Lissabon.
21-395 50 67.

Ordem dos Advogados
Largo de São Domingos 14, 1°, 1169-060 Lissabon.
21-882 35 50.

Rechtsbeistand

Eine Rechtsschutzversicherung oder die Mitgliedschaft in einem Automobilklub hilft bei einem Autounfall, Rechtsansprüche geltend zu machen. Hat man keine Versicherung abgeschlossen, kann man sich an das Konsulat wenden oder an die **Ordem dos Advogados** (Rechtsanwaltsverein), der deutschsprachige Anwälte vermittelt. Ein Verzeichnis von Dolmetschern finden Sie in den Gelben Seiten des Telefonbuchs *(Páginas Amarelas)* unter »Tradutores e Intérpretes«, oder man kontaktiert sie über die in Lissabon ansässigen **Assistentes Intérpretes de Portugal**.

Toiletten

Auf portugiesisch heißen Toiletten *casa de banho* . Sind die üblichen Symbole für Damen- und Herrentoiletten nicht vorhanden, halten Sie Ausschau nach den Wörtern *homens* (Herren) und *senhoras* (Damen).

Auf Autobahnen gibt es alle vierzig Kilometer in den Raststätten oder auf den Rastplätzen Toiletten. Die Benutzung der Damentoiletten muß zuweilen bezahlt werden; Herrentoiletten kosten nichts.

Banken und Währung

Logo der BPI-Bank

In Portugal bestehen keine Einfuhrbeschränkungen bei der Geldmenge. Beträge über 12 450 Euro sollten Sie jedoch bei der Einreise deklarieren.

Euro- oder Reiseschecks sind die sichersten Zahlungsmittel, Kreditkarten die bequemsten. Mit Kredit- und Euroscheckkarten kann man gegen eine Gebühr von Bankautomaten mit entsprechendem Hinweis Bargeld abheben.

24-Stunden-Bank am Flughafen

Öffnungszeiten

Banken sind montags bis freitags, 8.30 bis 15 Uhr geöffnet, in den Stadt- und Ferienzentren bis um 18 Uhr. Banken sind an Wochenenden und gesetzlichen Feiertagen geschlossen.

Geldwechsel

Geld kann man in Banken, Wechselstuben *(câmbios)* und vielen Hotels wechseln. Da es mehr Banken als Wechselstuben gibt und sie bessere Wechselkurse haben als Hotels, bieten sie sich am ehesten zum Umtausch an. Der Service kann allerdings ziemlich langwierig sein, da man zahlreiche Formulare ausfüllen muß. Außerdem kann man eventuell nur eine beschränkte Geldmenge tauschen.

Am besten benutzt man zum Geldwechseln die Geldwechselautomaten, die sich vor den größeren Bankfilialen sowie auf den meisten Flughäfen und Bahnhöfen befinden. So ist man zum Geldwechseln auch nicht auf Schalterstunden angewiesen. Der Bildschirm gibt nicht nur Anweisungen in verschiedenen Sprachen, sondern zeigt auch den aktuellen Wechselkurs an.

Schecks und Kreditkarten

Reiseschecks sind bei den meisten Banken und von den Thomas-Cook- und American-Express-Büros zu kaufen. Sie sind ein sicheres Zahlungsmittel, doch in Portugal ist das Einlösen teuer. Die Bearbeitungsgebühren sind unterschiedlich, daher sollte man erst vergleichen.

Euroschecks werden von vielen Banken und Geschäften nicht mehr akzeptiert. Deshalb ist es mittlerweile am einfachsten, mit der EC-Karte am Automaten Bargeld abzuheben.

Die gebräuchlichsten Kreditkarten sind Visa, American Express und Eurocard. Mit ihnen kann man bei Banken und Wechselstuben Bargeld bekommen.

Geldautomaten

Eine praktische Lösung sind Geldautomaten (*Multibancos*), an denen Sie mit Ihrer Kreditkarte und PIN-Nummer Geld abheben können. Man findet sie vor vielen Banken, an Bahnhöfen und in Einkaufszentren. Akzeptierte Kreditkarten sind Visa, MasterCard, Eurocard und American Express. Üblich sind eine Kommission und Bearbeitungsgebühr. Da diese von Bank zu Bank unterschiedlich sind, lohnt sich der Vergleich.

Wechselkurse und Anweisungen sind hier zu lesen.

Euroscheine und Münzen kommen aus dieser Öffnung.

Sprache und Währung werden mit diesen Knöpfen gewählt.

Fremdwährung wird hier eingeführt.

Geldwechselautomat auf dem Lissabonner Flughafen
Hier kann man Fremdwährung zu jeder Tages- und Nachtzeit in Euro wechseln.

Währung

Die europäische Gemeinschaftswährung Euro ( ) gilt seit dem 1.1.2002 in zwölf EU-Mitgliedsstaaten: Belgien, Deutschland, Finnland, Frankreich, Griechenland, Irland, Italien, Luxemburg, Niederlande, Österreich, Portugal und Spanien. Großbritannien, Dänemark und Schweden haben sich z. Zt. dagegen entschieden. Alte Escudo-Scheine und Münzen sind ungültig, können jedoch bei der Nationalbank Banco de Portugal umgetauscht werden (www.bportugal.pt).

Die Scheine sind einheitlich gestaltet, bei den Münzen prägt jedes Land unterschiedliche Rückseiten. Alle Münzen gelten in jedem Eurostaat. »Ausländische« Euromünzen entwickeln sich zu beliebten Sammelobjekten (Info: www.euro.ecb.int/de.html).

Euro-Banknoten

Euro-Banknoten gibt es in sieben Werten (5, 10, 20, 50, 100, 200 und 500). Die unterschiedlich großen Scheine wurden vom Österreicher Robert Kalina entworfen und zeigen Architekturelemente und Baustile verschiedener Epochen, eine Europakarte und die EU-Flagge mit den zwölf Sternen.

5-Euro-Schein
(Baustil: Klassik)

10-Euro-Schein (Baustil: Romanik)

20-Euro-Schein
(Baustil: Gotik)

50-Euro-Schein
(Baustil: Renaissance)

100-Euro-Schein (Baustil: Barock & Rokoko)

200-Euro-Schein
(Eisen- und Glasarchitektur)

500-Euro-Schein (Moderne Architektur des 20. Jh.)

2-Euro-Münze

1-Euro-Münze

50-Cent-Münze

20-Cent-Münze

10-Cent-Münze

Euromünzen

Euromünzen gibt es in acht Werten (2 , 1 sowie 50, 20, 10, 5, 2 und 1 Cent). Die einheitlichen Vorderseiten entwarf der Belgier Luc Luycx; die Rückseiten sind in jedem Land anders gestaltet. Auch San Marino, der Vatikanstaat und Monaco prägen eigene Münzen.

5-Cent-Münze

2-Cent-Münze

1-Cent-Münze

Telefon und Telefonieren

Telefonzelle

IN DEN LETZTEN JAHREN hat sich das portugiesische Telekommunikationsnetz rasant entwickelt. Früher machte das veraltete System den Touristen allerhand Schwierigkeiten. Mit Hilfe modernster Technologie wurde es nun auf den neuesten Stand gebracht und sollte kaum noch Probleme bereiten. An öffentlichen Telefonapparaten kann entweder mit Münzen oder mit Karten ins Ausland telefoniert werden. Kartentelefone sind bei internationalen und Ferngesprächen generell praktischer als Münzfernsprecher.

Kabine in der Post

MÜNZFERNSPRECHER

1 Heben Sie den Hörer ab, und warten Sie auf das Freizeichen.

2 Werfen Sie die Münzen nacheinander hier ein.

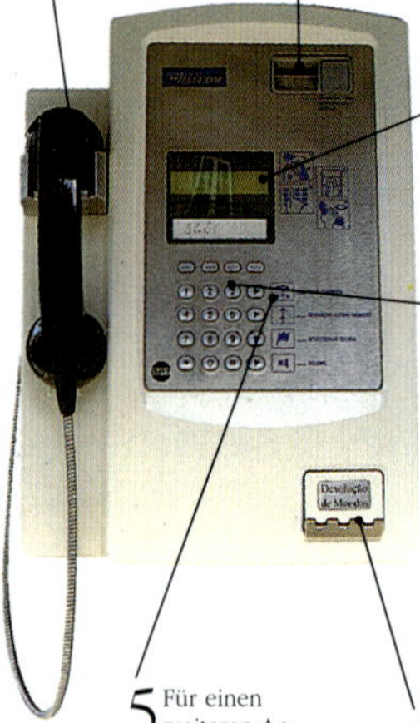

3 Ihr Guthaben wird angezeigt. Falls mehr Münzen benötigt werden, erscheint: *Inserir mais moedas por favor.*

4 Wählen Sie die Nummer, und warten Sie auf die Verbindung.

5 Für einen weiteren Anruf drücken Sie die Neuwahltaste.

6 Hängen Sie den Hörer wieder ein, wird Ihr Guthaben zurückerstattet.

KARTENTELEFON

1 Heben Sie den Hörer ab, und warten Sie auf das Freizeichen.

2 Führen Sie die Telefonkarte (Pfeil oben) oder Kreditkarte (Magnetstreifen unten) ein.

3 Anzeige der zur Verfügung stehenden Einheiten und Aufforderung, Nummer einzugeben.

4 Wählen Sie die Nummer, und warten Sie auf die Verbindung.

5 Leert sich die Telefonkarte während des Gesprächs, wirft der Apparat sie aus, und Sie können eine neue einlegen.

6 Hängen Sie den Hörer nach dem Gespräch ein, und entnehmen Sie die Karte.

Telefonkarte

TELEFONIEREN

LISSABON hat verschiedene Versionen von öffentlichen Fernsprechern. Einige sind Münzfernsprecher und andere Kartentelefone. Münzfernsprecher gibt es gelegentlich auf der Straße sowie in den meisten Bars, Cafés und Zeitungsläden. Im Jahr 2002 werden alle Telefone auf Euro umgestellt, Münzfernsprecher akzeptieren dann Münzen von 10 Cent bis 2 Euro *(siehe S. 151)*. Möchten Sie ins Ausland telefonieren ist es jedoch viel einfacher, eine Telefonkarte zu nutzen. Kartentelefone sind meist rot oder blau. Neben Telefonkarten akzeptieren sie auch Kreditkarten. Telefonkarten mit verschiedenem Wert sind in Postämtern, Telecomfilialen, Tabak- und Zeitungsläden erhältlich.

PORTUGAL TELECOM

Logo der Telecom

Natürlich kann man auch im Postamt telefonieren. So benötigt man weder passendes Kleingeld noch eine Karte. Am Schalter bekommt man eine Kabine *(cabine)* zugewiesen. Man führt sein Gespräch und zahlt dann am Schalter. Auf diese Weise bezahlt man nur die wirklich vertelefonierten Einheiten. Diese Art, Telefongebühren zu berechnen, ist auch in einigen Cafés, Restaurants und Bars üblich und meist wesentlich günstiger, als vom Hotel aus zu telefonieren. Am Abend (nach 21 Uhr) oder an Wochenenden ist Telefonieren auf Grund der verbilligten Tarife günstiger.

R-GESPRÄCHE

R-GESPRÄCHE können von jedem Telefon aus geführt werden. Man wählt 172 für das gewünschte Land oder die Landesvorwahl *(país directo)*, zu finden auf den ersten Seiten des Telefonbuchs, hinter der Auflistung der Ortsvorwahlen in Portugal. Diese Nummer verbindet Sie direkt mit der Vermittlung des gewünschten Ortes. Manche internationalen Telefongesellschaften haben ihre eigenen Nummern.

Eines der beigen öffenlichen Telefone mit Münzfernsprecher

VORWAHLNUMMERN

- In Portugal sind mittlerweile alle Nummern neunstellig, Ortsvorwahl eingeschloßen. Diese muß immer vorgewählt werden.
- Die Ländervorwahl von Portugal lautet 351.
- Um vom Ausland nach Lissabon und in die umliegende Küstenregion zu telefonieren, wählen Sie erst 00 351 21 und dann die Telefonnummer.
- Von Lissabon ins Ausland wählt man 00 und dann die Landesvorwahl: Deutschland 49, Österreich 43, Schweiz 41.
- Die Telefonauskunft ist 118 (national) und 179 (international).
- Die Algarve erreicht man über Portimão (282), Faro (289) und Tavira (281). Die Vorwahl von Madeira ist 291.

Postdienste

***Correios*-Zeichen (Briefpost)**

DER BRIEFPOSTDIENST, *Correios,* arbeitet verhältnismäßig zügig. Ein Brief innerhalb der EU braucht in der Regel zwei bis fünf Tage, in andere Erdteile fünf bis zehn Tage. Das *Correios*-Zeichen zeigt ein weißes Pferd mit einem Reiter auf rotem Grund.

BRIEFVERSAND

POST ERSTER KLASSE ist *Correio Azul,* die zweiter Klasse *normal.* Die blauen Postkästen sind für Briefe erster, die roten für Briefe zweiter Klasse. An Postämtern gibt es Briefschlitze für nationale und internationale Sendungen, einen Eilbriefservice mit dem Namen EMS und einen für Einschreiben *(correio registado)* für Wertbriefsendungen. Briefmarken können entweder bei der Post, in Läden mit dem rot-weißen *Correios*-Zeichen oder an Briefmarkenautomaten erworben werden, die es auf Flughäfen, Bahnhöfen und in den Straßen größerer Städte gibt.

Alte portugiesische Briefmarken

POSTLAGERND

DIE HAUPTPOSTÄMTER verwahren postlagernde Sendungen. Auf dem Briefumschlag sollte der Name des Empfängers in Blockbuchstaben geschrieben und unterstrichen sein, gefolgt von *posta restante* mit der Postleitzahl des Bestimmungsortes. Unter Vorlage eines Ausweises kann man am Schalter den Brief gegen Zahlung einer kleinen Gebühr in Empfang nehmen.

POSTÄMTER

POSTÄMTER sind in der Regel montags bis freitags von 9 bis 18 Uhr geöffnet. Das Hauptpostamt an der Praça dos Restauradores ist montags bis freitags von 8.30 bis 22 Uhr und samstags und sonntags von 9 bis 18 Uhr geöffnet.

ADRESSEN IN LISSABON

LISSABONS ADRESSEN enthalten oft auch das Stockwerk und die Lage im Haus. Das Erdgeschoß heißt *rés-do-chão* (r/c), der erste Stock *primeiro andar* (1°), der zweite *segundo andar* (2°) usw. Jeder Stock ist in links, *esquerdo* (E oder Esq), und rechts, *direito* (D), unterteilt.

Angabe der Leerungszeiten

Briefkasten erster Klasse

Lissabons Briefkästen
Erste-Klasse-Briefe wirft man in die blauen (Correio Azul), *Zweite-Klasse-Briefe in die roten Kästen.*

Briefkasten zweiter Klasse

Reiseinformationen

Lissabon besitzt einen internationalen Flughafen, gute Straßen- und Schienenanbindungen sowie einen beliebten Hafen. Die Straßenanbindung wurde durch den Bau neuer Ringstraßen und Autobahnen verbessert, eine zweite Brücke über den Tejo wurde fertiggestellt, wodurch der Verkehr entlastet wird. Straßenbahnen ermöglichen Ausflüge durch die alten Stadtteile Lissabons, die auch eine Erkundung zu Fuß lohnen. Während der Hauptverkehrszeiten kann es frustrierend sein, durch Lissabon zu fahren. Trotz der Modernisierung des öffentlichen Nahverkehrssystems bevorzugen viele noch immer das Auto und verursachen Staus. Die nähere Umgebung bietet Erholung vom großstädtischen Trubel und ist leicht zu erreichen: per Zug zum Ferienort Cascais, mit der Fähre über den Tejo zu den Stränden von Costa da Caparica oder mit dem Auto in das romantische Sintra.

TAP, das Logo der Fluglinie Portugals

Anreise mit dem Flugzeug

Lissabon verfügt über eine hervorragende Fluganbindung an die Hauptstädte und die größeren Städte Europas, einschließlich Paris, London, Madrid, Mailand und Zürich. **TAP Air Portugal**, die nationale Fluggesellschaft, bedient verschiedene internationle Flughäfen und fliegt mehrmals wöchentlich von Hamburg, Berlin, Frankfurt und München sowie Wien und täglich von Zürich und Genf nach Portugal. Die Lufthansa fliegt von Frankfurt, Düsseldorf und München nach Lissabon. Swissair bietet Flüge von Zürich und Genf nach Lissabon an.

Daneben bestehen von mehreren deutschen, österreichischen und schweizerischen Flughäfen aus Charterflüge. Diese Flugverbindungen werden überwiegend im Sommer während der Urlaubszeit angeboten, wenn die Zahl der Touristen am größten ist. Charterflüge haben feste Hin- und Rückreisetermine und beschränken die Aufenthaltsdauer auf maximal einen Monat, bieten aber den kostengünstigsten Transport. Studenten und junge Leute sollten sich im Reisebüro über Spezialangebote informieren.

Die Flugpreise sind in der Regel im Sommer höher, ebenso an Ostern und Weihnachten. Auch bei Linienflügen lohnt sich ein Preisvergleich. Wenn eine Samstagnacht zwischen Hin- und Rückflug liegt, bietet sich ein Sonderpreis an, den die meisten Fluggesellschaften im Angebot haben. Je nach Auslastung werden kurzfristig noch billigere Tickets angeboten – hier herrscht eine verwirrende Vielfalt.

Hinweisschilder am Flughafen Portela

Flughafen Lissabon

Der Flughafen Portela liegt nur sieben Kilometer nördlich des Stadtzentrums von Lissabon. Totz seiner schönen und modernen Architektur ist er, gemessen an internationalen Standards, doch eher klein. Die gesamte Ausstattung, die gemeinhin zu internationalen Flughäfen gehört, ist vorhanden, einschließlich Läden, Cafés, Bars, Restaurants, Duty-free-Shops, Bank und Autovermietungen.

Anbindung an den Flughafen

Die Nähe des Flughafens zum Stadtzentrum schont den Geldbeutel des Reisenden; zahlreiche Taxis stehen am Taxistand vor dem Terminal.

Flughafenbusse stellen im 20-Minuten-Takt (7–21 Uhr) einen Expreßservice zwischen Portela und Praça do Comércio, Praça Marquês de Pombal, Praça dos Restauradores und dem Bahnhof Cais do Sodré bereit. Der Fahrschein behält seine Gültigkeit für den Rest des Tages und gilt für alle Busse, Straßenbahnen und Standseilbahnen der Stadt. Preiswertere städtische Busse (Nr. 44 und 45) halten vor dem Parkplatz des Flughafens und fahren ebenfalls zur Praça dos Restauradores und zum Bahnhof Cais do Sodré. Diese Busse sind von 6 bis 1 Uhr in Betrieb, ihre Abfahrtszeiten sind jedoch unregelmäßiger als die der Flughafenbusse.

TAP-Flughafenbus, der den Flughafen mit der Innenstadt verbindet

Zufahrt zur Ponte 25 de Abril

Anreise mit der Bahn

Östlich der Alfama, an der Avenida Infante Dom Henrique, befindet sich der Bahnhof **Santa Apolónia** für Fernverkehrszüge, die aus Coimbra, Porto und dem Norden Portugals sowie aus Madrid und Paris hier eintreffen. Der Bahnhof liegt 15 Minuten zu Fuß von der Praça do Comércio entfernt.

Im Bahnhof befinden sich ein Fremdenverkehrsbüro (Öffnungszeiten: Mo–Sa 9–19 Uhr) sowie eine Wechselstube. Vor dem Haupteingang des Bahnhofs gibt es einen Taxistand.

Seit 1998 ist der beeindruckende, ultramoderne Bahnhof **Gare do Oriente** in Betrieb. Obwohl er weiter im Norden am ehemaligen EXPO-Gelände im Parque das Nações liegt, ist er doch mit Bus und U-Bahn hervorragend an die Stadt angebunden.

Züge aus dem Süden oder Osten treffen im Bahnhof **Barreiro**, am Südufer des Tejo, ein; Reisende haben Anschluß an die Fähre, die bei der Praça do Comércio anlegt. Vom Bahnhof **Cais do Sodré** fahren Züge in die Ferienorte Cascais und Estoril. Der an der Praça dos Restauradores gelegene Bahnhof **Rossio** ist Ausgangspunkt der Züge nach Queluz (20 Minuten entfernt), und Sintra (45 Minuten entfernt). Genauere Informationen siehe Seite 161.

Anfahrt mit dem Auto

Es gibt fünf Einfallsstraßen nach Lissabon; die neueste führt über die Vasco-da-Gama-Brücke in den Norden der Stadt und ist 1998 eröffnet worden.

Reisende, die aus der Algarve, aus dem Süden, aus Madrid oder aus östlicher Richtung in Lissabon eintreffen, benutzen meist die Autobahn A2 und die vielbefahrene Zollbrücke Ponte 25 de Abril.

Reisende aus Porto und dem Norden erreichen über die A1 die Vororte Lissabons; hier ist eine Autobahnbenutzungsgebühr zu entrichten. Folgen Sie einfach den Schildern *Centro*, wenn Ihr Ziel die Innenstadt Lissabons ist.

Möchten Sie in die Seebäder Cascais und Estoril oder nach Sintra, verlassen Sie die Autobahn bei Alverca, 20 Kilometer nördlich von Lissabon und fahren Sie auf die A9, wo Sie die Hinweisschilder »Cascais/ C.R.E.L.« sehen (äußerer Autobahnring). Reisende, die sich Lissabon von Cascais her nähern, benutzen die Autobahn A5. Die A8 ist die Hauptzufahrtsstraße aus Torres Vedras.

Die neue Brücke bei Montijo sorgt über den C.R.I.L. (den inneren Autobahnring) für eine bessere Anbindung an den nördlichen Teil der Stadt, einschließlich Flughafen.

Treffen Sie per Bus in Lissabon ein, kommen Sie in der Regel auf dem Busbahnhof in der Avenida Duque de Ávila an. Er verfügt über gute Verkehrsanbindungen, und hier befindet sich zudem ein Taxistand. Weitere Informationen siehe Seite 160.

Die Brücken Lissabons

Ein markanter Blickfang ist die Ponte 25 de Abril. Sie stellt die Hauptverbindung zwischen Lissabon und dem südlichen Ufer des Tejo dar. Die in den 60er Jahren erbaute Brücke benutzt man am besten außerhalb der Hauptverkehrszeiten, wenn das Verkehrsaufkommen am geringsten ist. Um den Verkehrsfluß zu optimieren, wurde eine Gebühr nur in Richtung Lissabon eingeführt; Kosten für die Benutzung in umgekehrter Richtung fallen nicht an.

Die Ponte Vasco da Gama wurde in der Nähe des Parque das Nações erbaut. Mit der nuen Bahnlinie über die Ponte 25 de Abril stellt sie eine Verbindung zwischen dem Norden Lissabons und Montijo am Südufer des Tejo her, von wo aus eine Autobahn in den Alentejo und in die Algarve führt.

Auf einen Blick

Lufthansa

Deutschland ☎ *01803-80 38 03.*

W www.lufthansa.de

Swissair

Schweiz ☎ *0848-80 07 00.*

W www.swissair.com

Austrian Airlines

Österreich ☎ *01-17 66.*

W www.aua.com

TAP Air Portugal

Deutschland ☎ *0130-11 07 08.*

Lissabon ☎ *21-841 69 90.*

W www.tap.pt

In Lissabon unterwegs

Die Schönheit Lissabons läßt Erkundungstouren zu einem Vergnügen werden, und Spaziergänge sind mitunter die beste Möglichkeit, diese Stadt zu entdecken. Lissabon ist jedoch hügelig, und selbst sportliche Besucher ermüden schnell. Straßenbahnen, Aufzüge *(elevadores)* und Busse stellen deshalb eine willkommene Abwechslung dar – sie bieten spektakuläre Stadtansichten *(siehe S. 158ff)*. Das Autofahren in diesem Labyrinth aus Einbahnstraßen und ungeduldigen einheimischen Autofahrern wird oft zu einer haarsträubenden Angelegenheit. Taxis bieten eine bequeme Alternative, ohne die Mühe, einen Parkplatz zu suchen oder sich in einer fremden Stadt zu orientieren. Sie sind außerdem recht preiswert.

Eine typische Gasse in der Alfama

Zu Fuss in Lissabon

Lissabon eignet sich wunderbar für Erkundungsspaziergänge, dies gilt insbesondere für die älteren Viertel, wie Alfama und Bairro Alto.

Man darf jedoch nicht vergessen, daß Lissabon auf sieben Hügeln erbaut wurde. Wenn Sie nicht sehr sportlich sind, ist es ratsam, diese Hügel so oft wie möglich mit den öffentlichen Verkehrsmitteln zu meistern. Die altmodischen Straßenbahnen fahren fast bis zum Castelo de São Jorge, die neuen *eléctricos* am Fluß entlang. Sie können dann durch die Alfama hinablaufen und den Blick auf Lissabon genießen.

Das Herz des kommerziellen Lissabon liegt im Chiado und in der Baixa, wo sich in den Fußgängerzonen geschäftige Einkäufer und Straßenkünstler drängen. Eine breite Palette von Läden, Kaufhäusern sowie Caféterrassen und Banken bieten ausgezeichnete Möglichkeiten, Souvenirs zu erstehen, Geld zu wechseln oder die Atmosphäre der Stadt bei einem Kaffee zu genießen.

Achten Sie bei Spaziergängen in den viel von Touristen besuchten Vierteln auf Trickbetrüger und Diebe.

Mit dem Auto

Es ist nicht ratsam, das Auto im geschäftigen Innenstadtbereich von Lissabon zu benutzen. Die portugiesischen Fahrer können einschüchternd wirken, und es ist besonders während des Berufsverkehrs nicht leicht, das Auto abzustellen. Die Innenstadt ist zudem mit schwer erkennbaren Einbahnstraßenschildern nur so gespickt; teuer kann es werden, wenn Sie auf einen unfreundlichen Polizisten treffen, der Touristen mit einer sofort zahlbaren Strafe belegt. Die Polizei in Lissabon verhält sich gegenüber verwirrten Fahrern und erstaunten Touristen jedoch im allgemeinen verständnisvoll und tolerant.

Es gibt wenig Kreisverkehr in Lissabon; auf den größeren Plätzen mit Kreisverkehr, beispielsweise auf der Praça Marquês de Pombal und der Rotunda do Relógio am Flughafen, wird der Verkehr durch Ampeln geregelt. Die Autos im Kreisverkehr haben Vorfahrt vor dem wartenden Verkehr. Sofern keine Verkehrsschilder Gegenteiliges vorsehen, hat jedoch auf Plätzen, an Kreuzungen und an kleinen Nebenstraßen der von rechts kommende Verkehr Vorfahrt.

Versuchen Sie unbedingt den Berufsverkehr (8–10 Uhr und 17.30–19.30 Uhr) zu vermeiden. Achten Sie auch auf Fußgängerüberwege, die in Lissabon häufig nur schlecht gekennzeichnet sind.

Parken

Unter dem Druck der chaotischen Parksituation hat der Stadtrat ein umfassendes Tiefgaragen- und Parkplatzprogramm ins Leben gerufen. Seit 1998 sind etwa 20 000 über- und unterirdische Parkplätze gebaut worden. Tiefgaragen befinden sich in der Avenida 5 de Outubro, der Avenida de Roma sowie an der Praça dos Restauradores, der Praça da Figueira und bei der Alameda Dom Afonso Henriques.

Auf vergleichsweise kostengünstige Parkplätze verweisen Hinweisschilder mit einem weißen »P« vor blauem Hintergrund. Der größte und neueste Parkplatz befindet sich an der Praça Marquês de Pombal und verfügt über mehr als 1000 Stellplätze.

Parken mit Parkschein

Die Lissabonner Innenstadt hat an Wochentagen zwischen 8 und 18 Uhr Parkzonen, in denen Münz- oder Kartenzahlung möglich ist. Diese sind durch ein Parkschild mit einer Hand, die eine Münze oder Karte hält, gekennzeichnet. Parkscheine können an Automaten gezogen werden, Sie sollten jedoch ausreichend Kleingeld mit sich führen.

Kreisverkehr auf der Praça Marquês de Pombal in der Innenstadt

Ordnungswidriges Parken wird mit einem Bußgeld geahndet oder durch Abschleppen Ihres Wagens bestraft. Ist dies passiert, erhalten Sie Ihr Auto erst nach Zahlung einer hohen Geldstrafe zurück.

Mietwagen

Die meisten der großen Autovermieter, wie Hertz oder Avis, haben Niederlassungen am Lissabonner Flughafen. Sie müssen einen internationalen Führerschein vorweisen, über 21 Jahre alt und mehr als ein Jahr im Besitz eines Führerscheins sein. Normalerweise ist es teurer, einen Wagen am Flughafen zu mieten. Die Preise sind im Sommer höher als in der übrigen Saison. Die meisten Unternehmen halten Nebensaison- und Wochenendangebote bereit. Der Preis hängt davon ab, ob eine Kilometerbegrenzung oder Vollkaskoversicherung *(todos-os-riscos)* enthalten ist. Meistens ist das Auto bei Abholung vollgetankt. Es ist ratsam, das Auto auch vollgetankt zurückzugeben, da die Unternehmen dies sonst in Rechnung stellen.

Typisches Lissabonner Taxi

Benzin

Benzin, genannt *gasolina*, ist in Portugal recht teuer. Die Preise sind im ganzen Land einheitlich. Diesel *(gasóleo)* ist der billigste Treibstoff. Es gibt zweierlei bleifreies Benzin *(gasolina sem chumbo)*: Normalbenzin ist geringfügig preiswerter als *super*. Verbleites Benzin gibt es kaum mehr.

Um die Unterscheidung der verschiedenen Treibstoffe an der Tankstelle zu erleichtern, besteht ein Farbsystem: Normalbenzin ist grün gekennzeichnet, *super* hat die Farbe Rot, und Diesel ist gelb.

Viele Tankstellen befindet sich am Rand Lissabons. Tankstellen vor der Stadt sind meist Selbstbedienungstankstellen und oft rund um die Uhr geöffnet. Die wenigen Tankstellen im Innenstadtbereich schließen meist um 23 Uhr. Auftanken heißt *chelo*, und es ist üblich, dem Tankwart ein Trinkgeld zu geben.

Taxis

Verglichen mit dem übrigen Europa, sind die Taxis in Portugal preiswert. Wenn man sich die Kosten mit mehreren Personen teilt, kann ein Taxi bisweilen sogar billiger als Bus oder Straßenbahn sein. Taxis sind beigefarben. Es gibt jedoch auch noch einige ältere schwarz-grüne Taxis. Alle verwenden einen Taxameter, obwohl der Tarif von der Tageszeit abhängt.

Auf dem Dach befinden sich zwei grüne Lampen, die den momentan geltenden Tarif anzeigen: ein Licht (6–22 Uhr) bedeutet normaler Tarif, zwei Lichter einen höheren Tarif (22–6 Uhr, Wochenende, Feiertage). Pro Gepäckstück wird eine zusätzliche Pauschale berechnet. Bei Fahrten außerhalb der Stadt wird das Taxometer ausgeschaltet – handeln Sie also unbedingt vorher einen Preis aus!

Winken Sie ein Taxi heran, sollten Sie darauf achten, daß die »Taxi«-Leuchte auf dem Dach bereits eingeschaltet ist. Oder Sie rufen ein Funktaxi, z.B. von **Autocoope**, was geringfügig mehr kostet.

Auf einen Blick

Autovermietung am Flughafen

Auto Jardim
☎ *21-846 29 16.*

Avis Rent-a-Car
☎ *21-754 78 00.*

Budget
☎ *21-319 55 55.*

Guérin
☎ *21-370 34 00.*

Hertz
☎ *21-381 24 30.*

24-Stunden-Taxiservice

Autocoope
☎ *21-793 27 56.*

Teletáxis
☎ *21-811 11 00.*

Retalis Rádio Táxis
☎ *21-811 90 00.*

Rund um die Uhr geöffnete Tankstellen

Garagem Almeida Navarro
Rua da Palma 256.
Karte 7 B2.

Miranda & Ferrão
Avenida António Serpa 22, Campo Pequeno. **Karte** 5 C1.

BP Areeiro
Avenida Almirante Gago Coutinho, Areeiro. **Karte** 6 E1.

Öffentliche Verkehrsmittel

Logo der U-Bahn

In Anbetracht des ständig wachsenden Verkehrs auf Lissabons Straßen hat die Stadt gewaltige Anstrengungen unternommen, das öffentliche Verkehrsnetz zu verbessern. Bisher hat die U-Bahn die größten Veränderungen erlebt. Einige neue Straßenbahnen mit mehr Kapazität wurden eingeführt, um die heißgeliebten, aber alternden Vorgänger zu ersetzen, die Anfang dieses Jahrhunderts gebaut worden waren. Die orangefarbenen Busse Lissabons sind ebenfalls ein gutes Transportmittel. Busse, Straßenbahnen und Standseilbahnen werden von Carris betrieben, einem staatlichen Unternehmen.

Fahrkarten

Im Lissabonner Nahverkehrssystem gibt es eine breite Palette an Fahrscheinen. Wie günstig welches Ticket für Sie ist, hängt davon ab, wie lange Sie bleiben und wie viele unterschiedliche Transportmittel Sie benutzen möchten.

Wenn Sie möglichst flexibel sein möchten, kaufen Sie Ihren Fahrschein am besten beim Einsteigen. Einfache Fahrkarten für alle Transportmittel von Carris (Bus, Straßenbahn und Standseilbahn) werden beim Fahrer gekauft. Daneben gibt es auch Zwei-Fahrten-Tickets, die ebenfalls beim Fahrer oder an einem Carris-Verkaufsschalter (Praça de Figueira, Elevador de Santa Justa oder U-Bahn-Station Sete Rios) erhältlich sind.

Für Besucher, die einen ganzen Tag mit der Besichtigung Lissabons verbringen möchten, lohnt es sich, ein Tages- oder Drei-Tage-Ticket an einem Carris-Verkaufsschalter zu erwerben. Diese berechtigen zur Benutzung sämtlicher Carris-Transportmittel. Beide Fahrscheine müssen bei der ersten Benutzung entwertet werden.

Wenn Sie länger bleiben und auch U-Bahn, Bus, Tram oder Seilbahn benutzen möchten, lohnt es sich, in einen Touristenpaß zu investieren, der vier oder sieben Tage gültig ist. Hierzu müssen Sie Ihren Reisepaß oder einen anderen Ausweis vorlegen. Außerdem gibt es eine Tageskarte, die die Benutzung aller Transportmittel von Carris und der U-Bahn erlaubt.

Fahrscheinautomat

Fahrscheine für die U-Bahn können Sie am Fahrkartenschalter oder an den Automaten in den Stationen erwerben. Es ist kostengünstiger, sie an den Automaten zu lösen. Die Tickets für die U-Bahn gelten in der Regel nur für eine Fahrt; es gibt jedoch auch eine Tageskarte *(bilhete de um dia)* und eine Sieben-Tage-Karte *(bilhete de sete dias)* sowie einen Satz von zehn Fahrscheinen *(caderneta)*. Kinder von vier bis zwölf Jahren, Studenten und Erwachsene über 65 erhalten in öffentlichen Verkehrsmitteln eine Ermäßigung von 50 Prozent. Für Kinder unter vier Jahren ist die Fahrt kostenlos.

U-Bahn

Am schnellsten und billigsten fährt man in Lissabon mit der U-Bahn. Die Stationen sind durch ein rotes »M« gekennzeichnet, die Betriebszeit ist von 6.30 bis 1 Uhr täglich. Die Bahnen können morgens und abends recht überfüllt sein. Das U-BahnNetz ist sicher, und man kann die Bahn selbst nachts gefahrlos benutzen, da die Stationen und Züge rund um die Uhr von der U-Bahn-Polizei bewacht werden. Die Fahrscheine sind vor Antritt der Fahrt im *obliterador* am Eingang zum Bahnsteig zu entwerten. Achten Sie darauf, dass Sie eine gültige, entwertete Karte haben, denn Schwarzfahren wird mit einer saftigen Geldstrafe geahndet, die den hundertfachen Wert eines Einzelfahrscheins betragen kann.

Die Lissabonner U-Bahn wurde im Dezember 1959 eröffnet und bestand aus einer y-förmigen Linie, die zwischen Jardim Zoológico, Entrecampos und Restauradores verkehrte. Bis vor kurzem gab

Fahrkarten

Für Busse, Straßenbahnen und Standseilbahnen gelten die gleichen Fahrscheine, die an den Verkaufsschaltern von Carris erstanden werden können. Zur Auswahl steht eine Vielzahl an verschiedenen Einzelfahrscheinen, Tages- und Mehrtageskarten, einige davon mit Preisermäßigung. Dasselbe gilt für U-Bahn-Fahrscheine. Die günstigsten U-Bahn-Karten erhält man an den Selbstbedienungsautomaten. Fahrkarten, die sowohl für das Carris-System als auch die U-Bahn gelten, gibt es ebenfalls. Mit einer speziellen Touristenkarte kann man öffentliche Verkehrsmittel im Stadtgebiet uneingeschränkt nutzen.

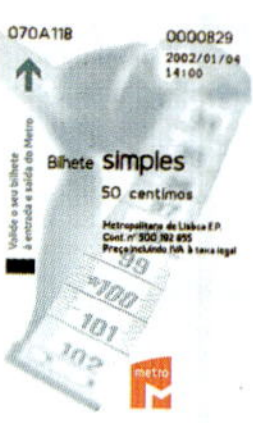

Tageskarte für die U-Bahn

Zwei-Fahrten-Karte

Lissabons U-Bahn

es zwei U-Bahn-Linien, inzwischen sind vier Linien in Betrieb: Linha da Gaivota, Linha da Girassol, Linha da Caravela und Linha do Oriente.

Dadurch ist die U-Bahn an die wichtigsten Bus-, Bahn- und Fährverbindungen angeschlossen; sie stellt zudem den Anschluß der Vororte Lissabons an das Geschäftszentrum am nördlichen Ufer des Flusses sicher.

In den kommenden Jahren soll das U-Bahn-Netz ausgedehnt und einige weitere Stationen eröffnet werden.

Strassenbahn

Die Strassenbahn *(eléctrico)* ist mit die angenehmste Art, Lissabon zu besichtigen. Sie fährt jedoch nur in einem sehr kleinen Bereich der Stadt, am Fluß entlang nach Belém und in den hügeligen Teilen Lissabons. Zwei verschiedene Modelle sind im Einsatz, die hübschen, alten Bahnen aus der Zeit vor dem Ersten Weltkrieg und die längeren, neuen Straßenbahnen mit modernem Innenraumdesign. Einfache Fahrscheine sind für alle Fahrten relativ preiswert. Die roten »Colinas«- oder »Tejo«-Straßenbahnen bieten – mittlerweile ganzjährig – spezielle Besichtigungsrundfahrten für Touristen an. Sie sind allerdings wesentlich teurer. Folgende Straßenbahnen sind günstiger:

Die Nr. 12 fährt von der Praça da Figueira nach São Tomé in der malerischen Alfama *(siehe S. 30ff)*.

Die Nr. 15 führt von der Praça da Figueira parallel zum Tejo nach Belém, wo Sie die imposante Architektur des Torre de Belém und das Mosteiro dos Jerónimos bewundern und sich das neue Kulturzentrum von Belém (CCB) ansehen können.

Die alte Straßenbahnlinie Nr. 28 beginnt bei der Praça de Martim Moniz und folgt einer faszinierenden Route durch einige der ältesten Teile Lissabons, wobei sie wie die »wilde Maus« durch extrem enge Straßen rattert, nahe am Castelo de São Jorge vorbeifährt und auch Graça und Estrela nicht ausläßt.

Straßenbahn mit neuem Design

Straßenbahn für Touristen

Der Elevador da Glória fährt zum Bairro Alto hinauf

Standseilbahnen und Aufzüge

Wegen der zahlreichen Hügel, auf denen Lissabon erbaut ist, sind Standseilbahnen und Aufzüge eine bequeme Möglichkeit, vom Flußufer zu den höher gelegenen Stadtteilen zu gelangen, insbesondere in den Bairro Alto und in die Alfama. Die Fahrt ist zwar teuer, bietet aber phantastische Blicke auf die Stadt.

Der **Elevador da Bica** führt unweit des Bahnhofs Cais do Sodré zum unteren Ende des Bairro Alto. Der **Elevador da Glória** verbindet die Praça dos Restauradores mit dem oberen Ende des Bairro Alto. Der **Elevador de Santa Justa**, fährt derzeit nicht von der Baixa zum Bairro Alto *(siehe S. 52)*, da die Verbindung unterbrochen ist. Der **Elevador da Lava** fährt von der Praça dos Restauradores zum Hospital São José.

Busse

Busfahren in Lissabon ist teurer als die U-Bahn und weniger zuverlässig. Obwohl die Busse häufig verkehren, sind sie oft überfüllt. Aufgrund flächendeckender Ausbreitung bietet das Busnetz jedoch oft eine bessere Verbindung zu den Sehenswürdigkeiten.

Die Lissabonner Busse *(autocarros)* sind orange. Sie fahren im Abstand von etwa 15 Minuten von 6.30 Uhr bis 1 Uhr. Zwischen 1 und 5.30 Uhr verkehrt ein Nachtbus.

Die Haltestellen sind mit *paragem* gekennzeichnet. Der Zielort wird an der Vorderseite des Busses angezeigt. Die an den Verkaufsschaltern von Carris erworbenen Fahrscheine müssen in einem *obliterador* im Bus entwertet werden. Dies gilt jedoch nicht für direkt beim Fahrer gekaufte Fahrkarten. Ein Satz von zehn Fahrscheinen, die für Busse und Straßenbahnen gelten, kann zu einem ermäßigten Preis an Zeitungskiosken erworben werden.

Ein orange-weißer Bus zur Praça do Comércio

Nützliche Bus- und Strassenbahnlinien

Es ist dank der zahlreichen Busse und Straßenbahnen kein Problem, sich in Lissabon fortzubewegen. Diese Übersicht zeigt einige der für Touristen interessantesten Bus- und Straßenbahnrouten, die wichtige Sehenswürdigkeiten miteinander verbinden.

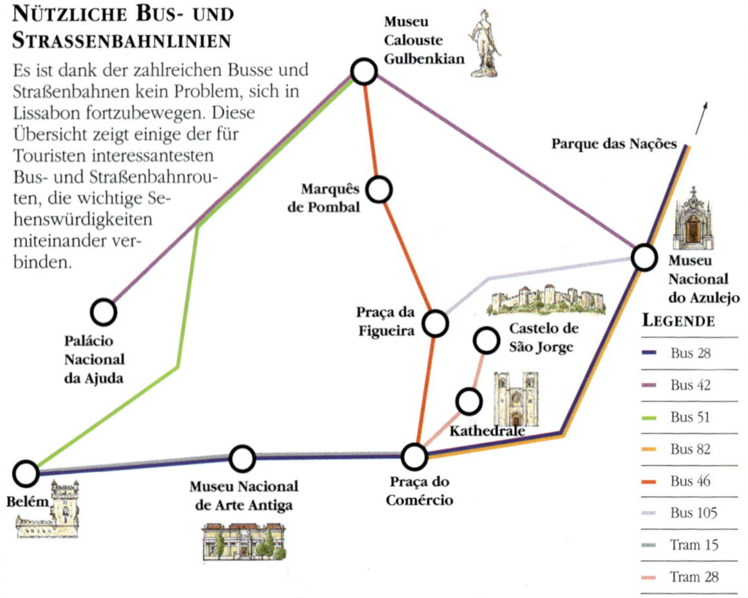

Die Umgebung von Lissabon

Logo der Caminhos de Ferro Portugueses

LISSABON UND seine nähere Umgebung bieten zahlreiche Gelegenheiten für Ausflüge. Das gut ausgebaute Straßennetz sorgt dafür, daß Sie die meisten Sehenswürdigkeiten in nur etwa 30 Minuten vom Stadtzentrum aus erreichen können. Für den Besuch von Cascais und Estoril stehen Busse zur Verfügung, daneben eine gute Zugverbindung. Zwar gibt es keine öffentliche Busverbindung nach Sintra, doch führen organisierte Reisebustouren zu den Palästen dieser Stadt. Vom Rossio-Bahnhof fahren regelmäßig Züge nach Sintra. Fähren legen von der Praça do Comércio in Lissabon zum Südufer des Tejo ab. In Barreiro oder Cacilhas kann man dann den Zug oder den Bus für die Weiterfahrt benutzen.

Hochgeschwindigkeitszug Alfa im Bahnhof Santa Apolónia

Mit der Bahn

DIE STAATLICHE Eisenbahngesellschaft, Caminhos de Ferro Portugueses (CP), betreibt sämtliche Züge.

Es gibt vier Haupteisenbahnlinien, die aus Lissabon herausführen. Bei Touristen ist die Linie vom Cais do Sodré nach Cascais an der Küste besonders beliebt sowie die Linie, die vom Rossio-Bahnhof nach Sintra führt. Der Rossio-Bahnhof (U-Bahn-Station Restauradores) befindet sich an der Praça dos Restauradores. Es gibt eine regelmäßige Zugverbindung von hier nach Sintra (Abfahrt alle 15 Minuten zu Hauptverkehrszeiten; Dauer: 45 Minuten).

Santa Apolónia ist der Bahnhof für Züge, die in den Norden fahren, sowie für die meisten Züge ins Ausland. Diejenigen, die von Lissabon Richtung Osten reisen, können vom Fährterminal am nördlichen Ufer des Tejo eine Fähre zum Bahnhof Barreiro am südlichen Ufer nehmen, von wo die Züge Richtung Osten abfahren. Ein neuer Bahnhof, die Gare do Oriente in der Nähe des Parque das Nações, ist 1998 eröffnet worden.

Frontansicht des Rossio-Bahnhofs

Züge nach Estoril und Cascais fahren vom Bahnhof Cais do Sodré ab. Die Route folgt der Küste und dauert etwa 45 Minuten. Achten Sie auf die Zielorte auf den Anzeigetafeln, da einige Züge in Oeiras enden. Sie können vom Bahnhof Cais do Sodré auch Züge zum fünf Minuten entfernten Alcântara oder zum zehn Minuten entfernten Belém nehmen.

Fahrpreise

FÜR KINDER im Alter von vier bis zwölf Jahren, Studenten (der Studentenausweis ist vorzuweisen) und Erwachsene über 65 Jahre gelten Ermäßigungen von 50 Prozent auf alle CP-Fahrscheine. Kinder unter vier Jahren fahren kostenlos.

Es gibt jedoch keine speziellen Gruppenermäßigungen.

Rückreisefahrscheine sind für die Verbindung Cais do Sodré–Cascais und Rossio–Sintra erhältlich, dies spart jedoch mehr Zeit als Geld, da sie einfach das Doppelte des Einfachfahrscheins kosten.

Die Mitnahme von Fahrrädern ist nur außerhalb der Hauptverkehrszeiten gestattet, und es wird eine zusätzliche Gebühr erhoben. Das Fahren ohne Fahrschein wird mit einem Bußgeld belegt.

Auf einen Blick

Bahnhöfe

Barreiro
☎ *21-207 31 18.*

Cais do Sodré
☎ *21-347 01 81.* **Karte** 4 F4.

Rossio
☎ *21-346 50 22.* **Karte** 7 A3.

Santa Apolónia
☎ *21-881 62 42.* **Karte** 8 F3.

Zugauskunft (CP)

☎ *21-888 40 25.*

Übersicht im Bahnhof Santa Apolónia mit Abfahrtszeiten und Zielorten

Mit dem Auto

Wenn Sie mit dem Auto fahren, sollten Sie einen Ausweis und Führerschein, die Kraftfahrzeugversicherung und den Fahrzeugschein mit sich führen. Können Sie diese *documentos* bei einer Polizeikontrolle nicht vorlegen, wird ein Bußgeld erhoben.

Das Straßennetz um Lissabon ist durch den Bau neuer Ringstraßen und Autobahnen verbessert worden. Verlassen Sie Lissabon in westlicher Richtung und liegt Ihr Ziel an der Costa do Estoril, ist die Autobahn A5

Schilder weisen nach Estoril, Richtung Süden über die Brücke und nach Sete Rios

die schnellste Verbindung.

Vermeiden Sie die Hauptverkehrszeiten (8–10 und 17.30–19 Uhr). Um auf die A5 zu gelangen, folgen Sie der Ausfallstraße von der Praça de Espanha oder der Praça Marquês de Pombal.

Sollten Sie die malerische Küstenstraße (N6) vorziehen, folgen Sie für acht Kilometer der A5 aus Lissabon hinaus, und biegen Sie am Hinweisschild auf die Avenida Marginal ab.

Sintra erreichen Sie am besten über die Autobahn A5 oder auf der IC19, die an Queluz vorbeiführt.

Die südlich des Tejo gelegenen Orte Costa da Caparica, Tróia und Setúbal erreichen Sie über die Ponte 25 de Abril oder mit der Fähre, die regelmäßig vom Cais do Sodré nach Cacilhas ablegt. Haben Sie den Fluß überquert, folgen Sie der Autobahn A2 in Richtung Süden.

Autobahnen

Die Autobahnen rund um Lissabon sind gebührenpflichtig, da sie von einem privaten Betreiber namens **Brisa** unterhalten werden. Im allgemeinen sind sie die schnellste Reisemöglichkeit in Portugal.

Die Autobahngebühren können auf zwei Arten entrichtet werden. Die meisten Fahrer erwerben bei der Auffahrt auf die Autobahn ein Ticket *(título)* und zahlen, wenn sie von der Autobahn abfahren. Die Gebühr wird am Gebührenhäuschen angezeigt.

Die zweite Möglichkeit (Via Verde) richtet sich an die Ortsansässigen. Diese Autofahrer dürfen auf der Via-Verde-Fahrspur die Mautstelle passieren. Ihre Durchfahrt wird automatisch registriert und später in Rechnung gestellt. Es ist streng verboten, diese Fahrspur zu benutzen, wenn Sie nicht an diesem System teilnehmen. Achten Sie darauf, daß Sie sich richtig einordnen, wenn Sie sich den Gebührenhäuschen nähern. Bei Autounfällen wählen Sie die Notrufnummer 112.

Autopannen

Der portugiesische Automobilklub **ACP** (Automóvel Clube de Portugal) hat ein Abkommen über Pannenservice mit den meisten internationalen Automobilverbänden geschlossen. Um diesen in Anspruch nehmen zu können, müssen Sie einen Europa-Schutzbrief vorlegen.

Im Falle einer Panne *(avaria)* rufen Sie den ACP. Notruftelefone befinden sich entlang der Autobahn. Sofern Sie nicht einer mit dem ACP verbundenen Organisation angehören, wird ein privater Wagen zu Ihrer Hilfe entsandt. Die Pannenhilfe versucht, Ihren Wagen vor Ort zu reparieren. Gelingt dies nicht, wird Ihr Wagen in eine Werkstatt abgeschleppt. Je nach Versicherungsschutz versucht der ACP, Ihnen für den Zeitraum der Reparatur einen Mietwagen zur Verfügung zu stellen.

In Portugal gelten bei Pannen internationale Regeln, hierzu zählt das Aufstellen eines roten Warndreiecks hinter dem Wagen, um andere Fahrer zu warnen. Stellen Sie vor Ihrer Abfahrt sicher, daß Sie ein solches Warndreieck mit sich führen.

Überlandbus eines der zahlreichen Reiseunternehmen

Mit dem Bus

Im Anschluss an die Privatisierung der Rodoviária Nacional (RN) wurden Konzessionen an Privatunternehmen ausgegeben, und seitdem herrscht ein harter Wettbewerb. Durch das Fehlen eines zentralen Überlandbusdienstes kann es problematisch sein herauszufinden, welches Unternehmen Ihr Reiseziel anfährt.

Jedes Unternehmen hat sein eigenes Fahrpreissystem. Als Regel gilt: Sie können Ihr Ticket bei Antritt der Fahrt beim Fahrer lösen, haben aber die Möglichkeit, preiswertere Fahrscheine, die *modulos* genannt werden, vorab bei den Verkaufsständen des jeweiligen Unternehmens zu erwerben. Es gibt keine Gruppenermäßigung. Kinder im Alter zwischen vier und zwölf Jahren zahlen jedoch nur den halben Preis. Zur Zeit gibt es nur eine direkte Busverbindung zwischen Lissabon und Cascais, die von dem schottischen Busunternehmen **Scotturb** und **Rodoviária de Lisboa** betrieben wird. Die stündlich verkehrenden Busse starten am Flughafen von Lissabon und fahren via Campo Grande nach Cascais, die Rückfahrt erfolgt ebenfalls einmal pro Stunde. Die beiden Gesellschaften fahren stündlich abwechselnd.

TST (Transport Sul do Tejo) fährt Ziele südlich des Tejo an. Die Busse fahren von der Praça da Espanha (U-Bahn Praça de Espanha) zu Zielen wie der Costa da Caparica (1 Std.) und Sesimbra (1 Std 45).

Wenden Sie sich an Redoviária de Lisboa, wenn Sie in den in den Nordwesten von Lissabon fahren wollen. Die Busunternehmen **Rede Expressos** und **EVA** unterhalten Verbindungen in alle Landesteile. EVA fährt besonders oft an die Algarve. Beide sind am Busbahnhof Arco do Cego in der Avenida Duque de Avila zu finden, Redoviária de Lisboa hingegen unter anderem am Campo Grande.

Bis jetzt gibt es keine Busverbindung von Lissabon nach Sintra. Scotturb bietet jedoch drei Linien von Cascais und Estoril nach Sintra an. Bus Nr. 403 startet alle 90 Minuten in der Nähe des Bahnhofs von Cascais und hält auch in Cabo da Roca. Bus Nr. 417 fährt von Cascais via Alcabideche, und Nr. 418 fährt stündlich vom Bahnhof von Estoril ab. Beide Busse halten am Bahnhof von Sintra und im Innenstadtbereich. In Sintra unterhält Scotturb von Dienstag bis Sonntag eine Verbindung vom Bahnhof zum Palácio da Pena und zum Castelo dos Mouros.

Busfahrten

In Lissabon und Umgebung werden zahlreiche Busfahrten mit einer großen Auswahl an Zielen angeboten. Für Touristen, die sich nur Lissabon selbst ansehen möchten, gibt es kurze Halbtagestouren. Sintra, Cabo da Roca, Estoril und Cascais sind sämtlich im Rahmen eines Tagesausflugs leicht zu erreichen. Sie können sich auch nach Süden wenden und Sesimbra und die Serra da Arrábida besuchen oder aber Mafra im Norden. Die Preise hängen davon ab, ob Mahlzeiten oder besondere Veranstaltungen, wie Fado oder Stierkämpfe, inbegriffen sind. Die meisten Touren bieten Ermäßigungen für Kinder unter zehn Jahren. Die Fahrten können direkt beim Veranstalter, in einem Reisebüro oder in einigen Hotels gebucht werden. Wenn Sie in einem der größeren Hotels Lissabons wohnen, stellen einige Anbieter einen Abholservice bereit.

Fähren über den Tejo

Die meisten Fährverbindungen werden von **Transtejo** unterhalten. Der Tejo kann an mehreren Stellen überquert werden. Diese Ausflüge lohnen sich allein schon wegen des atemberaubenden Blicks auf Lissabon.

Vom Terreiro do Paço (Estação Fluvial) legen Fähren nach Cacilhas ab (täglich 6–22.30 Uhr). Die Fahrt dauert 15 Minuten. Schnelle Fähren fahren vom Terreiro do Paço nach Seixal und Montijo (täglich 6–22.30 Uhr) und benötigen 1,5 Stunden. Fähren des Unternehmens Soflusa fahren alle 15 Minuten von der Praça do Comércio nach Barreiro (täglich 5.45–2.45 Uhr). Von Belém legen Fähren nach Trafaria ab (täglich 7–21 Uhr); von dort steuern Busse die Strände der Costa do Sol an.

Vom Cais do Sodré hält eine Autofähre eine regelmäßige Verbindung nach Cacilhas aufrecht und benötigt nur 15 Minuten für die Fahrt. Diese Fähre fährt täglich von 5.30 bis 2.30 Uhr.

Eine Fähre legt am Terreiro do Paço an

Auf einen Blick

Busunternehmen

EVA
Avenida Duque de Ávila 12.
Karte 5 C3.
21-314 77 13.
www.eva-bus.com

Rede Expressos
Avenida Duque de Ávila 12.
Karte 5 C3.
21-357 79 15 o. 707 22 33 44.
www.rede-expressos.pt

Rodoviária de Lisboa
Avenida do Brasil 45.
21-792 81 80.

Scotturb
Rua de São Francisco 660, Adroana, Alcabideche.
21-489 91 00.

TST
Praça de Espanha.
Karte 5 A2.
21-726 27 40.

Busfahrten

Citirama
21-319 10 70.

Gray Line
21-352 25 94.

Portugal Tours
21-352 29 02.

Nützliche Nummern

ACP (Pannenhilfe)
21-942 91 03.

Arco do Cego (Busbahnhof)
Avenida Duque de Ávila 12.
21-354 54 39.

Lissabonner Flughafen
21-841 35 00.

Brisa (Autobahn)
21-444 85 00.

Transtejo (Fähren)
21-322 40 40 o. 882 03 40.

Kartenteil

Die Kartenverweise der in diesem Reiseführer genannten Sehenswürdigkeiten und Unterhaltungsmöglichkeiten sowie Hotels *(siehe S. 114 ff)* und Restaurants *(siehe S. 128 ff)* beziehen sich auf diesen Kartenteil. Die erste Ziffer bezeichnet die Nummer der entsprechenden Karte, der nachfolgende Buchstabe und die zweite Ziffer geben die jeweiligen Koordinaten an. Die Karte auf dieser Seite zeigt die acht Kartenausschnitte Lissabons. In der Legende sind die Symbole der Sehenswürdigkeiten und anderer Einrichtungen erklärt. Auf den folgenden Seiten finden Sie ein Verzeichnis der Straßennamen und der in den Karten gekennzeichneten wichtigen Orte.

Legende zum Kartenteil

- Wichtige Sehenswürdigkeit
- Sehenswürdigkeit
- Bahnhof
- U-Bahn-Station
- Busbahnhof
- Straßenbahnhaltestelle
- Standseilbahn
- Taxistand
- Fähranlegestelle
- Parken
- Auskunft
- Krankenhaus mit Ambulanz
- Polizeirevier
- Kirche
- Synagoge
- Moschee
- Postamt
- Aussichtspunkt
- Eisenbahnlinie
- Autobahn
- Einbahnstraße
- Fußgängerzone
- «45 Hausnummer

Maßstab der Karten 1–6

0 Meter 250

Maßstab der Karten 7–8

0 Meter 250

AVENIDA DOS
CAMPO GRANDE
AV. DOS
ESTADOS UNIDOS
DA AMÉRICA
5
6
AVENIDA
AVENIDA DA
COMBATENTES
AVENIDA
JOÃO XXI
REPÚBLICA
AV. DE BERNA
5 DE OUTUBRO
AV. ANTÓNIO A. DE AGUIAR
REIS
AVENIDA ALMIRANTE
AV. FONTES P. DE MELO
AV. GENERAL ROÇADAS
R. JOAQUIM A. DE AGUIAR
4
7
8
BAIXA
BAIRRO ALTO UND ESTRELA
ALFAMA
AVENIDA DE CEUTA
AVENIDA INFANTE SANTO
C. DA ESTRELA
AVENIDA 24 DE JULHO
Montijo
Terreiro do Paço
Cais do Sodré
Barreiro
Tejo
PONTE 25 DE ABRIL (A2 - IP1)
Cacilhas
N377
N10
0 Kilometer 1
Seixal

Straßenverzeichnis

Q

R

S

T

V

W

X

Z

1
A
B
C
1
2
3
4
5
PARQUE FLORESTAL DE MONSANTO
CASELAS
CARAMÃO
RESTELO
ALTO DA AJUDA
BELÉM
ESTRADA DE CASELAS
AVENIDA DAS DESCOBERTAS
AVENIDA DOUTOR MARIO MOUTINHO
AVENIDA DOS BOMBEIROS
ESTRADA DE QUELUZ
ESTRADA DOS MARCOS
R. DO GRAVATO
R. DA CRUZ
CASELAS
LARGO OCIDENTAL
RUA GREGÓRIO LOPES
AV. HELLEN KELLER
ESTRADA DA CRUZ
RUA JOSÉ PINTO BASTOS
R. PEDRO A. FRANCO
R. VAGA-LUMES
RUA H. SILVA
R. HORTA E SILVA
R. CLUBE ATLÉTICO E CR. DO CARAMÃO
R. DAS CHAMINÉS D'EL REI
RUA 12
R. DE PEDRO TEIXEIRA
ESTRADA DE CASELAS
CEMITÉRIO DA AJUDA
RUA DAS AÇUCENAS
RUA ANTÃO GONÇALVES
R. COLÉGIO DE SÃO JOSÉ
ESTRADA DO FORTE DO ALTO DO DUQUE
AVENIDA DA ILHA DA MADEIRA
R. MEM RODRIGUES
RUA TRISTÃO VAZ
CALÇADA DO GALVÃO
R. CONSELHEIRO MARTINS DE CARVALHO
JARDIM BOTÂNICO DA AJUDA
RUA RODRIGO REBELO
RUA GONÇALO VELHO CABRAL
R. VICENTE DIAS
RUA JOÃO DIAS
RUA PEDRO DE SINTRA
RUA DIOGO DE SILVES
RUA GONÇALO NUNES
R. DIOGO DE TEIVE
R. GONÇALO SINTRA
R. P. BENTO GÓIS
R. JOÃO DE PAIVA
RUA GONÇALVES ZARCO
R. RUI PEREIRA
RUA DOM CONSTANTINO DE BRAGANÇA
RUA ANTÓNIO SALDANHA
R. FERNANDES QUEIRÓS
R. JOÃO COIMBRA
R. PAULO DA GAMA
R. A. ESTEVES
R. LUIS P. BARROS
RUA PERO DE ALENQUER
R. JOÃO F. LABRADOR
RUA P. DE BARCELOS
RUA FERNÃO GOMES
RUA PERO DA COVILHÃ
RUA GIL EANES
RUA DE ALCOLENA
R. DO ALTO D. DUQUE
ESTÁDIO MUNICIPAL DO RESTELO
R. DAS PEDREIRAS
R. D. TENDEIRO
Igreja da Memória
CALÇADA DA MEMÓRIA
T. PAULO MARTINS
R. DO JARDIM BOTÂNICO
R. GENERAL J. ALMEIDA
Ermida de São Jerónimo
PRAÇA DE GOA
JARDIM DUCLA SOARES
AVENIDA DO RESTELO
RUA DOS JERÓNIMOS
JARDIM AGRÍCOLA TROPICAL
RUA DOM FRANCISCO PEREIRA
RUA DUARTE PACHECO PEREIRA
PRAÇA DE DAMÃO
PRAÇA DE MALACA
PRAÇA DE DIO
RUA DOM FRANCISCO DE ALMEIDA
RUA DOM LOURENÇO DE ALMEIDA
Planetário Calouste Gulbenkian
Museu da Marinha
Mosteiro dos Jerónimos
Museu Nacional de Arqueologia
T. DOS FERREIROS
RUA DE BELÉM
Palácio de Belém
AFONSO DE ALBUQUERQUE
RUA SÃO FRANCISCO XAVIER
R. SÃO FRANCISCO XAVIER
R. NUNO TRISTÃO
R. D. MELGUEIRO
RUA D. GOMES
R. PEDRO ESCOBAR
R. JOÃO D. AVEIRO
R. DINIS DIAS
R. DA CUNHA
R. DOM CRISTÓVÃO DA GAMA
RUA A. DE ABREU
VILA CORREIA
R. JOÃO BASTOS
R. M. BARATA
PRAÇA DO IMPÉRIO
RUA BARTOLOMEU DIAS
RUA DE PEDROUÇOS
AVENIDA DA TORRE DE BELÉM
Centro Cultural de Belém
AVENIDA DA ÍNDIA
AVENIDA DE BRASÍLIA
R. DA PRAIA DE PEDROUÇOS
R. FERNÃO M. PINTO
Doca de Belém
Doca de Bom Sucesso
Museu de Arte Popular
Padrão dos Descobrimentos
Torre de Belém
Tejo

2
D
E
F
1
2
3
4
5
TAPADA
DA
AJUDA
BAIRRO
A AJUDA
AJUDA
SANTO
AMARO
Tejo
ESTRADA DO ALVITO
CALÇADA DA AJUDA
CALÇADA DA TAPADA
CALÇADA DE SANTO AMARO
CALÇADA DA BOA HORA
RUA DO CRUZEIRO
R. DO CASALINHO DA AJUDA
R. DO SITIO AO CASALINHO DA AJUDA
RUA ROY CAMPBELL
R. FONSECA BENEVIDES
TRAVESSA DO PARDAL
RUA EDUARDO BAIRRADA
T. JOSÉ FERNANDES
RUA G. ANTINORI
RUA DO RIO SECO
RUA DO MIRADOR
R. PADRE M. A. CORREIA
T. DO CASTRO
RUA DOM JOÃO DE CASTRO
R. SILVA PORTO
RUA ALIANÇA OPERÁRIA
RUA DIOGO CÃO
TRAVESSA DO GIESTAL
RUA DO GIESTAL
T. DOS MOINHOS
RUA JOÃO DE BARROS
RUA PEDRO CALMON
R. SOARES DE PASSOS
RUA JAU
RUA GIL VICENTE
RUA FILINTO ELÍSIO
RUA LUÍS DE CAMÕES
R. DA INDÚSTRIA
R. SÁ DE MIRANDA
LUSÍADAS
RUA DOS LUSÍADAS
T. DO CONDE DA RIBEIRA
R. ACADEMIA RECREATIVA DE S. AMARO
T. DA PRAIA
T. DO PINTO
T. DA GUARDA
RUA DA JUNQUEIRA
AVENIDA DA ÍNDIA
AVENIDA DE BRASÍLIA
Hospital de Egas Moniz
RUA DO MIRANTE À AJUDA
LARGO DA TORRE
R. DA TORRE
T. DO ARMADOR
RUA GOMES FREIRE
LARGO DA AJUDA
Palácio Nacional da Ajuda
CALÇADA DA AJUDA
R. DO GUARDA-JÓIAS
RUA DE DOM VASCO
T. DAS FLORINDAS
T. DO GUARDA-JÓIAS
R. DA BICA DO MARQUÊS
R. CORONEL PEREIRA DA SILVA
TRAVESSA MOINHO VELHO
R. DO MACHADO
RUA DO MIRADOR
TRAVESSA DA BOA HORA À AJUDA
T. DOM VASCO
RUA DO CALHARIZ
RUA NOVA DO CALHARIZ
RUA DOS QUARTEIS
R. DAS MOREIRAS À AJUDA
R. ALF. DA SILVA
R. DA QUINTA DO ALMARGEM
RUA ARTUR LAMAS
RUA PINTO FERREIRA
RUA ALEXANDRE DE SÁ PINTO
RUA DO EMBAIXADOR
Museu Nacional dos Coches
«329
«183
«89
«14
«4
«7
Belém
Estação Fluvial de Belém
TRAVESSA DO CID DOS SANTOS
RUA PROF. ARMANDO DE LUCENA
RUA P. QUARTIN

3
A
B
C
1
2
3
4
5
PARQUE FLORESTAL DE MONSANTO
ESTRADA DO CLUBE DE TÉNIS
AVENIDA DA PONTE
AVENIDA DE CEUTA
RUA DO ARCO DO CARVALHÃO
R. COSTA PIMENTA
R. GUILHERME DOS ANJOS
RUA MARIA PIA
CASAL VENTOSO DE BAIXO
CASAL VENTOSO D. CIMA
CAMPO DE OURIQUE
RUA PEREIRA E SOUSA
R. PEREIRA E SOUSA
RUA CORREIA TELES
RUA DE INFANTARIA
RUA ALMEIDA E SOUSA
RUA COELHO DA ROCHA
RUA CARLOS DA MAIA
RUA SAMPAIO BRUNO
RUA AZEDO
RUA TENENTE FERREIRA DURÃO
RUA FRANCISCO METRASS
RUA ANUNCIAÇÃO
RUA TOMÁS DA ANUNCIAÇÃO
RUA QUATRO DE INFANTARIA
RUA FERREIRA BORGES
R. FREITAS GAZUL
R. A. BRUN
R. GERVÁSIO LOBATO
ESTRADA DOS PRAZERES
RUA PADRE FRANCISCO
GNECO
R. SARAIVA DE CARVALHO
PARADA DOS PRAZERES
CEMITÉRIO DOS PRAZERES
R. PROF. GOMES TEIXEIRA
RUA DO PATROCÍNIO
T. DO JARDIM
R. DE S. ANTÓNIO
RUA POSSIDÓNIO DA SILVA
RUA DO POSSOLO
T. DAS ALMAS
T. DO POSSOLO
RUA DE SANTANA
BORJA
RUA DO
TAPADA DAS NECESSIDADES
T. DA HORTA NAVIA
RUA CAPITÃO AFONSO PALA
T. DA COSTA
CALÇADA DAS NECESSIDADES
AVENIDA INFANTE
R. ABÍLIO LOPES DO REGO
R. RICARDO ESPÍRITO SANTO
R. ARCO C. D. TERRAS
RUA DE SÃO
T. DO FERREIRO
RUA DO PAU DA BANDEIRA
RUA SACRAMENTO
RUA DA QUINTA DO JACINTO
R. FELICIANO DE SOUSA
RUA DA CRUZ À ALCÂNTARA
RUA DO ALVITO
T. DO SEBEIRO
R. DA QUINTA DO JACINTO
R. DO ALVITO
ESTRADA DO ALVITO
ACESSO À PONTE
Alcântara
CALÇADA DA TAPADA
RUA DE ALCÂNTARA
R. DOS LUSÍADAS
R. DA INDÚSTRIA
R. JOSÉ DIAS COELHO
R. LEÃO DE OLIVEIRA
RUA 1º DE MAIO
R. DAS FONTAINHAS
R. FRADESSO DA SILVEIRA
R. RODRIGUES FARIA
T. TEIXEIRA JÚNIOR
RUA M. L. HOLSTEIN
2ª R. PARTICULAR
R. DA COZINHA ECONÓMICA
R. DE CASCAIS
AV. 24 DE JULHO
RUA VIEIRA DA SILVA
R. PRIOR DO CRATO
RUA G. ROLA
T. TRABUQUETA
RUA DO ARCO À ALCÂNTARA
R. DO SACRAMENTO À ALCÂNTARA
R. DAS NECESSIDADES
R. DO LIVRAMENTO
RUA DA COSTA
R. DO TESOURO
R. DA COVA DA MOURA
R. EMB. SAMPAIO
T. ALCÂNTARA
TENENTE VALADIM
AVENIDA
RUA JOAQUIM CASIMIRO
RUA M. A. TABORDA
RUA RIBEIRO SANCHES
R. DA ARRIAGA
RUA DO OLIVAL
C. DA PAMPULHA
R. PRESIDENTE ARRIAGA
AVENIDA 24 D
AV. DA ÍNDIA
ALCÂNTARA
Alcântara-Mar
Doca de Alcântara
T. DO CONDE DA PONTE
T. DA GALÉ
Doca de Santo Amaro
PONTE 25 DE ABRIL
Tejo

D
E
5
F
4
1
2
3
4
5
7
RUA DOM JOÃO V
RUA DO SOL AO RATO
RUA DA ARRÁBIDA
R. DA PÁSCOA
RUA DO CABO
T. DE SANTA QUITÉRIA
R. SARAIVA DE CARVALHO
AV. PEDRO ÁLV. CABRAL
LARGO DO RATO
Rato
RATO
RUA DE SÃO BENTO
RUA DA ESCOLA POLITÉCNICA
R. DO VALE DE PEREIRO
R. CASTILHO
RUA DO SALITRE
AV. DA LIBERDADE
Avenida
JARDIM BOTÂNICO
PRAÇA DA ALEGRIA
T. DO SALITRE
RUA DA ALEGRIA
RUA S. ANT. DA GLÓRIA
R. DA CONC. DA GLÓRIA
R. DAS TAIPAS
RUA DA MÃE D'ÁGUA
R. NOVA D. SÃO MAMEDE
R. DO ARCO A SÃO MAMEDE
R. DO NORONHA
R. DE GUSTAVO DE MATOS SEQUEIRA
R. ENG. MIGUEL PAIS
R. DO MONTE OLIVETE
R. CECÍLIO DE SOUSA
PRAÇA DO PRÍNCIPE REAL
RUA D. PEDRO V
RUA DA IMPRENSA NACIONAL
R. MANUEL BERNARDES
R. DOS PRAZERES
RUA DE SÃO MARÇAL
R. DE S. JORGE
JARDIM DA ESTRELA
ESTRELA
R. DA ESTRELA
RUA DE SANTO AMARO
R. DE SÃO BERNARDO
T. DE PLÁCIDO
R. DR. TEÓFILO BRAGA
R. DOS FERREIROS
R. DA IMPRENSA À ESTRELA
PRAÇA DA ESTRELA
Basílica da Estrela
CALÇADA DA ESTRELA
Palácio de São Bento
RUA N. DA PIEDADE
RUA DA QUINTINHA
R. DAS ADELAS
T. DA PALMEIRA
RUA DA PALMEIRA
R. DO JASMIM
RUA EDUARDO COELHO
T. DA HORTA
RUA DO SÉCULO
R. DA ACADEMIA DAS CIÊNCIAS
BAIRRO ALTO
RUA DA CRUZ DOS POIAIS
R. NOVA DO LOUREIRO
R. DA VINHA
R. S. BOAVENTURA
RUA DA ROSA
R. DOS MOUROS
R. L. TODI
T. DA BOA HORA
T. CARA
Solar do Vinho do Porto
T. DOS INGLESINHOS
T. DOS FIÉIS DE DEUS
T. DAS MERCÊS
RUA DA ATALAIA
R. DA BARROCA
T. DO PINHEIRO
R. DA BELA VISTA À LAPA
RUA DOS NAVEGANTES
R. DE BORGES CARNEIRO
RUA ALMEIDA BRANDÃO
RUA MIGUEL LUPI
RUA D. FRANCESINHAS
R. DOS POIAIS D. S. BENTO
CALÇADA DO COMBRO
R. DO LORETO
MADRAGOA
AV. DOM CARLOS I
RUA DA LAPA
T. DO COMBRO
BUENOS AIRES
R. MEIO À LAPA
RUA DAS PRAÇAS
R. DO QUELHAS
R. DOS REMÉDIOS
RUA DE SÃO JOÃO DA MATA
RUA DE SÃO FÉLIX
RUA GARCIA DE ORTA
RUA DE SÃO DOMINGOS
R. DO MACHADINHO
R. VICENTE BORGA
R. DAS MADRES
RUA DA ESPERANÇA
C. MARQUÊS DE ABRANTES
LARGO DE SANTOS
R. D. SANTOS-O-VELHO
R. DO GUARDA-MOR
RUA DAS TRINAS
RUA DO CURA
T. NOVA DE SANTOS
C. RIBEIRO SANTOS
ESC. DA PRAIA
R. FRESCA
RUA DO POÇO DOS NEGROS
R. DA SILVA
R. MASTROS
R. GAIVOTAS
RUA F. TOMÁS
L. DO C. BARÃO
R. BOQ. DE DURO
R. DO INST. INDUSTRIAL
RUA DA BOAVISTA
R. BOQ. DE FERREIROS
RUA DE DOM LUÍS I
R. D. RIBEIRA NOVA
R. DE S. PAULO
T. DE CARVALHO
RUA DA MOEDA
R. DO ALCAIDE
T. C. DO RIO
T. DE S. CATARINA
R. S. CATARINA
R. M. SALDANHA
RUA DO ALMADA
R. CORDOEIROS
RUA D. CHAGAS
RUA DA EMENDA
Elevador da Bica
Santos
AVENIDA 24 DE JULHO
Cais do Sodré
RUA DAS JANELAS VERDES
Museu Nacional de Arte Antiga
Tejo

5
A
B
C
1
2
3
4
5
ENTRECAMPOS
Entrecampos
AVENIDA ÁLVARO PAIS
RUA CRUZ VERMELHA
RUA C. DE SOUSA
RUA ALFREDO
RUA INFANTE
R. ALFREDO R. GAMEIRO
RUA JORGE
RUA F. DE HOLANDA
RUA JULIETA FERRÃO
RUA VELOSO SALGADO
RUA CARLOS REIS
RUA SOUSA LOPES
RUA SOEIRO PEREIRA GOMES
RUA DA BENEFICÊNCIA
RUA F. T. DA COSTA
RUA AFONSO
AZINHAGA DA TORRINHA
R. CARDEAL MERCIER
RUA PORTUGAL DURÃO
R. GEN. LEMAN
RUA FILIPE DA MATA
R. DR. ALVARO DE CASTRO
Rego
Hospital do Rego
R. DR. EDUARDO NEVES
AV. ANTÓNIO DE SERPA
CAMPO PEQUENO
AV. JULIO DINIS
RUA L. ALVES
Praça de Touros
Campo Pequeno
AVENIDA DOS COMBATENTES
AVENIDA DE BERNA
AVENIDA BARBOSA DU BOCAGE
AVENIDA DA REPÚBLICA
AVENIDA 5 DE OUTUBRO
AVENIDA ELIAS
AVENIDA DE VISCONDE
BOMBARD
R. DOM L. DE NORONHA
AV. SANTOS DUMONT
RUA TENENTE ESPANCA
R. DR. SILVA TELES
Museu Calouste Gulbenkian
Fundação Calouste Gulbenkian
Centro de Arte Moderna
R. PROF. LIMA BASTO
AVENIDA COLUMBANO BORDALO PINHEIRO
PRAÇA DE ESPANHA
Praça de Espanha
AVENIDA CALOUSTE GULBENKIAN
AV. JOSÉ MALHÔA
AVENIDA CONDE
AV. MIGUEL
AV. MARQUÊS DE TOMAR
RUA MARQUÊS DE SÁ DA BANDEIRA
AVENIDA DE BERNA
AVENIDA DE JOÃO CRISÓSTOMO
R. DE VALBOM
AVENIDA DUQUE
RUA RAMALHO ORTIGÃO
RUA H. ALVES
R. DR. JÚLIO DANTAS
AV. RESSANO GARCIA
RUA FIALHO DE ALMEIDA
RUA DR. NICOLAU DE BETTENCOURT
AVENIDA ANTÓNIO AUGUSTO DE AGUIAR
São Sebastião
RUA DR. ANTÓNIO CÂNDIDO
R. ANTÓNIO ENES
R. DAS PICOAS
RUA PINHEIRO
LUÍS BIVAR
FOLQUE
SALDANHA
AV. FILIPE
RUA LATINO COELHO
R. PEDRO NUNES
RUA TOMÁS
RUA DE SÃO SEBASTIÃO DA PEDREIRA
CHAGAS
R. ENG. VIEIRA
PRAÇA DUQUE SALDANHA
RUA DE FRONTEIRA
AVENIDA SIDÓNIO PAIS
AV. FONTES PEREIRA DE MELO
Picoas
RUA VIRIATO
ANDR. CORVO
R. M. FERRÃO
R. SOUSA MARTINS
Parque
R. DE ANDALUZ
RUA MARQUÊS
RUA CARDEAL CEREJEIRA
Estufa Fria
PARQUE EDUARDO VII
CAMPOLIDE
RUA DOM F. M. DE MELO
RUA AL.
RUA PADRE ANT. VIEIRA
RUA RODRIGO
RUA ARTILHARIA UM
RUA SAMPAIO E PINA
RUA CASTILHO
RUA DA SUBSERRA
R. DE
AVENIDA CON. FERNANDO DE SOUSA
RUA MARQ. DE FONSECA
RUA ACTOR TASSO
RUA DE QUEIRÓS
RUA CAMILO CASTELO BRANCO
AV. DUQUE DE
RUA LUCIANO
CONDE DE
R. DA SOCIEDADE FARMACÊUTICA
R. PROF. SOUSA DA CÂMARA
PRAÇA MARQUÊS DE POMBAL
Marquês de Pombal
R. JOAQUIM ANT. DE AGUIAR
AV. ENG. D. PACHECO
AMOREIRAS
Amoreiras Shopping Center
R. RODRIGO DA FONSECA
RUA CASTILHO
R. BRAAMCAMP
AVENIDA DA LIBERDADE
R. ALEXANDRE HERCULANO
RUA DO SANTA MARTA
Hospital Santa M
RUA RODRIGUES SAMPAIO
RUA SALGUEIRO
R. BARATA
R. ARAÚJO
RUA DA SILVEIRA
R. MOUZINHO
RUA D. PALMELA
R. CARLOS ALBERTO DA MOTA PINTO
RUA SILVA CARVALHO
R. GORGEL DO AMARAL
RUA DAS AMOREIRAS
T. ÁGUAS LIVRES
T. FÁBRICA DOS PENTES
RUA DE SÃO FILIPE NERI
R. J. PENHA
Aqueduto das Águas Livres
4

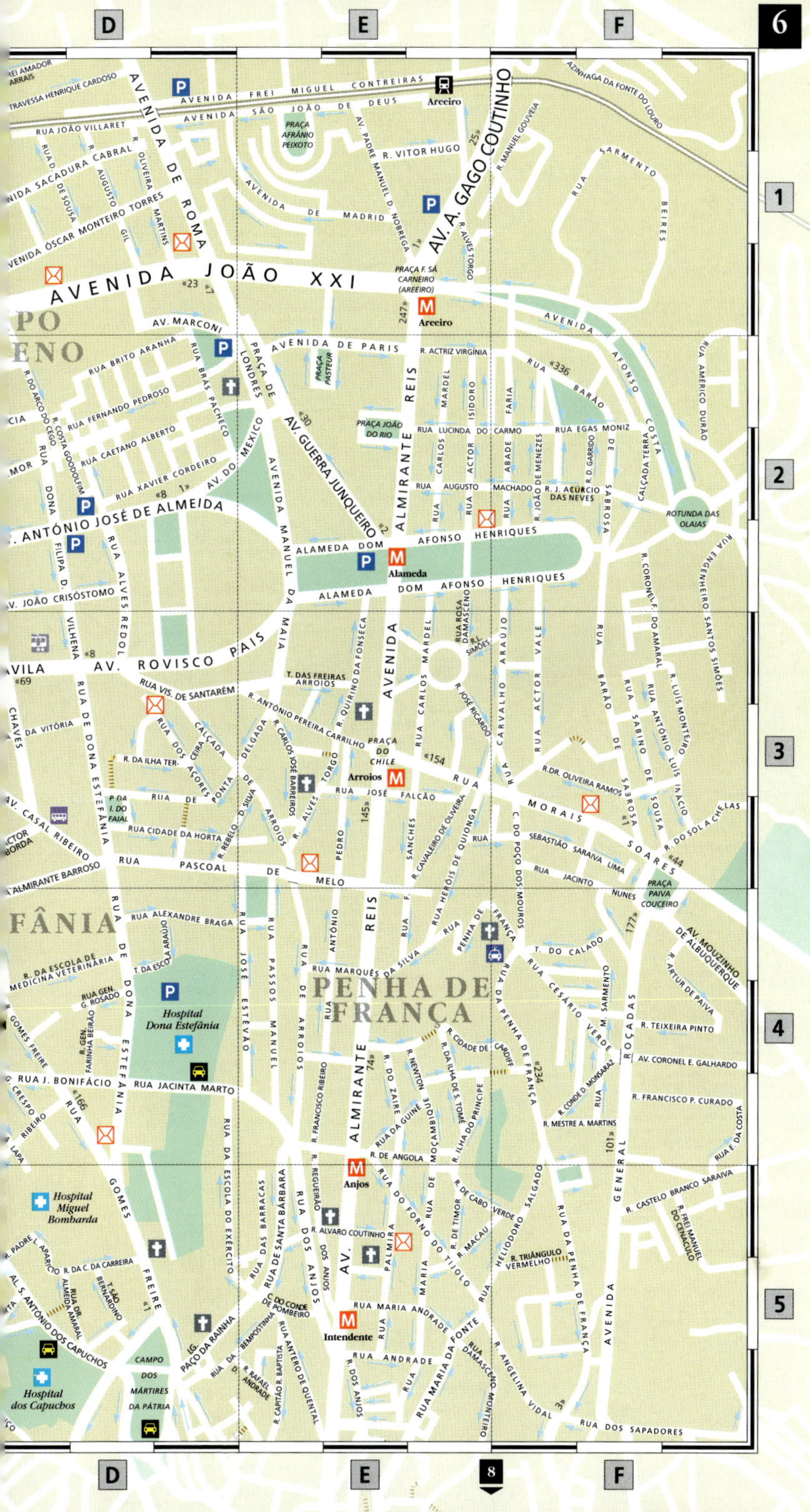
D
E
F
1
2
3
4
5
AVENIDA FREI MIGUEL CONTREIRAS
Areeiro
AZINHAGA DA FONTE DO LOURO
TRAVESSA HENRIQUE CARDOSO
AVENIDA SÃO JOÃO DE DEUS
RUA JOÃO VILLARET
PRAÇA AFRÂNIO PEIXOTO
AV. PADRE MANUEL D. NÓBREGA
R. VITOR HUGO
AV. A. GAGO COUTINHO
R. MANUEL GOUVEIA
SARMENTO BEIRES
AVENIDA DE ROMA
R. OLIVEIRA MARTINS
R. AUGUSTO GIL
CABRAL
AVENIDA SACADURA
RUA D. DE SOUSA
R. OSCAR MONTEIRO TORRES
AVENIDA DE MADRID
R. ALVES TORGO
AVENIDA JOÃO XXI
PRAÇA F. SÁ CARNEIRO (AREEIRO)
Areeiro
AV. MARCONI
AVENIDA DE PARIS
R. ACTRIZ VIRGÍNIA
RUA BARÃO
AVENIDA AFONSO COSTA
RUA AMÉRICO DURÃO
RUA BRITO ARANHA
RUA BRÁS PACHECO
PRAÇA DE LONDRES
PRAÇA PASTEUR
AV. GUERRA JUNQUEIRO
PRAÇA JOÃO DO RIO
AVENIDA ALMIRANTE REIS
RUA MARDEL
RUA ISIDORO
RUA FARIA
RUA LUCINDA DO CARMO
RUA EGAS MONIZ
CALÇADA TERRA
R. DO ARCO DO CEGO
RUA FERNANDO PEDROSO
R. COSTA GOODOLFIM
RUA CAETANO ALBERTO
AV. DO MÉXICO
RUA CARLOS AUGUSTO
RUA ACTOR
RUA ABADE
RUA MACHADO
R. JOÃO DE MENEZES
R. J. ACÚRCIO DAS NEVES
R. D. GARRIDO
ROTUNDA DAS OLAIAS
RUA XAVIER CORDEIRO
AV. ANTÓNIO JOSÉ DE ALMEIDA
AVENIDA MANUEL DA MAIA
ALAMEDA DOM AFONSO HENRIQUES
Alameda
RUA ENGENHEIRO SANTOS SIMÕES
RUA FILIPA D. VILHENA
RUA ALVES REDOL
AV. JOÃO CRISÓSTOMO
R. CORONEL F. DO AMARAL
RUA BARÃO DE SABROSA
AV. ROVISCO PAIS
RUA ROSA DAMASCENO
R.L. SIMÕES
RUA ARAÚJO
RUA VALE
R. QUIRINO DA FONSECA
AVENIDA
RUA CARLOS MARDEL
R. JOSÉ RICARDO
CARVALHO
RUA ACTOR
T. DAS FREIRAS ARROIOS
RUA SABINO DE SOUSA
RUA ANTÓNIO LUÍS INÁCIO
R. LUÍS MONTEIRO
RUA VIS. DE SANTARÉM
R. ANTÓNIO PEREIRA CARRILHO
CALÇADA
RUA DOS AÇORES
RUA DE DONA ESTEFÂNIA
DA VITÓRIA
R. DA ILHA TER.
DELGADA
R. CARLOS JOSÉ BARREIROS
TORGO
PRAÇA DO CHILE
Arroios
RUA JOSÉ FALCÃO
RUA MORAIS SOARES
R.DR. OLIVEIRA RAMOS
R. DO SOL A CHELAS
RUA DE PONTA
P. DA I. DO FAIAL
RUA CIDADE DA HORTA
R. REBELO D. SILVA
ARROIOS
R. ALVES
RUA PEDRO
SANCHES
R. CAVALEIRO DE OLIVEIRA
RUA HERÓIS DE QUIONGA
C. DO POÇO DOS MOUROS
SEBASTIÃO SARAIVA LIMA
RUA JACINTO NUNES
PRAÇA PAIVA COUCEIRO
AV. CASAL RIBEIRO
RUA PASCOAL DE MELO
ALMIRANTE BARROSO
FÂNIA
RUA ALEXANDRE BRAGA
RUA JOSÉ ESTÊVÃO
RUA PASSOS MANUEL
RUA DE ARROIOS
RUA ANTÓNIO
RUA F.
PENHA DE FRANÇA
T. DO CALADO
AV. MOUZINHO DE ALBUQUERQUE
R. ARTUR DE PAIVA
R. DA ESCOLA DE MEDICINA VETERINÁRIA
T. DA ESCOLA ARAÚJO
RUA GEN. G. ROSADO
RUA MARQUÊS DA SILVA
RUA DA PENHA DE FRANÇA
RUA CESÁRIO VERDE
M. SARMENTO
Hospital Dona Estefânia
R. GEN. FARINHA BEIRÃO
R. CIDADE DE CARDIFF
R. DA ILHA DE S. TOMÉ
R. NEWTON
R. DO ZAIRE
R. TEIXEIRA PINTO
AV. CORONEL E. GALHARDO
RUA GOMES FREIRE
RUA J. BONIFÁCIO
RUA JACINTA MARTO
R. FRANCISCO RIBEIRO
RUA DA GUINÉ
MOÇAMBIQUE
R. ILHA DO PRÍNCIPE
R. CONDE D. MONSARAZ
R. FRANCISCO P. CURADO
R. MESTRE A. MARTINS
RUA E. DA COSTA
RUA DA ESCOLA DO EXÉRCITO
R. DE ANGOLA
Anjos
RUA DO FORNO DO TIJOLO
R. DE CABO VERDE
HELIODORO SALGADO
AVENIDA GENERAL ROÇADAS
R. CASTELO BRANCO SARAIVA
Hospital Miguel Bombarda
RUA DAS BARRACAS
RUA DE SANTA BÁRBARA
RUA DOS ANJOS
R. REGUEIRÃO DOS ANJOS
R. ALVARO COUTINHO
AV. ALMIRANTE REIS
RUA PALMIRA
RUA MARIA
R. DE TIMOR
R. MACAU
R. TRIÂNGULO VERMELHO
R. FREI MANUEL DO CENÁCULO
R. PADRE L. APARÍCIO
R. DA C. DA CARREIRA
T. SÃO BERNARDINO
RUA DR. ALMEIDA AMARAL
AL. S. ANTÓNIO DOS CAPUCHOS
LG. PAÇO DA RAINHA
RUA DA BEMPOSTINHA
C. DO CONDE DE POMBEIRO
RUA ANTERO DE QUENTAL
RUA MARIA ANDRADE
Intendente
RUA ANDRADE
RUA MARIA DA FONTE
RUA DAMASCENO MONTEIRO
R. ANGELINA VIDAL
RUA DOS SAPADORES
AVENIDA
CAMPO DOS MÁRTIRES DA PÁTRIA
R. RAFAEL ANDRADE
R. CAPITÃO R. BAPTISTA
R. DOS ANJOS
Hospital dos Capuchos
D
E
F

8

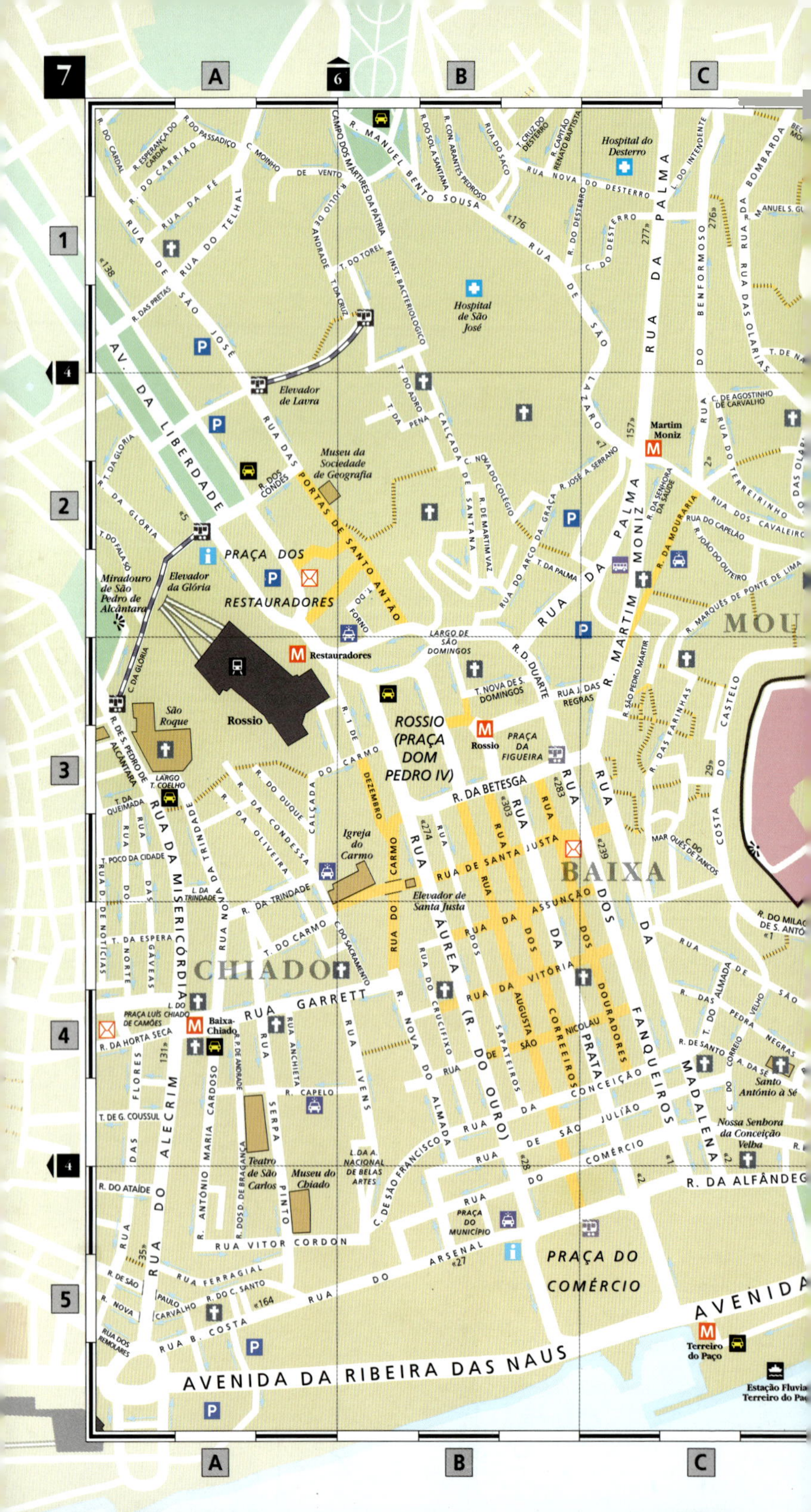

7
A
B
C
6
4
1
2
3
4
5
Hospital do Desterro
Hospital de São José
Elevador de Lavra
Museu da Sociedade de Geografia
Miradouro de São Pedro de Alcântara
Elevador da Glória
PRAÇA DOS RESTAURADORES
Restauradores
Rossio
São Roque
LARGO DE SÃO DOMINGOS
ROSSIO (PRAÇA DOM PEDRO IV)
PRAÇA DA FIGUEIRA
Martim Moniz
MOU
BAIXA
Igreja do Carmo
Elevador de Santa Justa
CHIADO
Baixa-Chiado
Teatro de São Carlos
Museu do Chiado
L. DA A. NACIONAL DE BELAS ARTES
PRAÇA DO MUNICÍPIO
PRAÇA DO COMÉRCIO
Santo António à Sé
Nossa Senhora da Conceição Velha
Terreiro do Paço
Estação Fluvial Terreiro do Paço
AV. DA LIBERDADE
RUA DAS PORTAS DE SANTO ANTÃO
RUA DE SÃO JOSÉ
RUA DA PALMA
RUA DE SÃO LÁZARO
R. MARTIM MONIZ
RUA NOVA DO DESTERRO
RUA MANUEL BENTO SOUSA
CAMPO DOS MÁRTIRES DA PÁTRIA
R. DA MOURARIA
RUA DAS OLARIAS
RUA DA BOMBARDA
RUA DO BENFORMOSO
R. MARQUÊS DE PONTE DE LIMA
R. DA BETESGA
RUA AUGUSTA
RUA ÁUREA (R. DO OURO)
RUA DA PRATA
RUA DOS FANQUEIROS
RUA DOS CORREEIROS
RUA DOS DOURADORES
RUA DOS SAPATEIROS
RUA DE SANTA JUSTA
RUA DA ASSUNÇÃO
RUA DA VITÓRIA
RUA DE SÃO NICOLAU
RUA DA CONCEIÇÃO
RUA DE SÃO JULIÃO
RUA DO COMÉRCIO
R. DA ALFÂNDEGA
RUA DO CARMO
CALÇADA DO CARMO
RUA 1º DE DEZEMBRO
RUA DA MADALENA
RUA GARRETT
RUA DA MISERICÓRDIA
RUA DA TRINDADE
RUA IVENS
RUA NOVA DO ALMADA
RUA DO CRUCIFIXO
RUA SERPA PINTO
RUA ANTÓNIO MARIA CARDOSO
RUA DO ALECRIM
RUA DAS FLORES
RUA VITOR CORDON
RUA DO ARSENAL
RUA DE SÃO PAULO
RUA B. COSTA
RUA FERRAGIAL
C. DE SÃO FRANCISCO
R. DO ATAÍDE
T. DE G. COUSSUL
R. DA HORTA SECA
PRAÇA LUÍS DE CAMÕES
R. DE S. PEDRO DE ALCÂNTARA
LARGO T. COELHO
R. DA GLÓRIA
C. DA GLÓRIA
RUA DA ROSA
RUA DO NORTE
R. DO DUQUE
R. DA CONDESSA
R. DA OLIVEIRA
R. DA TRINDADE
L. DA TRINDADE
T. DO CARMO
C. DO SACRAMENTO
RUA DO CASTELO
COSTA DO CASTELO
R. DO MILAGRE DE S. ANTÓNIO
RUA DE SÃO MAMEDE
R. DE SANTO ANTÓNIO
T. NOVA DE S. DOMINGOS
R. D. DUARTE
RUA J. DAS REGRAS
RUA DO ARCO DA GRAÇA
R. JOSÉ A. SERRANO
CALÇADA DE SANTANA
R. DE MARTIM VAZ
AVENIDA DA RIBEIRA DAS NAUS
AVENIDA

8
D
E
F
6
1
2
3
4
5
GRAÇA
Miradouro da Graça
Largo da Graça
Rua da Graça
Rua Josefa Maria
Rua Josefa de Óbidos
Rua da Senhora da Glória
Rua da Senhora do Monte
Rua de São Gens
Calçada do Monte
Rua das Beatas
Rua do Sol à Graça
T. Santo António à Graça
T. da Senhora da Graça
R. do Cardal à Graça
Rua da Bela Vista à Graça
Rua do Vale de Santo António
T. do Olival à Graça
Rua Leite de Vasconcelos
Rua Damasceno Monteiro
Vila Berta
Travessa da Pereira
Rua da Verónica
Rua de Entremuros do Mirante
R. Outeirinho Mirante
Beco do Mirante
T. Cidade Avintes
T. Freiras
Santa Clara
Campo de Santa Clara
Feira da Ladra
Rua do Paraíso
C. dos Cesteiros
C. do Cardeal
Santa Engrácia
Arco Grande da Cima
São Vicente de Fora
ALFAMA
Rua da Voz do Operário
Travessa das Mónicas
T. de São Vicente
Calçada da Graça
Calçada de Santo André
R. de São Vicente
Calçada de São Vicente
Calçadinha de Santo Estêvão
Rua das Escolas Gerais
Rua do Salvador
Rua de São Tomé
Rua Guilherme Braga
Rua dos Remédios
Rua do Vigário
Rua de Santo Estêvão
Beco da Lapa
Rua da Regueira
R. do Jardim do Tabaco
R. do M. de Artilharia
C. do Forte
Rua dos Caminhos de Ferro
Santa Apolónia
Museu Militar
Castelo de São Jorge
Museu de Artes Decorativas
Miradouro de Santa Luzia
R. de São Tiago
R. do Limoeiro
L. de São Martinho
R. de São Miguel
R. de São Pedro
R. do Terreiro do Trigo
R. do Cais D. Santarém
Rua do Barão
Rua de São João da Praça
Sé
Casa dos Bicos
Infante Dom Henrique
Doca do Terreiro do Trigo
Doca da Marinha
Tejo

Textregister

Gefettete Seitenzahlen beziehen sich auf den Haupteintrag.

A

B

G

H

I

J

K

N

O

P

Q

R

Danksagung/Bildnachweis

DER VERLAG bedankt sich bei allen, die an der Herstellung dieses Buches mitgewirkt haben.

DIE AUTOREN

SUSIE BOULTON studierte Kunstgeschichte in Cambridge. Die freiberufliche Reiseschriftstellerin ist auch Autorin des Vis-à-Vis-Bandes *Venedig & das Veneto*.

SARAH MCALISTER ist freiberufliche Schriftstellerin und Redakteurin der *Time-Out*-Reiseführer. Portugal hat sie häufig besucht.

BERATUNG

MARTIN SYMINGTON wurde in Portugal geboren und ist freiberuflicher Reiseschriftsteller. Er schreibt für viele britische Zeitungen, darunter den *Daily Telegraph* und den *Sunday Telegraph*. Er ist Autor der Reiseführer *The Loire Valley* (Hodder and Stoughton), *Portugal* (AA) und *Denmark* (AA/Thomas Cook). Für *The Algarve and Southern Portugal* (AA/Thomas Cook), *Portugal* (Insight) sowie die Vis-à-Vis-Titel *Großbritannien* und *Sevilla & Andalusien* hat er Beiträge verfaßt.

WEITERE AUTOREN

Paul Vernon, Edite Vieira.

GRAFIK- UND REDAKTIONSASSISTENZ

Gillian Andrews, Angela Marie Graham, Kathryn Lane, Michelle de Larrabeiti, Felicity Laughton, Helen Markham, Robert Mitchell, Adam Moore, Naomi Peck, Tom Prentice, Jake Reimann, Amanda Tomeh, Tomas Tranaeus, Ingrid Vienings, Fiona Wild.

REGISTER

Hilary Bird.

ERGÄNZENDE FOTOGRAFIE

Steve Gorton, John Heseltine, Dave King, Martin Norris, Roger Philips, Clive Streeter.

FOTO- UND KUNSTNACHWEIS

Joy FitzSimmons, Veronica Wood.

GENEHMIGUNG FÜR FOTOGRAFIEN

DER VERLAG bedankt sich bei folgenden Institutionen für die Hilfe und freundlich gewährte Erlaubnis zum Fotografieren: Instituto Português do Património Arquitectónico e Arqueológico (IPPAR), Lissabon; Instituto Português de Museus (IPM), Lissabon; Museu do Mar, Cascais; Museu da Marinha, Lissabon; Fundação da Casa de Alorna, Lissabon; alle anderen Kirchen, Museen, Parks, Hotels, Restaurants und Sehenswürdigkeiten, deren Aufzählung den Rahmen dieses Abschnitts sprengen würde.

ASSISTENZ

Emília Tavares, Arquivo Nacional de Fotografia, Lissabon; Luísa Cardia, Biblioteca Nacional e do Livro, Lissabon; Marina Gonçalves und Aida Pereira, Câmara Municipal de Lisboa; Caminhos de Ferro Portugueses; Carris, Lissabon; Enatur, Lissabon; Karen Ollier-Spry, John E. Fells and Sons Ltd; Maria Helena Soares da Costa, Fundação Calouste Gulbenkian, Lissabon; Pilar Serras und José Aragão, ICEP, London; Instituto do Vinho do Porto, Porto; Simoneta Afonso, IPM, Lissabon; Mário Abreu, Dulce Ferraz, IPPAR, Lissabon; Pedro Moura Bessa und Eduardo Corte-Real, Livraria Civilização Editora, Porto; Metropolitano de Lisboa; Raquel Florentino und Cristina Leite, Museu da Cidade, Lissabon; João Castel Branco G. Pereira, Museu Nacional do Azulejo; die Mitarbeiter in den Fremdenverkehrsbüros und Rathäusern in Portugal.

BILDNACHWEIS

o = oben; ol = oben links; olm = oben links Mitte; om = oben Mitte; or = oben rechts; mlo = Mitte links oben; mo = Mitte oben; mro = Mitte rechts oben; ml = Mitte links; m = Mitte; mr = Mitte rechts; mlu = Mitte links unten; mu = Mitte unten; mru = Mitte rechts unten; ul = unten links; u = unten; um = unten Mitte; uml = unten Mitte links; ur = unten rechts; d = Detail.

Kunstwerke wurden mit freundlicher Genehmigung folgender Copyrightinhaber reproduziert: 80ol, *Skulptur*, 1982, Henry Moore Foundation; 81u, *Terreiro do Paço* von Dirk Stoop, Museu da Cidade, Lissabon.

DER VERLAG dankt den folgenden Personen, Institutionen und Bildarchiven für die freundliche Genehmigung zur Reproduktion ihrer Fotografien:

AISA: 16or, 17om/ur, 66u; ARQUIVO NACIONAL DE FOTOGRAFIA-INSTITUTO PORTUGUÊS DE MUSEUS: Museu Conde de Castro Guimarães/Manuel Palma 12; Biblioteca da Ajuda/José Pessoa 14m; Museu Grao Vasco/José Pessoa 18ul; Museu Nacional dos Coches/José Pessoa 17um, 63ul; Henrique Ruas 64u; Igreja de São Vicente de Fora/Carlos Monteiro 17ul; Museu Nacional de Arte

Antiga/Luís Pavão 16ol, 28o, 56ul/ur, 57o/m/u, 59m; Francisco Matias 19ol; José Pessoa 19or, 56ol/or, 58u, 59u; Pedro Ferreira 58o, 59o; Museu Nacional de Arqueologia/José Pessoa 65m; Arnaldo Soares 142or, 143ol; Museu Nacional do Teatro/Arnaldo Soares 142ml; Luísa Oliveira 143or; José Pessoa 142u, 20/21o; San Payo 17or; Tony Arruza: 16m.

Instituto da Biblioteca Nacional e do Livro, Lissabon: 13u, 14u, 105ul; © Trustees of the British Museum, London: 18ur; Boutinot Prince Wine Shippers, Stockport: 126ur.

Câmâra Municipal de Oeiras: 15m; Câmara Municipal de Lisboa: António Rafael 20ml; Cephas: Mick Rock 124mu, 125m; Peter Stowell 24u; Chapitô: 140or; Cockburn Smithes & cia, S.A. (an Allied Domecq Company): 126mru.

Dow's Port 126 mro.

Mary Evans Picture Library: 21or, 101u.

Fototeca Internacional, Lissabon: César Soares 16ul; Luís Elvas 25u/o; Fundação Calouste Gulbenkian, Lissabon: 141ol; Fundação Ricardo do Espírito Santo Silva: Museu-Escola de Artes Decorativas Portuguesas 35m.

Giraudon: 18ml; Calouste Gulbenkia Foundation,Lisboa 140u.

Ideal Photo: N. Adams 116ml; The Image Bank: José Manuel 4u, 23u; Moura Machado 24m.

Lusa: Luís Vasconcelos 52u; André Kosters 53o; António Cotrim 143m.

José Manuel: 21ur; Museu Calouste Gulbenkian, Lissabon: *Anstecknadel* von René Lalique, © ADAGP, Paris, und DACS, London, 1997, 76mo; 76o/mo/mu/u, 77o/mo/mu/u, 78m/u/o, 79u/o/m; Museu da Cidade, Lissabon: António Rafael 20ol/ul/ur, 21m/ul; Museu da Marinha, Lissabon: 16ur, 68u.

Nationalmuseet, Kopenhagen: 18or; Naturpress: Juan Hidalgo-Candy Lopesino 22o.

Oronoz, Madrid: 16um.

RCL, Parede: Rui Cunha 140u; Dias dos Reis: 81ol Rex Features: Sipa Press, Michel Ginies 15u.

Science Photo Library/CNES 1993, Distribution Spot Image: 10.

Symington Port & Madeira Shippers: Claudio Capone 125 ml, 127o, mlo, um.

Peter Wilson: 30 (vordere Umschlaseite or), 44ol, 47ur, 53u, 136u, 137m, 138m; Woodfall Wild Images: Mike Lane 109u;
World Pictures: 23o.

Umschlag: Spezialfotografien außer Arquivo Nacional de Fotografia-Instituto Português de Museus, Lissabon: José Pessoa vordere Umschlagseite um.

Sprachführer

Notfälle

Hilfe!	**Socorro!**
Halt!	**Páre!**
Rufen Sie einen Arzt!	**Chame um médico!**
Rufen Sie einen Krankenwagen!	**Chame uma ambulância!**
Rufen Sie die Polizei!	**Chame a polícia!**
Rufen Sie die Feuerwehr!	**Chame os bombeiros!**
Wo ist das nächste Telefon?	**Há um telefone aqui perto?**
Wo ist das nächste Krankenhaus?	**Onde é o hospital mais próximo?**

Grundwortschatz

Ja	**Sim**
Nein	**Não**
Bitte	**Por favor/Faz favor**
Danke	**Obrigado/Obrigada**
Entschuldigung	**Desculpe**
Hallo	**Olá**
Auf Wiedersehen	**Adeus**
Guten Tag (bis 12 Uhr)	**Bom dia**
Guten Tag	**Boa tarde**
Gute Nacht	**Boa noite**
Gestern	**Ontem**
Heute	**Hoje**
Morgen	**Amanhã**
Hier	**Aqui**
Dort	**Ali**
Was?	**O quê?**
Welches?	**Qual?**
Wann?	**Quando?**
Warum?	**Porquê?**
Wo?	**Onde?**

Nützliche Sätze

Wie geht es Ihnen?	**Como está?**
Gut, danke.	**Bem, obrigado/obrigada.**
Sehr erfreut.	**Encantado/a.**
Bis bald.	**Até logo.**
In Ordnung.	**Está bem.**
Wo ist/sind ...?	**Onde está/estão ...?**
Wie weit ist es bis ...?	**A que distância fica ...?**
Wo geht es nach ...?	**Como se vai para ...?**
Sprechen Sie Deutsch?	**Fala alemão?**
Ich verstehe nicht.	**Não compreendo.**
Könnten Sie bitte etwas langsamer sprechen?	**Pode falar mais devagar por favor?**

Nützliche Begriffe

groß	**grande**
klein	**pequeno**
heiß	**quente**
kalt	**frio**
gut	**bom**
schlecht	**mau**
genug/ziemlich viel	**bastante**
geöffnet	**aberto**
geschlossen	**fechado**
links	**esquerda**
rechts	**direita**
geradeaus	**em frente**
nahe	**perto**
weit	**longe**
hinauf	**para cima**
hinunter	**para baixo**
früh	**cedo**
spät	**tarde**
Eingang	**entrada**
Ausgang	**saída**
Badezimmer	**casa de banho**
mehr	**mais**
weniger	**menos**

Telefonieren

Ich möchte ein	**Queria fazer uma**
Ferngespräch führen.	**chamada internacional.**
Ortsgespräch führen.	**chamada local.**
Kann ich eine Nachricht hinterlassen?	**Posso deixar uma mensagem?**

Einkaufen

Wieviel kostet das?	**Quanto custa isto?**
Ich hätte gerne ...	**Queria ...**
Ich schaue nur.	**Estou só a ver.**
Nehmen Sie Kreditkarten?	**Aceita cartões de crédito?**
Wann öffnen Sie?	**A que horas abre?**
Wann schließen Sie?	**A que horas fecha?**
Dieses	**Este**
Jenes	**Esse**
teuer	**caro**
preiswert	**barato**
Größe (Kleidung/Schuhe)	**tamanho**
weiß	**branco**
schwarz	**preto**
rot	**vermelho**
gelb	**amarelo**
grün	**verde**
blau	**azul**

Läden und Geschäfte

Antiquitäten	**loja de antiguidades**
Bäckerei	**padaria**
Bank	**banco**
Buchhandlung	**livraria**
Metzgerei	**talho**
Konditorei	**pastelaria**
Apotheke	**farmácia**
Fischgeschäft	**peixaria**
Friseur	**cabeleireiro**
Markt	**mercado**
Kiosk	**quiosque**
Postamt	**Correios**
Schuhgeschäft	**sapataria**
Supermarkt	**supermercado**
Tabakladen	**tabacaria**
Reisebüro	**agência de viagens**

Sehenwürdigkeiten

Kathedrale	**sé**
Kirche	**igreja**
Garten	**jardim**
Bibliothek	**biblioteca**
Museum	**museu**
Fremdenverkehrsbüro	**posto de turismo**
an Feiertagen geschlossen	**fechado para férias**
Busbahnhof	**estação de autocarros**
Bahnhof	**estação de comboios**

Im Hotel

Haben Sie ein freies Zimmer?	**Tem um quarto livre?**
Zimmer mit Bad	**um quarto com casa de banho**
Dusche	**duche**
Einzelzimmer	**quarto individual**
Doppelzimmer	**quarto de casal**
Doppelzimmer mit zwei Betten	**quarto com duas camas**
Portier	**porteiro**
Schlüssel	**chave**
Ich habe reserviert.	**Tenho um quarto reservado.**

Im Restaurant

Haben Sie einen Tisch für ...?	**Tem uma mesa para ...?**
Ich möchte einen Tisch reservieren.	**Quero reservar uma mesa.**
Die Rechnung bitte.	**A conta por favor/faz favor.**
Ich bin Vegetarier.	**Sou vegetariano/a.**
Kellner/Kellnerin	**Por favor!/Faz favor!**
Speisekarte	**a lista**
Touristenmenü	**a ementa turística**
Weinkarte	**a lista de vinhos**
Glas	**um copo**
Flasche	**uma garrafa**

halbe Flasche	**meia-garrafa**
Messer	**uma faca**
Gabel	**um garfo**
Löffel	**uma colher**
Teller	**um prato**
Serviette	**um guardanapo**
Frühstück	**pequeno almoço**
Mittagessen	**almoço**
Abendessen	**jantar**
Vorspeise	**entrada**
Hauptgericht	**prato principal**
Tagesgericht	**prato do dia**
Gedeck	**combinado**
halbe Portion	**meia-dose**
Nachtisch	**sobremesa**
blutig	**mal passado**
mittel	**médio**
durchgebraten	**bem passado**

Speisekarte

abacate	Avocado
açorda	Brotsuppe (oft mit Meeresfrüchten)
açúcar	Zucker
água mineral	Mineralwasser
(com gás)	mit Kohlensäure
(sem gás)	ohne Kohlensäure
alho	Knoblauch
alperce	Aprikose
amêijoas	Muscheln
ananás	Ananas
arroz	Reis
assado	Braten
atum	Thunfisch
aves	Geflügel
azeite	Olivenöl
azeitonas	Oliven
bacalhau	Kabeljau
banana	Banane
batatas	Kartoffeln
batatas fritas	Pommes frites
batido	Milchshake
bica	Espresso
bife	Steak
bolacha	Keks
bolo	Kuchen
borrego	Lamm
caça	Wild
café	Kaffee
camarões	Krabben
caracois	Schnecken
caranguejo	Krebs
carne	Fleisch
cataplana	Form zum Dünsten
cebola	Zwiebel
cerveja	Bier
chá	Tee
cherne	Seebarsch
chocolate	Schokolade
chocos	Kuttelfische
chouriço	scharfe Wurst
churrasco	Spießbraten
cogumelos	Pilze
cozido	gekochtes Rindfleisch
enguia	Aal
fiambre	Schinken
fígado	Leber
frango	Huhn
frito	fritiert
fruta	Frucht
gambas	Garnelen
gelado	Eiscreme
gelo	Eis
goraz	Brasse
grelhado	gegrillt
iscas	marinierte Leber
lagosta	Languste
laranja	Orange
leite	Milch
limão	Zitrone
limonada	Limonade
linguado	Seezunge
lulas	Tintenfisch
maçã	Apfel
manteiga	Butter
mariscos	Meeresfrüchte
meia-de-leite	Milchkaffee
ostras	Austern
ovos	Eier
pão	Brot
pastel	Pastete
pato	Ente
peixe	Fisch
pimenta	Pfeffer
polvo	Oktopus
porco	Schwein
queijo	Käse
sal	Salz
salada	Salat
salsicha	Wurst
sandes	Sandwich
santola	Seespinne
sopa	Suppe
sumo	Saft
tamboril	Seeteufel
tarte	Pie/Kuchen
tomate	Tomate
torrada	Toast
tosta	getoastetes Sandwich
vinagre	Essig
vinho branco	Weißwein
vinho tinto	Rotwein
vitela	Kalb

Zahlen

0	**zero**
1	**um/uma**
2	**dois/duas**
3	**três**
4	**quatro**
5	**cinco**
6	**seis**
7	**sete**
8	**oito**
9	**nove**
10	**dez**
11	**onze**
12	**doze**
13	**treze**
14	**catorze**
15	**quinze**
16	**dezasseis**
17	**dezassete**
18	**dezoito**
19	**dezanove**
20	**vinte**
21	**vinte e um**
30	**trinta**
40	**quarenta**
50	**cinquenta**
60	**sessenta**
70	**setenta**
80	**oitenta**
90	**noventa**
100	**cem**
101	**cento e um**
102	**cento e dois**
200	**duzentos**
300	**trezentos**
400	**quatrocentos**
500	**quinhentos**
700	**setecentos**
900	**novecentos**
1000	**mil**

Zeit

eine Minute	**um minuto**
eine Stunde	**uma hora**
eine halbe Stunde	**uma meia-hora**
Montag	**segunda-feira**
Dienstag	**terça-feira**
Mittwoch	**quarta-feira**
Donnerstag	**quinta-feira**
Freitag	**sexta-feira**
Samstag	**sábado**
Sonntag	**domingo**

Das Lissabonner Nahverkehrsnetz

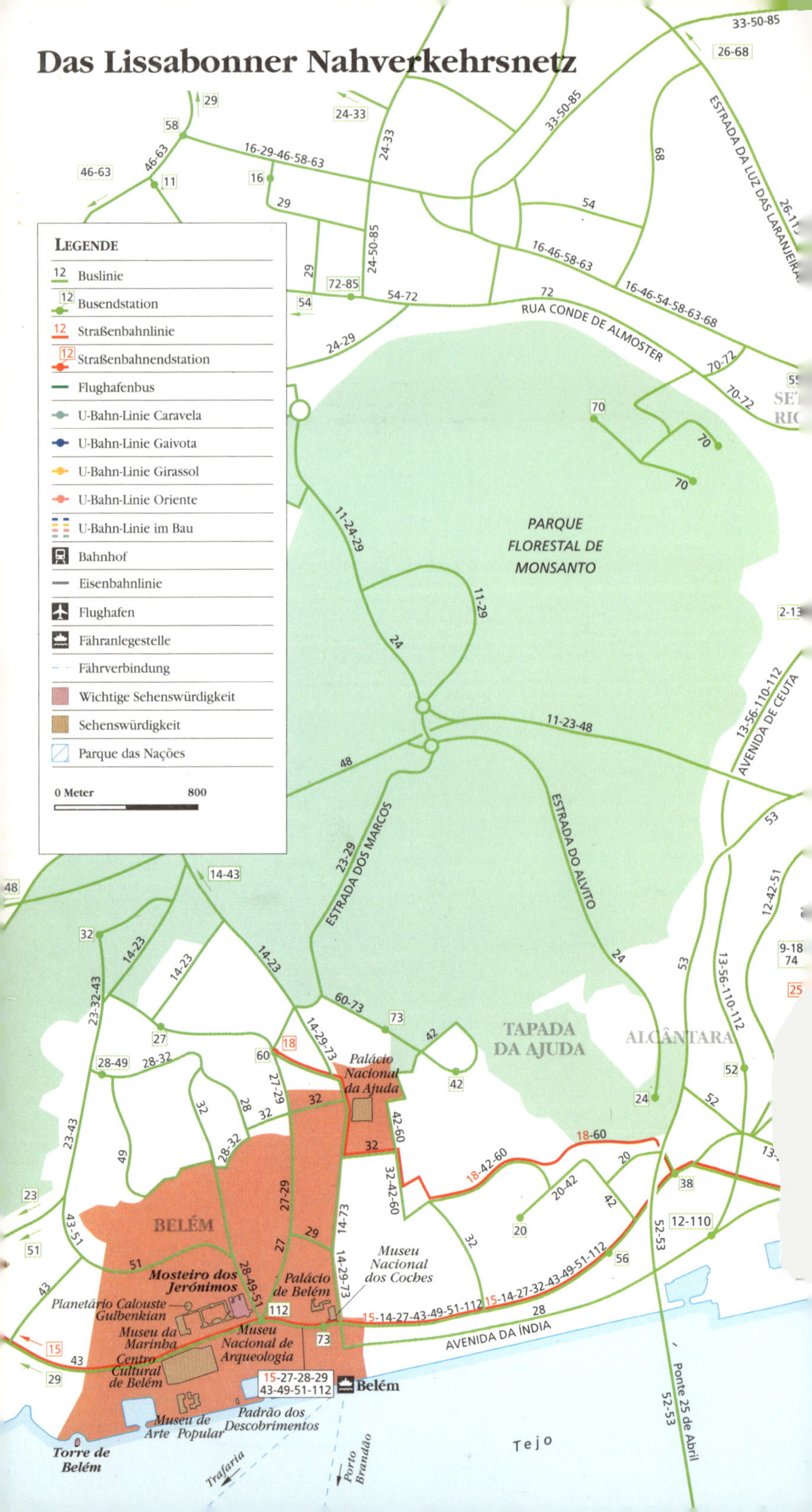